聊城大学学术著作出版基金资助

The Study Of Forecasting The Long–Time Trend And
Influencing Factors Of Grain Price In China

我国粮食价格
长期趋势预测及影响因素研究

王树娟 ◎ 著

经济管理出版社
ECONOMY & MANAGEMENT PUBLISHING HOUSE

图书在版编目（CIP）数据

我国粮食价格长期趋势预测及影响因素研究/王树娟著 . —北京：经济管理出版社,2023.9

ISBN 978-7-5096-9268-4

Ⅰ.①我… Ⅱ.①王… Ⅲ.①粮食—商品价格—物价—形势—研究—中国 Ⅳ.①F762.1

中国国家版本馆 CIP 数据核字（2023）第 179749 号

组稿编辑：丁慧敏

责任编辑：丁慧敏

责任印制：许 艳

责任校对：张晓燕

出版发行：经济管理出版社

　　　　　（北京市海淀区北蜂窝 8 号中雅大厦 A 座 11 层　100038）

网　　　址：www. E-mp. com. cn

电　　　话：(010) 51915602

印　　　刷：唐山玺诚印务有限公司

经　　　销：新华书店

开　　　本：720mm×1000mm/16

印　　　张：16. 75

字　　　数：338 千字

版　　　次：2023 年 11 月第 1 版　　2023 年 11 月第 1 次印刷

书　　　号：ISBN 978-7-5096-9268-4

定　　　价：98. 00 元

前　言

　　农业作为国民经济的基础，在国家经济生活中占有重要地位。粮食是重要的口粮、工业用粮和饲料用粮，由于广泛的社会经济生活用途，其价格就成了百价之基。粮食价格的变化不仅会影响粮食本身的供给，还影响着 CPI 变化趋势，甚至会影响社会稳定和国家经济安全。粮价的大幅度上涨，导致了食品价格上涨，引起通货膨胀，引致消费者的恐慌心理，甚至可能会出现社会抢购风险，严重威胁着国家粮食安全，甚至影响社会的稳定。为了控制通货膨胀，稳定物价，国家对经济进行宏观调控所采用的措施，可能会使经济出现"硬着陆"，从而降低经济发展的速度，影响国家经济安全。

　　本书在回顾相关研究中国家经济安全概念及其指标体系、国家粮食安全概念及其指标体系的基础上，先建立了国家经济安全指标体系和国家粮食安全指标体系，阐述了粮食价格、国家粮食安全与国家经济安全三者之间的关系。由于粮食价格是百价之基，粮食价格的波动会带动整个食品价格的上涨，从而产生粮食危机；食品价格的上涨，会引发整个社会其他商品价格的上涨，产生通货膨胀，国家为了社会经济的稳定不得不采取干预措施，否则会引起国家经济安全问题。

　　预测是管理的基础，没有预测就无法制定出科学的决策，无法对未来的工作进行指导和判断。长期预测是指 5 年以上的预测。长期预测一般着重于研究社会经济现象长期发展的趋势和规律，为制订长期发展规划提供决策依据，是制订长期发展规划的基础。没有长期预测，就无法制订出科学、合理的长期规划。我国历来重视对规划的制订和实执，并且已制订了 15 个五年规划（计划），并成功执行了 14 个五年规划（计划），可以肯定地讲，新中国成立 70 多年所取得的伟大成就和我国国民经济与社会发展规划分不开。

　　因此，本书在介绍国家经济安全的基础上，把国家粮食安全作为国家经济安全的重要组成部分，来分析预测我国长期粮食价格对国家粮食安全乃至国家经济安全的影响。之所以选择预测十年我国粮食价格，是因为十年是我国两个"五年规划"期，由于农业生产周期较长，国家粮食政策、农业基础设施建设和农业技术的创新与推广都需要较长时间才能发挥作用，预测未来十年粮食价格的变化，以此判断我国未来十年粮食发展走势，并在此基础上，提出我国粮食管理的政策建议和意见，可以未雨绸缪，为我国粮食生产发展和粮食安全做出贡献。

由于我国小麦、玉米、稻谷三大主粮占粮食总产量的 90% 左右，预测我国未来十年粮食安全的价格可以从预测我国三大主粮的价格开始。采用 Holt-Winters 法、VAR 模型、蛛网模型以及多元回归模型来预测我国未来十年的粮食价格。Holt-Winters 法是指数平滑法的一种，由于指数平滑法是在移动平均法的基础上发展而来的，指数平滑法和移动平均法一般剔除了季节性、周期性的影响，而农产品价格具有周期性和季节性特征，Holt-Winters 模型与一般指数平滑预测法不同的是能够满足周期性的要求；采用 VAR 模型预测是因为 VAR 模型能将系统单个内生变量作为所有系统内生变量的滞后值建立函数模型，并且运用简便，不需要经济学原理作支持，只是基于统计学性质，将单变量自回归模型推广到由多元时间序列变量组成的向量自回归模型；而蛛网模型则是根据实际农业问题总结出来的农产品价格长期变化趋势分析工具，是著名的用于分析农产品长期价格变化的分析预测模型。

社会经济现象往往受多个因素的影响，并且这些因素往往具有一定的因果关系。多元回归模型预测是根据变量之间的因果关系，建立回归分析模型，并且通过计量工具，可以较为精确地计算各变量之间的相关关系及其拟合程度。多元回归模型由于采用多个变量对社会经济现象的发展趋势进行预测，一般用于长期预测，并且预测结果较为精确。

不同预测工具和预测方法得出的预测结果也不相同，而单一的预测工具和方法极难得到符合现实状况的拟合程度和稳定一致的解释。理论与实践都证实，在各个模型预测结果不同的条件下，组合预测模型所得到的预测值会比任何一个单一模型的预测结果更为精确。为了提高预测的精确度，本书采用标准差法来计算各个预测方法的比重，根据不同预测方法得到的结果，对未来十年粮食价格进行了重新预测。通过预测显示，我国 2021~2030 年小麦的价格年均上涨幅度只有 1.90%，玉米价格年均上涨幅度只有 2.43%，而稻谷的年均上涨幅度为 3.35%。我国三大主粮 2021~2030 年的价格发展趋势全部是前两年价格大幅度上涨，上涨幅度达到 15% 以上，玉米价格上涨甚至超过了 25%，之后价格变化幅度逐渐减小，保持稳定。

由于 13 个粮食主产区产量占我国粮食总产量的 75%，销售量却占 95%，粮食主产区的粮食价格在一定程度上可以代表我国粮食价格。为了检验我国未来十年粮食价格预测的合理性，本书根据国家"七区十三带"粮食主产区的划分，选择具有代表性的粮食品种主产区进行未来十年粮食价格的预测。小麦选择了黄淮海主产区的河南省作为代表；玉米选择了黄淮海主产区的山东省作为代表；早籼稻选择了长江流域主产区的江西省作为代表，中晚籼稻选择了长江流域主产区的湖南省作为代表，粳稻选择了东北平原主产区的黑龙江省作为代表。在移动平均法、VAR 模型、专家调查法三种方法的基础上，最后采用等权组合的方式预测了未来十年粮食主产区的粮食价格范围。预测结果较为合理，河南省小麦由于质量高价格也稍高；山东养殖业农业产业发达，玉米需求旺盛，价格也高于全国均价；而粳稻价格高于中晚稻价格，中晚稻价格高于早稻价格。与全国预测价格相比，主产区由于采取了专家调查法，专家选择价格时波动幅度较大，导致主产区价格的波动幅度大于全国预测价格的波动幅度，但是全国价格的波动幅度在主产区价格的波动幅度范围内，这从侧面证明了预测的合理性。

最后，根据中国人民大学经济安全研究专家顾海兵教授的国家经济安全体系，预测了我国未来十年的国家经济安全状况：我国未来十年国家实力强大，人民生活富裕，国家经济安全状况良好。为了研究粮食价格对国家粮食安全的影响，在专家调查法的基础上，建立用粮食价格年变动幅度来判断国家经济安全的国家经济安全体系，根据专家的建议，我国粮食价格年度波动幅度为 10% ~ 15%，属于市场经济波动的正常范围。对未来十年我国粮食价格进行预测结果表明，未来十年我国粮食价格的波动不会影响国家粮食安全：但未来十年我国稻谷供给紧平衡略有短缺，小麦供给平衡略有余；而玉米处于紧平衡状态，我国未来十年也存在着粮食安全的隐患。为了保障我国国家经济安全，保证国内粮食供给，国内粮食管理政策建议包括：①深化粮食流通体制改革，稳定粮食价格；②继续采取措施鼓励和支持土地流转；③加大对农业的投资力度，重点支持农业科技的研发，完善农业科技推广体系；④大力开展新型农民培训。对外粮食管理政策建议包括：①继续实行粮食配额制度；②强化粮食进口的非关税壁垒；③扩大国际粮食的合作领域和范围；④建立国际粮食价格监测与预警体系；⑤争夺国际粮食市场定价权、话语权；⑥培育国内大型粮食企业。

本书的创新之处有三点：

（1）研究角度创新。粮食安全是一国经济安全的重要组成部分，粮食价格是百价之基，稳定、合理的粮食价格是一国经济持续、健康、稳定发展的基础；粮食价格的大幅度上升会拉动食品及相关商品价格不断上涨，从而引起通货膨胀，导致货币贬值、投机增加等，对国家粮食安全造成不利影响。本书以未来十年粮食价格作为研究的对象，在专家调查法的基础上建立以粮食价格波动幅度为判断标准的国家粮食安全指标体系，并根据未来十年粮食价格的预测结果与2020年粮食价格对比，在此基础上判断我国未来十年粮食价格是否在国家粮食安全范围内。

（2）研究结论创新。研究表明，由于未来十年我国粮食需求旺盛，小麦供给由宽松有余转向平衡有余，价格先小幅度下降，之后小幅度回升，未来十年小麦价格年均波动幅度只有1.90%；玉米价格未来十年年均上涨2.43%；而稻谷供给稳定，但生产成本不断上涨，导致年均价格上涨3.35%。研究结果表明，三大主粮价格波动幅度不大，不会对城乡居民生活水平产生不良影响，更不会威胁国家经济安全。

（3）研究方法创新。本书先运用纵向时间、横向因果两种预测方式，采用Holt-Winters模型、VAR模型、蛛网模型和多元回归模型来预测我国未来十年粮食价格，在得到不同预测结果后，又运用组合预测得到最终预测结果。最后采用空间预测方式来对时间因果预测进行对比，从时间、因果、空间三种研究方法，多方位、多角度预测了我国未来十年的粮食价格，开阔了粮食价格预测的视野，更加全面地预测了我国未来十年的粮食价格。

目　录

1 导　论 ……………………………………………………………… 1

1.1　问题的提出 ……………………………………………………… 1

1.2　概念的界定 ……………………………………………………… 2

　　1.2.1　粮食的概念 ………………………………………………… 2

　　1.2.2　国家经济及其指标体系 …………………………………… 3

　　1.2.3　国家粮食安全及其指标体系 ……………………………… 7

　　1.2.4　粮食价格、国家粮食安全与国家经济安全之间的关系 ……… 13

1.3　研究思路与研究框架 …………………………………………… 14

　　1.3.1　研究思路 …………………………………………………… 14

　　1.3.2　研究框架 …………………………………………………… 16

1.4　研究内容与方法、创新与不足之处 …………………………… 17

　　1.4.1　研究内容 …………………………………………………… 17

　　1.4.2　研究方法 …………………………………………………… 18

　　1.4.3　可能的创新之处 …………………………………………… 19

　　1.4.4　存在的不足之处 …………………………………………… 20

2　文献综述 ………………………………………………………… 21

2.1　国内外粮食价格预测研究动态 ………………………………… 21

　　2.1.1　国外农产品价格预测研究动态 …………………………… 21

　　2.1.2　国内粮食价格预测研究动态 ……………………………… 22

　　2.1.3　总结 ………………………………………………………… 25

2.2　国内外粮价与国家粮食的研究动态 …………………………… 26

　　2.2.1　国外粮价与国家粮食安全的研究动态 …………………… 26

　　2.2.2　国内粮价与国家粮食安全的研究动态 …………………… 28

2.2.3　小结 ······················· 28

3　价格预测的理论与方法 ······················· 29

　3.1　价格预测的概念 ······················· 29

　　3.1.1　经济预测 ······················· 29

　　3.1.2　价格预测 ······················· 29

　3.2　价格预测的理论 ······················· 30

　　3.2.1　均衡价格理论 ······················· 30

　　3.2.2　弹性理论与蛛网模型 ······················· 32

　　3.2.3　预期理论 ······················· 34

　　3.2.4　新价格理论 ······················· 37

　3.3　价格预测的方法 ······················· 38

　　3.3.1　预测方法的分类 ······················· 38

　　3.3.2　专家调查法 ······················· 40

　　3.3.3　回归分析的模型预测法 ······················· 40

　　3.3.4　时间序列的模型预测 ······················· 44

　　3.3.5　灰色系统模型预测法 ······················· 50

　　3.3.6　本书最终预测法的选择 ······················· 53

4　粮食价格影响因素分析 ······················· 55

　4.1　粮食供给因素分析 ······················· 56

　　4.1.1　国内粮食供给因素分析 ······················· 58

　　4.1.2　国际市场粮食供给因素分析 ······················· 64

　4.2　粮食需求因素分析 ······················· 65

　　4.2.1　口粮消费需求分析 ······················· 66

　　4.2.2　饲料用粮的消费需求分析 ······················· 67

　　4.2.3　种子及工业用粮的消费需求分析 ······················· 68

　4.3　粮食成本因素分析 ······················· 69

　4.4　影响粮食长期价格的其他因素分析 ······················· 73

　　4.4.1　政府政策因素的影响 ······················· 73

　　4.4.2　通货膨胀对粮食价格的影响分析 ······················· 79

　　4.4.3　气候因素的影响分析 ······················· 79

　　4.4.4　能源价格变化的影响 ······················· 83

　4.5　小结 ······················· 85

5 我国未来十年主要粮食品种价格的时间序列模型预测 ·············· 87

5.1 指数平滑模型预测 ·· 89

5.1.1 小麦价格指数平滑预测 ··· 91

5.1.2 玉米价格指数平滑预测 ··· 95

5.1.3 稻谷价格指数平滑预测 ··· 97

5.2 VAR 模型预测 ··· 98

5.2.1 VAR 模型原理 ··· 98

5.2.2 小麦价格 VAR 模型预测 ·· 100

5.2.3 玉米价格 VAR 模型预测 ·· 102

5.2.4 稻谷价格 VAR 模型预测 ·· 102

5.2.5 VAR 模型预测结果 ·· 103

5.3 蛛网模型预测 ·· 104

5.3.1 蛛网模型理论及数理分析 ······································· 104

5.3.2 小麦价格的蛛网模型预测 ······································· 108

5.3.3 玉米价格的蛛网模型预测 ······································· 110

5.3.4 稻谷价格的蛛网模型预测 ······································· 111

5.4 小结 ··· 112

6 我国未来十年主要粮食品种价格的多元回归模型预测 ············· 117

6.1 影响我国粮食价格的因素分析与预测 ······························· 118

6.1.1 影响粮食价格的因素分析 ······································· 118

6.1.2 多元回归模型的建立 ·· 124

6.1.3 多元回归模型的变量预测 ······································· 126

6.2 多元回归模型预测结果 ··· 127

7 我国未来十年主要粮食品种价格组合预测及影响因素 ············· 130

7.1 我国未来十年主要粮食品种价格的组合预测 ······················· 130

7.1.1 组合预测的含义 ··· 130

7.1.2 主要粮食价格组合结果 ·· 131

7.2 影响我国未来十年粮食价格其他因素说明 ·························· 135

7.2.1 政府政策对粮食价格的影响 ····································· 136

7.2.2 气候变化对粮食价格的影响 ····································· 148

7.2.3 国际商品价格变化对我国国内粮食价格的影响 ·············· 150

7.2.4 通货膨胀对粮食价格的影响 ………………………… 153

7.3 小结 …………………………………………………………… 153

8 粮食主产区主要粮食品种未来价格预测及对比 ………… 156

8.1 我国粮食种植区域间的差异 ……………………………… 156

8.1.1 我国不同区域间的气候差异 ……………………… 156

8.1.2 三大主粮特点及种植区域 ………………………… 157

8.1.3 我国主要粮食产区及其优势 ……………………… 159

8.2 我国不同粮食主产区及其优势 …………………………… 159

8.2.1 我国小麦主产区及其优势 ………………………… 159

8.2.2 我国玉米主产区及其优势 ………………………… 162

8.2.3 我国稻谷主产区及其优势 ………………………… 164

8.3 我国未来十年粮食主产区粮食价格预测 ………………… 167

8.3.1 我国主要代表区域粮食价格移动平均预测 ……… 167

8.3.2 我国主要代表区域粮食价格 VAR 模型预测 …… 171

8.3.3 我国主要代表区域粮食价格专家调查法预测 …… 178

8.3.4 未来我国粮食主产区预测结果 …………………… 181

8.4 小结 …………………………………………………………… 183

8.4.1 主产区预测结果对比 ……………………………… 183

8.4.2 主产区预测结果与全国组合预测结果对比 ……… 184

9 我国当前粮食价格和粮食安全现状 ……………………… 186

9.1 我国当前经济发展总体情况 ……………………………… 186

9.1.1 我国经济状况 ……………………………………… 186

9.1.2 农业生产条件 ……………………………………… 187

9.2 我国粮食种植面积与价格 ………………………………… 201

9.2.1 我国粮食种植面积与产量 ………………………… 201

9.2.2 我国当前粮食消费量及价格 ……………………… 206

10 未来十年粮食价格波动与国家经济安全的关系 ………… 210

10.1 国家经济安全及其指标体系 …………………………… 210

10.1.1 国家经济安全及其衡量指标体系 ……………… 210

10.1.2 我国当前经济安全状况 ………………………… 213

10.1.3 未来十年国家经济安全预测 …………………… 215

10.2　未来十年粮食价格对国家经济安全影响预测 ················· 216

　　10.2.1　我国粮食价格安全波动的区间预测 ················· 217

　　10.2.2　未来十年粮食价格与国家经济安全之间的关系 ········· 221

10.3　我国未来十年粮食管理政策建议 ······················· 222

　　10.3.1　国内粮食管理政策建议 ························· 223

　　10.3.2　进口粮食管理政策建议 ························· 225

10.4　小结 ··· 227

参考文献 ··· 228

附录一　粮食价格调查表 ····································· 252

附录二　国家粮食安全与粮食价格关系调查问卷 ················· 254

1 导 论

1.1 问题的提出

五谷者，万民之命，国之重宝。粮食安全是"国之大者"，正如习近平总书记所说："中国人的饭碗任何时候都要牢牢端在自己手中，我们的饭碗应该主要装中国粮。"粮食和石油一样作为重要的战略性资源，对一国的经济安全具有重要保障（周立，2008）。人民群众的吃饭问题始终是治国理政的头等大事，是经济发展和政治稳定的重要物质保证。根据马斯洛需求模型，人类的需求从低向高具有层次性，"民以食为天"，粮食需求是最基本的生存需要。人类对粮食的需求缺乏弹性，需求不会因为收入变化和粮食价格变化而发生较大改变，即人的收入大幅度提高或粮食价格大幅度下跌，粮食需求量在短期内也难以有较大规模的提高；粮食价格突发性大幅度上涨或人民收入突然下降，也不能使粮食需求量短期内大规模下降，从这个角度来讲，粮食需求接近刚性（高帆，2005）。由于粮食是人类生存最基本的物质产品，是国家重要的战略物资，同时也是一种公共产品（周立，2009），粮食安全是国家经济安全的重要组成部分，一旦粮食安全受到威胁，可能危及社会稳定及国家经济发展。中国经济安全的三大问题是金融安全、粮食安全、能源安全，但是其中最为脆弱的是粮食安全问题（韩俊，2011）。2021年11月11日党的十九届六中全会通过的《中共中央关于党的百年奋斗重大成就和历史经验的决议》就把粮食安全作为经济安全之首。

改革开放后，我国经济迅速发展，人民生活水平随之提高，膳食结构不断调整，粮食需求不断增加；随着经济的发展，粮食的用途也在不断变化，虽然口粮降低有限，但是饲料用粮、工业用粮却在大幅度增加，使得粮食整体消费需求迅速上升；城镇化的发展，使城镇人口粮食消费水平比农村高30%以上（钟甫宁等，2012；廖春林，2015），随着人口的增长，特别是城镇人口的增长，粮食需求也迅速增加。总体而言，我国粮食需求是刚性增加。同时，城镇化的发展，使我国大量农田转为建设用地，土地不断减少，虽然国家执行最严格的土地保护政策，坚守18亿亩土地红线，采取农业大规模支持政策，取得了用世界9%的土地、6%的淡水资源养活世界19.4%的人口的巨大成绩，但是为了提高粮食产量，在生产中大量使用农药化肥，造成土地大规模污染，农业生态恶劣化，土壤沙化严重，农业可持续发展难以维继等。我国仍然需要重点关注粮食安全，防止出现重大的粮食安全问题，党的十九大更是直接强调"确保国家粮食安全"。

农业是国民经济的基础，在国家经济生活中占有重要地位，"无粮不稳"，粮食不仅是居民生存的必需品，而且在饲料和工业上具有广泛的用途。"粮价是百价之基"，粮食价格不仅本身是 CPI 的一部分，同时还对以粮食为基本原材料的饲料和工业成本价格具有重要影响；粮食和以粮食为基本原材料的食品在我国居民生活支出中占有重要地位，2021 年我国城市居民恩格尔系数为 28.6%，农村居民恩格尔系数为 32.7%，食品类支出占城乡居民总支出的 29.8%，在城乡居民支出中占有重要地位。虽然粮价本身在 CPI 中占比较小，但是粮价上涨带动以粮食为原材料食品和其他工业品价格的上涨，可以拉动 CPI 中 30% 以上的产品价格上涨；同时由于食品类支出占居民支出的近 30%，从而拉动了社会劳动力成本的上升。另外，20 世纪八九十年代我国几次大规模通货膨胀都是从粮食价格上涨开始的，由于粮食价格的大幅度上升，引起了食品类价格的上涨，从而导致居民产生了通货膨胀预期，引起消费者的恐慌心理，出现了社会抢购风险，而为了控制通货膨胀、稳定物价，国家对经济进行宏观调控所采取的措施，可能会使经济出现"硬着陆"，从而降低经济发展的速度，甚至影响国家经济安全。由此可见，粮食价格从四个方面影响 CPI 价格，从而影响社会经济状况：一是粮食价格本身；二是以粮食为基本原材料的饲料和工业等食品和其他商品的价格；三是劳动力成本；四是居民通货膨胀预期（张潮，2010）。

1.2 概念的界定

1.2.1 粮食的概念

第一，在我国，粮食的概念分为狭义和广义，狭义的粮食，指的是小麦、玉米、燕麦、大麦、稻谷等谷物类作物；广义的粮食，除谷物类粮食作物之外，还有薯类和豆类。薯类主要包括甘薯、木薯、马铃薯、山药、芋类等；而豆类则主要包括大豆、绿豆、蚕豆、豇豆、豌豆、赤豆、黑豆等。国家统计局每年公布的粮食总产量，除薯类按照其产量的 1/5 计算外，全部谷物类和豆类按净产量计算。

　　第二，联合国粮食及农业组织（FAO，简称联合国粮农组织）公布的世界粮食总产量包括 Wheat、Rice 和 Coarse 三种。Wheat 即为我国的小麦；Rice 有三种理解，大米、稻谷和糙米，糙米一般按稻谷产量的 65% 进行计算，有人认为 Rice 是大米和稻谷的混合；Coarse 即为粗粮，包括玉米、高粱、燕麦等。

　　由上可见，我国国家统计局统计和 FAO 的统计口径不同，我国国家统计局公布的粮食总产量包括谷物类、薯类和豆类三种，而 FAO 只包括谷物类，二者没有可比性。本书所研究的粮食范围主要是我国的三大主粮，即小麦、玉米和稻谷，这三大主粮产量占我国谷物总产量的 98% 以上，占粮食总产量的 90%[①]左右，对我国粮食安全起着决定性作用。

1.2.2　国家经济及其指标体系

1.2.2.1　国家经济安全

　　"国家安全"一词最先由美国人利普曼 1943 年在《美国外交政策》一书中提出，并在 1947 年美国国会成立国家安全委员会，通过《国家安全法》，将其定义为"保持美国作为一个基本制度和价格不受损害的自由国家"，之后迅速在全世界流行开来。由于"二战"之后，美苏对峙，冷战时期，将国家安全的重点放在政治和军事力量之上，同时国家经济安全依附于国家政治和军事安全（陆征伟，2003）。随着冷战的结束及社会的发展，经济在国家中的地位和作用越来越突出，国家经济安全的目标越来越侧重于经济的稳定持续发展，特别是 20 世纪 90 年代出现了几次大的金融危机后，国家经济安全越来越引起各国的关注（谢海蓉，2006）。1996 年，克林顿在一次演讲中首提"美国对外政策的首要目标是维护国家经济安全"（牛军，1998），之后俄罗斯政府也宣称国家经济安全是国家安全的重要组成部分。特别是经济全球化的今天，经济安全的含义越来越广泛，李怀信（1999）认为国家经济安全的实质是市场问题，是在经济全球化过程中表现出来的，重点是维护国家利益。尹正萍（2002）认为经济安全最重要的方面是产业安全。曾繁华等（2007）认为国家经济安全应从宏观维度（国家经济安全）、中观维度（产业安全）、微观维度（企业技术安全）三个方面来研究，应重视市场安全和企业技术安全。顾海兵等（2007）认为，国家经济安全是国家

---

　　① 数据来源：国家统计局主要农作物产量，http：//data. stats. gov. cn/easyquery. htm？cn=C01。

安全的基础，应通过加强自身内部机制的建设来抵御外来风险，维护国家经济安全。经济安全的威胁首先来自内部，但是对外开放加剧了经济的风险（欧阳俊等，2015）。叶卫平（2008）认为要深入把握国家经济安全，必须认清当前我国主要形势，从不同的角度来认识国家经济安全，如粮食从产业安全的角度来认识则是一般商品，若从国家经济安全的角度来认识则是公共产品。顾海兵（2011）认为"打铁还需自身硬"，国家经济安全应以国内经济安全为主，并且把国家经济安全分成经济安全条件和经济安全能力两大部分，站在多个角度，采取多种方法，从多个维度来进行研究。舒展等（2014）认为国家经济安全只是一种表象状态，其实质是国家经济的自主性。

由此可见，在不同历史时期、不同发展阶段，不同学者对国家经济安全有着不同的观点。在经济全球化的今天，国家经济安全是主权国家为维护国家利益、保持国家经济持续稳定均衡发展而不受国内或国内环境状况损害和威胁的能力；为了实现这种能力，国家必须对国内状况进行综合考量，采用不同措施进行宏观调节和控制；同时必须对外保护国家的海外利益，加强与全世界的沟通与合作。

1.2.2.2　国家经济安全衡量指标体系

世界各国关于国家经济安全都有自己的衡量指标。美国、日本和俄罗斯都有一套完整的国家安全法律体系和执行机构，但各自着重的领域不同，美国更加注重行业优先原则，优先重点行业为金融和农业，为了保障美国粮食的出口，保证美国农业的价格在世界市场上的竞争地位，美国对农业采取大规模补贴政策（顾海兵等，2009）。日本国内资源匮乏，更加关注国内物资的获得渠道，所以日本国家安全分为综合观、全球观、全民观和发展观四个部分，运用立法手段来防范和化解国外因素对国家经济安全的冲击，重点法律有金融安全法律、农业安全法律、能源安全法律、外贸安全法律等（顾海兵等，2007）。俄罗斯经济处于恢复和发展阶段，经济安全侧重于土地管理、金融和能源三大部分，为了防止土地兼并，更是把土地租赁期限定为49年（顾海兵等，2007）。印度作为一个发展中大国，经济安全分为内部经济安全和外部经济安全，以内部经济安全为主，并采用多种措施来维护国家经济安全（顾海兵等，2010）。

我国国内经济安全指标体系相关研究也较多。赵英（1999）认为我国经济安全问题面临的资源问题主要有：石油供应保障、重要矿产资源供应保障、粮食供应保障、淡水资源供应保障。陈首丽等（2002）认为国家经济安全对内能够抵御天灾人祸，对外主要是在国际上有足够的竞争力，在此基础上，提出从对外贸易依存度、市场风险程度、国内主导产业的风险程度、政府宏观经济调控力度、科技风险的制约程度、社会保障程度、金融风险程度八个方面来监测国家经济的安全程度，将农业安全列入国内主导产业来进行监管。余根钱（2004）认为应该从遭受损失的可能性和损失的大小这两个方面来监测国家经济是否安全，并在此基础上制定国家经济安全的监测指标体系，主要包括财政金融类风险问题、社会经济类风险问题、对外经贸类安全问题、矿产资源类安全问题、粮食安全问题以及其他产业方面的经济安全问题。笔者认为，粮食安全问题主要包括两个方面：一是抵御自然灾害的能力，安全的标准是能抵御 40 年一遇的自然灾害，危机的标准是能抵御 5 年一遇的自然灾害；二是外贸依存度，安全的标准是外贸依存度为2%，危险的标准是外贸依存度8%。年志远等（2008）将安全指标体系划分为财金安全预警指标、社会安全预警指标、外经安全预警指标、资源安全预警指标、产业安全预警指标，其中粮食安全是资源安全预警指标的重要组成部分。张汉林等（2011）把中国经济安全作为一个一级指标，设定为1；把粮食安全、就业安全、金融安全、市场安全、能源资源与环境安全、文化安全、信息安全、人力资本与技术安全、中国经济的国际测度作为 9 个二级指标，并分别赋予 0.1、0.15、0.15、0.15、0.1、0.05、0.1、0.1、0.1 的权重。

从国家对以上经济安全指标体系的研究来看，农业及粮食在各国经济安全中占有重要地位。发达国家根据各自不同的情况，直接把农业列为国家经济安全的重要组成部分，予以足够的重视。例如，美国要保障农业的出口，对农业予以补贴和储备政策；日本为保障粮食进口来源制定完善的农业安全法律；俄罗斯为了防止土地大规模兼并，重点保护土地，规定土地租佃期不超过 49 年；发展中大国印度强调国内经济安全以应对国外冲击等。

而我国目前对国家经济安全指标并没有定论，大多数专家只是给出了国家安全指标体系的几个指标，并进行一些定性分析，但没有对各个具体指标进行细化和定量说明，因此无法用其来对国家经济安全进行评估。

目前我国最权威、最具体的是顾海兵等的国家经济安全指标体系，顾海兵等认为国家经济安全分为安全条件和安全能力，在《年度经济安全研究报告》中，制定了独特的中国国家安全的指标体系及其权重，根据研究可具体把国家经济安全分为优、良、中、低、差五个等级和极高安全度、高安全度、中安全度、低度不安全、中度不安全、重度不安全、危机七个安全级别来进行分析。具体见表1.1、表 1.2。

表 1.1　中国国家安全保障指标体系

	关键领域	权重（%）	指标	权重（%）
安全条件	财政金融	30	外债负债率	18
			短期外债占外债的比重	12

续表

	关键领域	权重（%）	指标	权重（%）
安全条件	实体产业	50	七大关键产业外资加权市场占有率	5
			中国专利在国际专利中的比重	10
			贸易依存度	20
			出口集中度	15
	战略资源	20	能源加权对外依存度	6
			石油对外依存度	14
安全能力	财政金融	22	商业银行不良贷款率	11
			商业银行资本充足率	7
			国债负担率	4
	实体产业	44	500强企业研发投入比	26
			国际竞争力指数	18
	战略资源	17	国家石油战略储备满足消费的天数	10
			人均粮食产量	7
	宏观稳定	17	CPI	5
			城乡居民收入之比	4
			GDP增长率	8

资料来源：顾海兵，等．中国经济安全研究年度报告：监测预警2014［M］．北京：中国人民大学出版社，2014.

表1.2　国家安全预警系统

安全度类型	优		良	中	低		差
安全度级别	极高安全度	高安全度	中安全度	低度不安全	中度不安全	重度不安全	危机
警度类型	无警警度			轻度警度	中度警度	重度警度	巨警警度
对应分数	90~100	80~89	70~79	60~69	40~59	30~39	29分以下
信号	○		△	☆	▲		●

资料来源：顾海兵，等．中国经济安全预警的指标系统［J］．国际行政学院学报，2007（01）：49-52.

　　虽然顾海兵等的国家经济安全指标体系中，粮食作为战略资源，主要考量人均粮食产量，并没有直接把粮食价格作为其中一部分加以分析。但是价格的波动本身就是供求矛盾和供求结构失衡的结果。我国1978~2007年30年的粮食价格与年人均粮食产量的实践经验表明，粮食价格本身的波动会随着人均粮食产量的变化而反方向变化（冷崇总，2008；戴春芳等，2008），粮食价格的变化波动模式为"供给增加—价格下降—供给减少—价格上升—供给再增加"（王川，2010）。从长期来看，影响粮食价格变化的主要原因还是供给与需求缺口（马宇，2012），如果人均粮食供给量超过人均需求量，粮食价格就会下降；反之，则相反。把人均粮食产量作为国家经济安全的能力指标，能够真实地体现粮食价格的变化和波动范围。

另外，顾海兵等把 CPI 作为宏观经济稳定的重要环节加以分析。粮食价格本身就是 CPI 的一部分；以粮食为基本原材料的食品价格也在 CPI 中占有 30% 以上的比例；城乡居民的饮食消费即恩格尔系数在我国城乡居民消费中仍占较大比重，2015 年城乡居民恩格尔系数仍超 1/3，食品价格的变动对我国劳动力价格变化有重要影响；食品价格的变化，使普通居民有着强烈的通货膨胀预期，我国 20 世纪八九十年代的通货膨胀表明，粮食价格上涨导致食品类商品价格上涨，进而导致居民通货膨胀预期，引起了社会抢购风潮。粮食价格的上涨，从四个方面共同拉动 CPI：一是粮食价格本身的上涨；二是以粮食为原材料的食品类价格的上涨；三是以食品类为饮食需求的居民消费支出的增长，增加了劳动力成本；四是居民的通货膨胀预期，引发 CPI 上涨，而 CPI 的上涨又再次推动了粮食价格的上涨。粮食价格与 CPI 之间是互相影响、互为因果的关系（张树忠等，2006；肖六亿，2009；朱信凯等，2011；裴辉儒等，2011；罗运航等，2013；石自忠等，2016；刘伟，2016；张昌等，2022；等等）。由于粮食价格与通货膨胀互为因果关系，粮食价格的大幅度上涨会引起通货膨胀，而通货膨胀则又反过来拉动粮食价格继续上涨。

由以上分析可见，人均粮食产量的起伏，能够引起粮食价格的波动。而粮食价格变化，特别是粮食价格的大幅度上涨，会给国家经济安全带来隐患。虽然 2020 年我国已全面脱贫，但是粮食价格大幅度上涨会大幅度增加人们的生活费用，可能导致其生活再次陷入困难；粮食价格的上涨，还将会导致通货膨胀，而通货膨胀会进一步拉动粮食价格的上涨。即使粮食价格事先不发生变动，如果发生了通货膨胀，随着 CPI 的上升，粮食价格开始上涨，和 CPI 互为因果、互相拉动。在此情况下，国家会采取措施，以宏观调控来抑制通货膨胀。而国家抑制通货膨胀的措施，无论是紧缩性的财政政策还是紧缩性的货币政策，都会抑制经济的发展速度，对国家经济安全的健康、稳定发展产生一定影响。

1.2.3　国家粮食安全及其指标体系

1.2.3.1　国家粮食安全的概念

1972 年，苏联粮食产量大幅减少，不能满足国内需求，苏联采取巧妙的方式，从国际市场购买了美国小麦产量的 30%，致使 1974 年世界粮食价格上涨

50%，导致世界范围出现了粮食危机。粮食危机的爆发，引起了世界对粮食安全的重视。1974年，联合国粮食及农业组织提出粮食安全的定义为"保证任何人在任何地方都能得到为生存和健康所需要的足够食品"；并规定为了保证粮食安全，粮食的库存量不少于下一次消费量的17%~18%。1983年，联合国粮食及农业组织再次将粮食安全定义为"保证任何人在任何时候都能够既买得到又买得起所需要的食物"。1996年，世界粮食峰会上将粮食安全定义为"当任何人在任何时候都能够在物质和经济上获得足够、安全和富有营养的食物，以保证其积极、健康的膳食需要时，才实现了粮食安全"。1999年，日本粮食专家岸根卓郎认为，粮食安全应该包括如何避免粮食危机，以及生活中粮食的稳定化、多样化和高级化。2009年世界粮食首脑会议提出粮食安全指"任何人在任何时候都能够通过社会的、物质的和经济的手段来获得充足、安全、营养的食物，以满足其积极、健康的膳食需要和膳食偏好"。Andersen（2009）认为国家粮食安全应着重于家庭粮食的获得与分配，食品营养、食品卫生和饮用水安全都可以作为衡量家庭粮食安全的重要指标。

阿玛蒂亚·森（1981）对孟加拉国大饥荒发生原因进行研究，认为引起饥荒的原因并非粮食供给不足，而是粮食价格大幅度上涨，致使贫困劳动者无力购买食物，因此他提出"食品权利"一词，认为"权利"的不平等造成了粮食分配的不平等，是引起大饥荒的真正原因。Siamwalla 和 Valdes（1980）认为粮食安全是能够获得年基本粮食消费量的能力。Falcon 等（1987）认为粮食安全"是每个公民从身体或经济上无论短期还是长期都有充足粮食的能力"。P. S. George（1994）认为南亚国家要实现粮食安全，就必须提高粮食产量，尤其是重视农业科技进步；同时还应当控制人口，适当用库存来调节市场，采取有利于贫民的措施。V. M. Rao（1995）认为粮食安全之所以能够实行，不仅仅是因为重视粮食安全，更重要的是拓宽农业发展渠道和重视城市贫民生活的结果。Luther Tweeten（1999）认为部分国家粮食之所以不安全，是因为没有遵守国家经济发展的正规途径，要实行粮食安全必须改革现行的经济政策，从而能够提供充足的粮食。K. P. Kannan 等（2000）认为印度的粮食安全状况由于需求增加及世界贸易而堪忧，唯一的出路在于增加农业的研究开发能力。Kindie Getnet（2008）为了了解后自由化时期影响经济主体的决策环境因素，调查了埃塞俄比亚 Ambo 农民主要粮食作物及其粮食价格、粮食市场，调查证明了由于缺乏必要的公共机构和公共产品而使得经济机构在粮食市场自由体制中面临较高交易风险和成本风险，发展中国家应大力发展市场机构，提供公共产品以便充分发展粮食市场。Jonathan Crush 等（2011）为了了解"城市农业"对非洲国家城市贫民粮食不安全问题的影响，通过研究11个非洲城市社会发现，城市贫民对城市农业的依赖性不大，并且越来越多地依赖大型超市和其他途径来解决食品问题，只有极少数家庭依赖城市农业的销售收入。A. E. Ahmed 等（2012）认为非洲国家苏丹虽然在建立粮食储备体系，希望借此来稳定粮食价格，以保证国内粮食安全，但是由于资金与行政方面的干预，粮食储备体系（SRC）并没有很好地发挥作用。Andrew D. Jones 等（2013）提出了粮食安全的评价指标体系，能够测量国家粮食是否安全，监测和预警国际粮食安全体系，评价家庭粮食安全的获得能力，估计粮食的消费和应用。

1994 年，美国世界观察研究所时任所长莱斯特·布朗在《世界观察》发表了《谁来养活中国?》一文，引起了我国国内对粮食安全的重视。朱泽（1994）从国家层面进行定义：认为粮食安全是粮食生产要满足国家工业化进程的需要。吴志华（1996）还认为发展中国家粮食安全问题日趋严重，主要是因为发展中国家需求增长快，粮食价格上升，粮食增长困难，又缺乏足够的财力进口。朱泽（1996）认为在我国粮食安全问题主要是如何满足工业化进程中人民日益增长的对粮食的需求和提高粮食经济以承受各种不可测事件的能力。这包括两个方面：一个是粮食生产满足社会需求，另一个是粮食产业能够应对不可测事件。聂凤英（1999）把粮食安全问题分为短期安全与长期安全、宏观安全与微观安全、生产安全和流通安全等，并认为粮食长期安全先于短期安全，宏观安全是基础，微观安全是最终目标，流通安全更隐蔽等。雷玉桃（2003）从生产方面给予了对粮食安全的理解，认为粮食安全是总量与质量并存，还需要品质结构合理。吴志华等（2003）认为粮食安全是一国或一区域为保证所有人都可以获得生存与健康需求相适应的食物而对粮食生产、流通与消费进行动态、有效平衡的政治活动，作者认为在当前我国保证国家粮食安全的条件下，应着重强调以合理的成本作保障，认为粮食安全有一定的经济性。闻海燕（2003）认为粮食安全不仅仅指口粮安全，还应当包括食品替代能力和食品安全，要保障国家粮食安全需要三方面：一是生产足够多的粮食；二是有高效率的流通体系；三是确保消费者在任何时候都能获得粮食。娄源功（2003）认为中国粮食安全是"国家满足人们以合理价格对粮食直接消费和间接消费，以及具备抵御各种粮食风险的能力"。娄源功的粮食安全包括以下几个方面的含义：粮食以及以粮食为原材料的食品价格相对于其他生活必需品而言价格合理；能够满足人们直接需求的能力、满足人们间接需求的能力；具备抵御粮食风险的能力。朱晶、钟甫宁（2004）认为应该从四个层次来理解粮食安全：供给量是否充足；供给量区域分布是否均衡；所有人基本需求是否能轻易获得满足；粮食是否符合卫生健康标准。高帆（2006）认为粮食安全是一个包含生产、流通、销售等多链条的动态过程，这个过程包括三个方面的内容："供得够""送得到""买得起"。顾海兵等（2008）认为粮食安全主要包括两个方面："量足""价适"。在此基础上将中国粮食安全定义为：短期内国内价格水平在适度区间波动；在中长期，粮食供需的实物量平衡。谢小蓉（2013）从多维度观察中国粮食安全问题，认为影响粮食安全的因素有粮食价格等八个方面。杨磊（2014）认为粮食安全应包括生产安全、消费安全、流通安全三个方面，并从这三个方面构建我国粮食安全体系，根据熵权法确定指标权重，运用二阶模糊综合评价法对我国粮食安全状况进行动态、定量的评价，结果表明2000年以来我国粮食安全状况不断恶化，我国应调整粮食生产结构，改善粮食流通体系来确保国家粮食安全。刘元春（2010）认为资本炒作使得农产品价格脱离供求，定价机制发展异常。翟雪玲等（2013）认为以粮食为主的农产品金融化使得农产品价格波动幅度加大、波动周期缩短，农产品价格不稳性增强。调控农产品市场价格不仅要关注农产品的供给与需求，还要强化对期货市场和资本市场的监控。温铁军等（2014）认为粮食金融化造成了粮食价格与粮食的产销供求越来越脱节，是导致世界范围内粮食危机的重要因素。朱信凯等（2015）认为我国当前存在粮食结构性过剩的问题，并没有真正解决粮食安全问题，我国应当用"食品安全"来代替"粮食安全"。

根据以上研究来看，FAO和国际粮食专家对粮食安全的定义，着重于发展中国家的贫困家庭或个人；而我国专家则从国家宏观角度来定义和理解国家经济安全。虽然时期不同、形式不同、角度不同，但总体来讲，粮食安全主要包括以下四个方面的内容：供应充足、可获得、能利用、价格稳定，具体见图1.1。

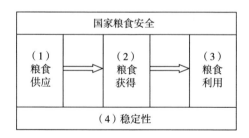

图 1.1　粮食安全关系

资料来源：李轩．重构中国粮食安全的认知维度、监测指标及治理体系［J］．国家安全研究，2015（03）：77.

由图1.1可见，国家粮食安全存在四个层面，第一个层面是国家，国家粮食供应是否充足，这也是专家重视的生产总量问题（高帆，2006；顾海兵等，2008；等等）。粮食作为一种商品，需要进行交换，这就涉及粮食的第二个层面——粮食的可获得性。作为商品的粮食，要在市场上进行交换，先要有一个合理的流通体系，以保证粮食方便快捷地到达消费地；还要有一个合理的价格，以满足较低收入阶层的生活需求。第三个层面是粮食商品与一般商品不同，粮食消费结构要合理，粮食产品要健康、卫生；不合理的消费结构，会导致粮食无法得到合理利用，从而不能满足身体机能的需要，进而引起营养不良或营养过剩、身体肥胖等问题。第四个层面是粮食需要保障国家供应的稳定性，以满足整个国内对粮食的需求；同时需要保证价格的稳定性，以防止价格大起大落，避免"米贵伤民"和"谷贱伤农"。

1.2.3.2　国家粮食安全指标体系

朱泽（1997）利用粮食安全系数来反映一国的粮食安全水平，并运用粮食产量波动指数、粮食库存量、粮食自给率、人均粮食占有率这四个指数来计算粮食安全系数。马九杰等（2001）根据八个警情指标综合计算，采用了五项加权平均来计算，并用不同的指示灯信号来表明不同的警情程度，以衡量一国的粮食安全程度。刘晓梅（2004）采用朱泽的四个评价指标，并赋予不同的权重，重新设计了粮食安全系数的计算方式，并据此计算我国的粮食安全系数，得出我国粮食安全程度较高的结论。肖国安等（2006）分析了20世纪90年代的六种粮食预警模型，认为这些模型都存在一定的问题，并提供了一个更为简洁的动态预警模型，认为此模型克服了上述六种模型的缺点，能够为我国粮食安全提供一种新的预警方法。罗孝玲等（2006）根据粮食价格，采用粮食价格端比值和离散系数两个指标来反映我国粮食安全。顾海兵等（2008）认为国家粮食安全分析要总量与分量、短中长期相结合，监测与预警相结合。龙方（2008）以人均播种面积、粮食价格波动率等七个指标建立了我国粮食安全评价体系，并据此衡量我国粮食安全状况，认为从长期来讲，我国存在粮食安全隐患。李梦觉等（2009）采用七个大的指标来构建粮食安全指标体系，并指出可通过此指标体系提前测出国家安全程度。杨建利（2014）根据综合评价理论和方法，构建了多目标的粮食安全评价体系，并对我国粮食安全多个指标进行了测度，结果发现除粮食数量安全系数较高外，粮食质量安全、生态安全、资源安全等系数下降趋势明显，并建议我国在重视粮食数量提高的同时，兼顾其他目标。但是有较少专家采用FAO的粮食安全定义来反映国家安全，如杜为公等（2014）根据FAO对粮食安全的定义，采用国家粮食安全、家庭粮食安全、粮食营养安全三个大的指标来反映我国整体粮食安全。

根据以上我国专家的研究，整体而言，我国粮食专家从宏观角度衡量了整个国家的粮食是否安全，主要包括以下四个方面：粮食储备量是否占国内粮食总消费量的17%～18%；粮食供给总量能否满足国内总需求；人均粮食供给量能否满足国内人均消费水平；粮食价格波动是否在一定幅度内。

但是即使粮食供给量充足，也可能出现粮食危机。20世纪60年代绿色革命以来，在农业生产中加强农业科技水平，农业生产率大幅度提高，世界粮食产量也随之大幅度提高，但是仍出现了三次大规模的世界粮食危机：1973~1974年、1994~1995年、2007~2008年。在这三次大规模粮食危机中，广大发展中国家大量百姓陷入贫困、饥饿、长期营养不良、儿童发育不足和死亡率上升等。特别是2007~2008年这次粮食危机，直接重创了世界上75个发展中国家，导致其债台高筑、政局不稳和社会动荡不安（罗叶，2012）；危机导致世界上超10亿人陷入长期营养不良，新增贫困人口1.25亿（FAO，2009）。据统计，2007~2008年世界粮食总产量下降并非由于天灾（具体见表1.3），按健康需求的人均卡路里来计算，全球谷物产量过剩1/3（温铁军，2014）。从2015年起，世界饥饿人口占比稳定在总人口的8%，到了2020年急剧上升到9.3%，并在2021年上升到9.8%。全球约23亿人口面临中度或重度粮食不安全状况。

表1.3 2018~2021年世界粮食产量及增长

	2018年	2019年		2020年		2021年	
	产量 （百万吨）	产量 （百万吨）	增长 （%）	产量 （百万吨）	增长 （%）	产量 （百万吨）	增长 （%）
粮食产量	2644.3	2713.8	2.6	2777.7	2.3	2815.1	1.3
小麦	731.4	759.7	3.9	774.9	2.0	779.3	0.6
粗粮	1404.7	1450.3	3.2	1484.7	2.6	1510.7	1.8
稻米（以碾米计）	508.2	503.8	-0.8	518.1	2.8	525.2	1.4
供应量	3501.1	3545.6	1.3	3605.0	1.7	3651.7	1.3
小麦	1021.0	1033.8	1.2	1058.8	2.4	1070.5	1.1
粗粮	1794.8	1821.6	1.5	1841.0	1.1	1862.6	1.2
稻米（以碾米计）	685.3	690.2	0.7	705.2	2.2	718.6	1.9
利用量	2686.1	2709.4	0.9	2759.2	1.8	2797.0	1.4
小麦	749.7	746.7	-0.4	761.9	2.0	774.6	1.7
粗粮	1435.0	1461.2	1.8	1487.0	1.8	1500.2	0.9
稻米（以碾米计）	501.4	501.5	0.02	510.3	1.8	522.1	2.3
季末库存量	831.8	827.2	0.6	836.6	11	861.9	3.0
小麦	274.1	283.5	3.5	291.2	2.6	293.4	0.8
粗粮	371.2	356.3	-4.0	352.0	-1.2	372.0	5.7
稻米（以碾米计）	186.4	187.1	0.4	193.4	3.4	196.6	1.7

资料来源：FAO Cereal Supply and Demand Brief. www.fao.org/worldfoodsituation/csdb/en.

1.2.4　粮食价格、国家粮食安全与国家经济安全之间的关系

粮食安全与金融安全、能源安全一起被称为经济安全的三大核心，相对于金融、能源，粮食安全更为脆弱（韩俊，2011）。粮食对国家经济有着重要的影响，没有粮食安全，就无法实现国家经济的安全。

粮食价格是国家粮食安全的重要衡量指标之一，对国家粮食安全有着重要影响。即使在粮食充足的条件下，粮食价格的大幅度上涨也会引起大规模粮食危机（阿玛蒂亚·森，1981），对国家经济产生破坏性影响。粮食价格的大幅度上涨，一方面直接导致贫困人口购买粮食费用增加，生活费用上涨，生活陷入困顿，或者无法购买足够粮食维持生存，陷入饥饿及营养不良；另一方面由于粮食价格的上涨，以粮食为原材料的食品类价格成本上升，其价格随之上涨，贫困居民生活费用上涨，生活陷入危机，从而导致家庭粮食不安全。如果是个别现象，国家救济能够满足社会需求，不会产生危机，也不会影响国家经济安全；但是如果发生大规模的粮食不安全，就会出现社会危机，影响经济持续、稳定、健康发展，进而影响国家经济安全。

粮食价格上涨本身会产生以下后果：由于粮食价格上涨，以粮食为基本原材料的食品及其他商品价格上涨，导致 CPI 中 30% 以上的商品价格上升；另外，食品类产品是人类生存的必需品，在人们生活支出中占有重要地位。随着人们生活水平的提高，我国城乡居民恩格尔系数不断降低，但是截至 2021 年，我国城乡居民的恩格尔系数仍占居民支出的 29.8% 以上，由于居民生活费用上涨，必然要求增加工资，进而导致劳动力成本上升；粮食价格发生大幅度变动，由于"羊群效应"，人们可能产生社会恐慌心理，进而出现大规模的国家粮食安全问题，从而影响社会稳定和国家经济安全。

由以上分析可见，粮食价格是国家粮食安全的重要组成部分，粮食价格大幅上涨，导致贫困百姓无力生活，国家粮食出现危机，危害国家经济安全；但同时，粮食价格也是 CPI 的重要组成部分，以粮食为基本原材料的食品类价格上升，导致 CPI 上升，引起通货膨胀。1988 年我国粮食价格上涨了 14.1%，带动食品价格上涨了 23%，整个社会 CPI 指数上涨了 18.8%；1989 年粮食价格再次上涨了 21.3%，带动食品价格上涨了 16.2%，整个社会 CPI 指数又上涨了 18.0%。[①] 在此情况下，粮价的大幅度上涨带动了食品价格上涨，通货膨胀严重，导致消费者产生了恐慌心理，出现了社会抢购风险，严重威胁国家粮食安全，甚至影响社会稳定。而为了控制通货膨胀、稳定物价，国家对经济进行宏观调控所采用的措

---

① 数据来源：国家统计局网站，http://data.stats.gov.cn/easyquery.htm? cn=C01。

施，可能会使经济出现"硬着陆"，从而降低经济发展的速度，甚至影响国家经济安全。例如，我国1988年经济增长速度为11.2%，为了降低严重通货膨胀，保持经济持续健康稳定发展，政府对经济进行宏观控制，结果1989年经济发展速度迅速下降3.9%，之后逐渐恢复：1990年为5%，1991年为7%，直到1992年才恢复到1988年的发展速度。由此可见，粮食价格上涨会引起食品类价格的上涨，导致通货膨胀，以及居民通货膨胀预期，从而影响国家经济安全。所以，粮食价格从两个方面共同影响国家经济安全：一方面是通过影响国家粮食安全来影响国家经济安全；另一方面是通过CPI来影响国家经济安全（见图1.2）。

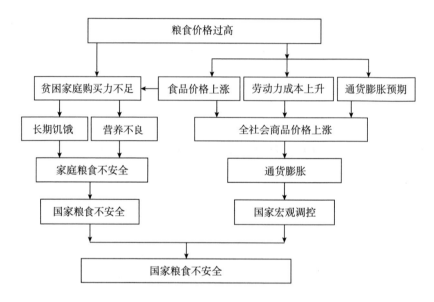

图1.2　粮食价格、国家粮食安全和国家经济安全关系

1.3　研究思路与研究框架

1.3.1　研究思路

本书在介绍国家经济安全的基础上，把国家粮食安全作为国家经济安全中重要的组成部分，来分析粮食价格对国家粮食安全乃至国家经济安全的影响。并在此基础上，选择我国具有代表性的三大主粮即小麦、玉米和水稻，采用Holt-

Winters 法、VAR 模型、蛛网模型以及多元回归模型来预测我国未来十年的粮食价格。Holt-Winters 法、VAR 模型、蛛网模型都是时间序列模型中用途广泛、具有代表性的预测模型，能够较好地用于对农产品价格的长期预测；而多元回归法则是利用变量间的因果关系对未来十年粮食价格做预测；为了提高预测的精确度，采用组合预测方式，综合分析我国未来十年粮食的最终价格，并在此基础上，分析影响我国粮食价格的因素。

预测是管理的基础，没有预测就无法制定出科学的决策，无法对未来的工作进行指导和判断。预测有短期预测和中长期预测之分，长期预测是指 5 年以上的预测。长期预测一般着重于研究社会经济现象长期发展的趋势和规律，为制定长期发展规划提供决策依据，是制定长期发展规划的基础。世界银行、国际货币基金组织、联合国粮食组织等每年会对世界不同领域作出预测。

1994 年美国人布朗在《世界观察》上发表著名的预测性文章《谁来养活中国?》，就是根据日韩工业化的发展经验来预测 2030 年中国的粮食供应问题，受布朗影响，我国学者就我国国内粮食的供给与需求的长期趋势预测较多。陆伟国（1996）、马晓河（1997）、肖国安（2002）、梁仕爱等（2008）、魏方等（2010）、胡小平等（2010）、尹靖华等（2015）、国家统计局重庆调查总队课题组（2015）等都分析了我国长期粮食供给与需求状况，从不同方面表明我国粮食供给与需求基本平衡。

长期预测作为科学决策的工具和手段，并不仅仅用于粮食供给与需求，其他方面的预测也有很多：赵其国等（2012）预测我国 2020 年农业科技；沈镭等（2015）预测未来 30 年到 2050 年我国的能源消费；李京文（2000）直接预测了 2050 年我国经济状况。我国政府关于 2020 年全面建成小康社会、2020 年 GDP 比 2000 年翻两番的规划就是建立在对我国经济发展的长期预测基础上的。

由于农业生产周期长、见效慢，农业政策需要更长的时间才能发挥作用，农业长期预测是合理的，也是必需的。美国农业部 2015 年 12 月发布《美国农业长期预测报告（2016~2025）》，对未来十年的生产、价格、国际贸易等做出了预测。中国农业部 2015 年也发布了《中国农业展望（2016~2025）》，2020 年又发表了《中国农业展望报告（2021~2030）》，对我国未来十年的农产品供给、需求进行了预测这些表明长期预测是合理的。

本书之所以选择预测未来十年我国粮食价格，是因为这十年是我国两个"五年规划"期，由于农业生产周期较长，国家粮食政策、农业基础设施建设和农业技术的创新与推广都需要较长时间才能发挥作用，预测未来十年粮食价格的变化，以此判断我国未来十年粮食发展走势，并在此基础上，提出我国粮食管理的政策建议和意见，可以为我国粮食生产发展和粮食安全乃至国家经济安全做出贡献。

在预测了全国粮食价格之后,采用空间方法,选择三大主粮生产具有代表性的区域,采用移动平均法、VAR模型法和专家调查法来预测区域粮食价格。由于我国十三个粮食主产区也是粮食的主要供应区,这些地区具有代表性的粮食品种价格可能就是全国主要粮食品种的价格,因此进行区域预测主要是与全国预测进行比较,以此来对比预测的精确性。

最后,根据国家粮食安全的定义,在专家调查法的基础上,建立国家粮食安全体系,并根据预测的我国未来十年粮食价格与我国现在的粮食价格进行对比,来判断我国未来国家粮食安全程度,以此为据,提出我国粮食管理的政策建议和意见。

1.3.2　研究框架

研究框架见图1.3。

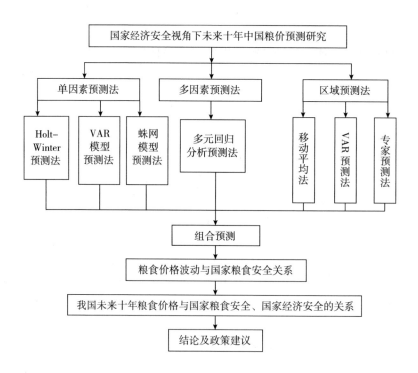

图1.3　研究框架

1.4　研究内容与方法、创新与不足之处

1.4.1　研究内容

本书主要从国家经济安全的角度，研究未来十年国家粮食价格对我国经济安全的影响。研究共分为八章，第1章是导论，主要说明研究概念、研究框架以及研究方法。主要说明国家经济安全及其衡量指标体系、国家粮食安全及其指标体系。粮食安全是国家经济安全的重要组成部分，而粮食价格是国家粮食安全的重要组成部分，粮食价格的变化可能引发粮食危机，影响国家粮食安全，危及国家经济安全；粮食价格的变化，还会导致食品类价格随之变化，导致通货膨胀问题，国家为抑制通货膨胀，采取紧缩性财政或货币政策，都会影响国家经济的持续、健康、稳定发展。

第2章是文献综述，主要介绍国内外关于粮食价格变化导致贫困居民饥饿、营养不良等进而陷入粮食危机，甚至国家动荡不安。已有文献主要说明粮食价格对国家粮食安全、经济安全有重要作用本章还介绍国内外粮食价格预测方面及研究理论的发展研究，为进行粮食价格预测进行铺垫。

第3章是价格预测的理论与方法，即选择什么样的方法进行粮食价格预测较为合理。

第4章内容主要论述我国粮食价格的主要影响因素。

第5章则采用纵向时间序列模型预测法，如Holt-Winters模型、VAR模型和蛛网模型来预测我国未来十年粮食价格。

第6章运用影响粮食价格的长期因素，如供给、需求、成本因素来建立多元回归模型，对未来十年粮食价格进行预测。

第7章采用组合预测的方法，预测出我国未来十年粮食价格的最终结果，同时对影响粮食价格的长期因素和短期因素进行了说明。粮食价格变化受到多种因素的影响，本书在预测过程中只运用了部分主要因素，并没有运用所有影响因素。

第8章根据我国"七区十三带"的划分，采取移动平均法、VAR模型和专家预测法，对我国三大主粮具有代表性的产地的粮食价格进行预测，以此来观察未来十年我国粮食主产区粮食价格的走势，并与第7章组合预测结果作比较，判断组合预测是否合理。

第9章、第10章是结论部分，主要是根据第7章组合预测结果，在说明我国未来十年国家经济安全体系和粮食安全体系的基础上，表明价格是影响国家粮食安全甚至国家经济安全的重要组成部分，在粮食充足的条件下，粮食价格大幅度变动也会引起粮食危机，导致国家经济问题。在此基础上，采用专家调查法来分析我国粮食价格波动幅度与国家粮食安全关系，并根据预测粮食价格的结果，与我国现行粮食价格进行比较，从而判断未来十年粮食价格与国家粮食安全之间的关系，并在此基础上提出未来我国国内和对外的粮食管理政策。

1.4.2　研究方法

本书在写作过程中，参考了大量文献，采用规范与实证相结合的写作方式，以实证分析为主；还采用定性分析和定量分析相结合的分析方法，以定量分析为主。采用了以下研究方法：

1.4.2.1　定性与定量分析

采用定性分析与定量分析相结合的方法来预测未来十年中国农产品价格，以定量分析为主。在定量分析中，采用多种方法，根据时间序列、因果法和空间比较的方式来进行分析。

采用时间序列 Holt-Winters、VAR、蛛网模型来进行预测。其中，Holt-Winters 是时间序列预测指数平滑预测法的一种，指数平滑预测是在移动平均法的基础上发展而来的，指数平滑和移动平均一般剔除季节性、周期性的影响，而农产品价格却具有周期性和季节性的特点，Holt-Winters 模型的预测能体现周期性；VAR 模型是基于统计原理建立起来的模型，该模型的优势是可以将大量经济指标加入系统模型，并且每个系统内生变量都可以结合所有内生变量的滞后值建立函数模型，从而把单变量自回归模型推广到多元时间序列变量组成向量自回归模型；而蛛网模型则能较好地反映农产品价格的长期发展趋势，是常用的农产品长期价格变化分析预测工具。

因果分析预测。社会经济现象往往受多个因素的影响，并且这些因素之间有一定的因果关系。多元回归模型预测是根据变量之间的因果关系，建立回归分析模型，并且通过计量工具，可以较为精确地计算各变量之间的相关关系及拟合程度。多元回归模型由于采用多个变量对社会经济现象的发展趋势进行预测，一般用于长期预测，预测结果较为精确。

空间比较则是根据我国不同粮食主产区的粮食价格来比较分析我国未来十年的粮食价格。我国 13 个粮食主产区出售的粮食占全国粮食总量的 95%，这些区域是我国主要的粮食供应区，同时也代表我国的粮食价格。选择不同粮食的主要生产区域来预测未来十年粮食价格，是因为这些区域的粮食价格能代表我国未来的粮食价格。空间预测选择移动平均法、VAR预测法和专家调查法来对我国主要粮食主产区的价格进行预测。采用移动平均法是因为可以剔除地方粮食生产的周期性因素，使地方预测与全国预测更加一致；采用VAR模型预测是因为VAR模型能将系统单个内生变量作为所有系统内生变量的滞后值建立函数模型，并且运用简便，不需要经济学原理作支持，只是基于统计学性质，将单变量自回归模型推广到由多元时间序列变量组成的向量自回归模型；因为序列模型只是根据过去的发展趋势来预测未来，预测数据不规则，可能存在预测误差，所以采用专家调查法来进行预测过程较为迅速，并且可以调和不同专家的观点，同时可以弥补地方粮食价格数据的不足。

1.4.2.2 规范与实证分析

本书运用实证分析方法，根据1985～2020年我国粮食价格的实际数据，采用纵向的时间序列模型、横向的多元回归模型来分析和预测我国未来十年的粮食价格，为了和国家预测数据进行对比，又采用时间序列模型和专家调查法来预测具有代表性的粮食生产省份未来十年的粮食价格；并根据预测结果，采用规范分析的方法来判断我国未来十年粮食价格对我国国家粮食安全乃至国家经济安全的影响，并在此基础上对我国未来十年的粮食政策提出合理的建议和意见。

1.4.3 可能的创新之处

（1）研究角度创新。粮食安全是一国经济安全的重要组成部分，粮食价格是百价之基，稳定、合理的粮食价格是一国经济持续、健康、稳定发展的基础。一般以粮食价格预测为研究对象的文章，往往以月甚至日为研究对象，来预测下几个月或几日的价格变化。而本书以未来十年粮食价格作为研究的对象，进行长周期的预测判断。在专家调查法的基础上建立以粮食价格波动幅度为判断标准的国家粮食安全指标体系，并根据未来十年粮食价格的预测结果，在与2021年、2022年粮食价格对比的基础上，判断我国未来十年粮食价格是否在国家安全范围内。

（2）研究结论创新。本书研究表明，由于未来十年我国粮食需求旺盛，小麦供给由宽松有余转为平衡不足，但消费先下降而后小幅增长，未来十年小麦价格年均波动幅度只有1.29%；玉米由于需求旺盛，供给不足，价格上涨幅度较大，价格年均上涨5.23%；虽然稻谷供给稳定增加，但由于生产成本居高不下，年均价格上涨4.23%。研究认为未来三大主粮的价格波动幅度不高，不会对城乡居民生活产生较大影响，不会对国家经济安全造成不良影响。

（3）研究方法创新。本书先运用纵向时间、横向因果两种预测方式，采用Holt-Winters模型、VAR模型、蛛网模型和多元回归模型来预测我国未来十年粮食价格，在得到不同的预测结果后，又运用组合预测得到最终预测的结果。最后采用空间预测方式来对时间因果预测进行对比，从时间、因果、空间多方位、多角度预测我国未来十年粮食价格，开阔了粮食价格预测视野，更加全面地预测了我国未来十年的粮食价格。

1.4.4 存在的不足之处

（1）本书预测 2021～2030 年十年的粮食价格。长期预测所需的数据较多，但是本书只选择 1985～2020 年我国粮食价格的实际数据，这是由于 1949 年后我国一直实行粮食价格管制政策，1985 年才开始进行粮食价格"双轨制"改革。本书在数据的运用方面有所欠缺。

（2）在进行专家调查预测时，虽然选择的都是长期从事粮食价格研究、熟悉粮食价格变化规律的专家，但是专家的选择人数较少，并且主要集中在西北农林科技大学、中国人民大学农业与农村发展学院，缺乏其他粮食消费大省如广东、粮食产量大省如东三省的专家。

（3）粮食价格本身的影响因素众多，本书并不能一一列举，预测过程只采用了运用价格本身和部分长期性影响因素，如成本、粮食供给、消费量来进行预测，其他因素也会影响粮食价格，如国家粮食政策、能源价格、国际粮食价格等并未在预测模型中运用。

2 文献综述

2.1 国内外粮食价格预测研究动态

2.1.1 国外农产品价格预测研究动态

关于农产品价格预测，国外相关领域学者做出了突出的贡献。最早在农产品领域进行价格预测的是美国经济学家 H. L. Moore，他发表的 *Economic cycles*：*Their law and cause*（1914）和 *Forecasting the Yield and the Price of Cotton*（1917）直接推动了美国 20 世纪 20 年代关于农产品供给、需求和价格方面的研究。Henry C. Taylor（1924）认为农业预测对个人而言是根据市场的需求状况来提供产品，获得一个合理的价格，对于国家来讲，是制定国家农业政策的基础。美国经济学家 Schultz（1930）、荷兰经济学家 Tinbergen（1930）和意大利学者 Ricci（1930）各自独立分析了不同情况下农产品价格与供给、需求的关系，并且被英国经济学家 N. Kaldor（1934）与美国经济学家 M. Ezekiel（1938）加以完善，成为著名的蛛网模型，被广泛应用于分析农产品供给、需求与价格之间的关系。

20 世纪 50～70 年代经济学者从农户预期的角度对蛛网模型进行了发展。R. H. Coase 等（1935）在分析英国腌肉产业的基础上，认为农户对价格的反应不仅仅是根据蛛网模型，还存在自身的预期因素。Akerman（1957）在蛛网模型中加入动态调整因素。Holbrook Working（1958）对预期理论进行了解释，认为预期理论有三个方面的重要假设：一是价格是经济交易者根据实际消息来进行预测的。二是市场经济状况是当前的实际状况。三是特别说明：市场交易者众多，不存在个别交易者影响市场价格现象；信息完全；每个交易者都完全理性，能利用信息做出对自身最有利的判断。Muth（1961）提出了理性预期理论。Nerlove

（1958）以小麦价格预测为例，提出了适应性预期模型，引起了发展中国家农户对价格反应的争论。

20 世纪 70 年代后，随着电子计算技术的广泛应用，计量经济模型在农产品价格预测中被广泛使用。Myers（1972）将统计数字和计量经济学引入商品价格预测，以提高商品价格预测质量。Miller 和 Maters（1973）采用供给与需求分析方法对短期内鸡蛋价格做出了预测。W. A. Cromart 等（1975）以苏联购买国际市场粮食，致使国际市场粮食价格上涨为例，认为需要提高农产品价格预测水平，并采用分布滞后模型来预测带壳鸡蛋和屠宰生猪的价格，取得了良好的效果。Menkhaus 和 Adams（1981）在预测不同小牛和成年公牛的价格时提出了判别式分析法，并将这种分析方法与这种方法的预测结果与传统的回归方法做了比较，结果优于传统的回归分析方法，作者认为判别式分析方法是一个较好的价格预测方法。J. Spriggs（1981）采用时间序列 ARIMA 模型，运用月度数据预测了 20 年印第安纳州谷物的价格。Richard E. Just 等（1981）将期货价格作为标准，对比玉米、小麦、大豆、豆油、豆粕、棉花、活牛、生猪 Doanes、DRI、USDA 等不同预测价格，发现期货价格相对较为精确，认为结果有利于规避风险。Kim S. Harris 等（1985）以均方根误差和转折点精度作为标准，采用一般计量模型、ARMA 模型、序列自相关模型、多元时间序列模型来预测活牛、活猪的价格。当均方根误差作为判断标准时，采用 ARMA 模型预测更为准确；当采用转折点精度作为标准时，模型显示最低的均方根误差值比转折点精度更为有效。Jon A. Brandt（1985）采用 ARMIA、专家预测等六个预测模型，1976~1982 年的具体数值的研究结果表明，预测对对冲规避风险具有一定的价值。Gene Rowe 等（1999）认为 Delphi 法比标准实验更好。GerTrip 等（2000）实证分析了花农对价格预测的准确性能够提高花农种植品种的市场适应性，从而提高其收入。Ramírez 和 Fadiga（2003）采用非对称误差 GARCH 模型来预测美国大豆、高粱和小麦的价格，并且与其他方法作比较，认为此方法预测的准确性较高。Md Zakir Hossain 等（2006）运用 ARIMA 模型，对孟加拉国汽车、饲料和绿豆市场三项的价格进行了预测，这些预测通过了 AIC、BIC、相关系数、标准差和平均绝对误差检验，并且采用了均方根误差、平均预测误差、不等式的系数检证预测误差；结果表明，运用 ARIMA 模型来进行预测效果十分显著，预测结果可作为政府制定政策时的参考。

2.1.2　国内粮食价格预测研究动态

由于实行计划经济，政府对粮食市场放开得较晚，因此我国学者较晚开展对农产品价格的预测研究。

2.1.2.1 指数平滑预测法

刘海清等（2010）采用指数平滑法预测了 2001~2008 年海南省芒果价格，预测结果与实际价格对比发现，预测效果较好。董晓霞等（2010）采用指数平滑、Holt-Winters、ARCH 三种方法对我国鲜奶价格进行了短期预测，经对比发现，虽然 ARCH 预测精确度较高，但不如 Holt-Winters 模型预测的稳定性好。李干琼等（2011）采用 Holt-Winters、SARIMA、移动平均比率等多种方法，来预测西红柿全国批发价格，在 2009 年的预测评估中，Holt-Winters 模型预测精确度最高，而预测时间提前 3 个月，SARIMA 预测误差最低。王桂红等（2013）以山西晋城 13 种农产品价格为依据，对比分析了加权算术平均法、二次指数平滑法等 9 种时间序列非季节指数法，提出了用改进的二次指数平滑法来对价格进行预测，结果表明预测效果较好。曾小溪等（2015）根据 2002 年 1 月至 2014 年 12 月我国籼、粳米市场价格数据，采用 H-P 滤波和 Holt-Winters 等三种方法对未来两年的大米价格进行了分析和预测。

2.1.2.2 蛛网模型分析

陈伟（2007）采取动态系统理论对我国养猪的修正为平滑价格蛛网模型来进行预测。李丽红等（2009）运用蛛网模型解释了农产品价格的周期性波动，并以此为据预测了 2009 年鸡蛋的价格。孙婷婷等（2010）为了反映生产者对未来市场的预测和决定，在传统蛛网模型的基础上引入了权值，并且认为生产者在参照近几期价格的基础上，合理选择权值，就可以有效预测下一期商品价格，从而能够大幅度降低因价格和供给出现较大波动而产生的风险，对经济活动产生积极影响。邵鲁等（2011）运用蛛网模型对我国粮食价格的波动因素进行了分析。张树忠等（2012）运用蛛网模型解释了我国小宗农产品价格波动机制，并以绿豆为例，运用 VAR 模型分析货币因素对小宗农产品价格的影响，并在此基础上论述了小宗农产品价格异常波动的原因及影响。汪莹等（2014）运用蛛网模型，从供给与需求两个方面讨论了中药材价格波动的原因，并提出了保持中药材市场价格稳定、市场均衡的条件。储震等（2016）将广义投机预期假说引入蛛网模型，来解释我国 2001 年 1 月至 2016 年 3 月的猪肉价格，发现广义投机蛛网模型更适用于猪肉价格波动。郑雪怡等（2016）利用全国 50 个城市的水产品价格，利用蛛网模型来进行预测补缺，发现价格逐年缓慢递增。

2.1.2.3 ARMA 模型法

关于产品价格，我国学者采用多种方法，进行了不同的预测。苏博等（2006）采用逐步回归法对粮食价格的因素进行了筛选，构造了最优粮食预测模型，并对结果进行了检验。在时间预测模型中，ARMA（Auto Regressive

Moving Average Model）即自回归滑动平均模型，是运用较多的方法之一。韩雯（2011）运用 ARMA 模型以辣椒为例对贵州农产品月度价格进行了预测。罗永恒（2013）根据 1979~2010 年中国农产品价格指数建模，证明其符合 ARMA（5，1）模型，并在此基础上对 2011~2013 年中国农产品价格指数进行了预测，发现预测结果能够较好地反映农产品价格指数的动态变化。许凤华等（2015）采用 ARMA 模型对我国小麦价格指数进行了预测，并把预测值与实际值进行了对比，结果表明，预测值接近实际值，误差控制较好。ARMA 模型对其他方面的预测也有很多（党姬男，2009；周世军等，2009；卢小丽等，2012；常峰等，2014；等等）。

在 ARMA 模型的基础上，出现了 ARIMA 模型，经济学者还把 ARIMA 模型与其他模型结合进行预测，来提高预测效率。傅如南等（2008）运用 ARIMA 模型对 2007 年 8~9 月的肉鸡周价格进行了预测，发现肉鸡价格呈 AR（3）模型规模，并且作者认为其预测方法可推广到一般的家禽养殖企业价格预测中去。刘峰等（2009）运用 ARIMA 模型采用月度数据，较好地预测了白菜的价格，并与实际数据相模拟，得到了较好的印证。丁文娜等（2014）采用 ARIMA 模型，对未来短期内玉米价格做出预测，结果显示短期内玉米价格将会小幅上升。张立杰等（2013）建立了基于自回归移动平均的棉花价格 ARIMA（1，1，1）模型，结果显示，ARIMA（1，1，1）模型很好地模拟出了国内棉花价格变化趋势，预测相对误差率低于 4%，在 ARIMA 模型的基础上对该模型残差建立支持向量机模型，将自回归移动平均模型与 SVM 模型两个模型的预测结果，采取组合预测方式再次对棉花价格进行了预测，通过比较发现，组合预测的结果表明自回归移动平均有一定改进。

2.1.2.4 其他预测方法

除上述方法外，我国学者也采用其他方法来对价格进行预测。马威武等（2007）将人工神经网络模型与灰色系统模型相结合预测猪肉价格取得了良好的效果。王舒鸿（2008）采用灰色系统模型对鸡蛋价格进行了预测，发现效果较好。平平等（2010）在分析神经网络、灰色系统和时间序列的基础上，设计了将两种模型组合的预测方法，并运用该方法对吉林省生猪价格进行了预测，预测结果表明，人工神经网络和灰色系统相结合具有更高的精确度。韩士专（2012）运用 VECM-GA-BP 模型对我国玉米期货市场价格进行了预测，有良好的预测效果。许杞刚等（2014）采用多项式函数和欧式距离相结合的方法，并用粒子群优化算法对多项式函数系数、K 值的选取进行参数优化，得到改进的 KNN 预测模型，预测结果表明这种改进的模型的预测精度能够达到神经网络的预测精度。孙红敏等（2013）、刘向荣等（2013）采用 BP 神经网络对农产品价格和CPI进行预测，并与实际进行对比，取得了较好的预测效果。郝妙等（2014）运用灰色系统模型预测未来3年生猪价格。方燕等（2014）利用灰色系统模型预测了我国大豆在未来一段时间内价格将呈现持续上升趋势，并对我国大豆政策提出了政策建议。曾伟鑫等（2015）利用灰色系统理论预测了我国CPI中食品类的价格指数，从结果来看，短期内预测效果较好，长期还需考虑国家宏观调控。刘永平等（2015）以河南驻马店花生市场为例，采用云计算对粮食市场价格进行了预测。李俊茹等（2021）等借助随机波动性TVP-VAR模型实证研究地缘政治风险对中国粮食价格的时变影响，结果表明地缘政治风险对粮食价格的冲击持续存在，大豆价格受冲击最大，其次为玉米和小麦价格，粳稻价格受冲击较小。

2.1.2.5　组合预测方法

组合预测方法是在运用两种或两种以上预测方法后，为了得出最后的预测结果，提高预测的精确度，根据预测方法结果再建立预测模型，得到的综合预测结果。

王川等（2013）根据2006年7月7日~2012年3月30日我国苹果批发数据，综合运用双指数平滑法、Holt-Winters、ARIMA（1，1，4）三种预测方法对我国苹果价格进行了预测，并在此基础上以误差平方和最小为最优的原则，组合预测了2012年4月6~20日的周价格，发现组合预测的误差最小，组合预测适用于我国农产品的价格预测。方成等（2014）根据Holt-Winters和ARMA两种方法预测方法的预测结果，对2013~2017年山东省玉米和小麦生产成本进行了预测，并据此提出了政策建议和意见。张立杰等（2013）对2011年1~12月我国棉花价格进行了预测，结果表明，SVM和ARIMA组合预测比单一预测方法更为有效。曹霜等（2015）在小波分解的基础上，分别采用SVM和ARIMA两种方法对2012年1~12月我国大白菜价格进行预测，在预测方法的基础上建立组合预测模型，组合预测的精度更好。

2.1.3　总结

根据以上分析，农产品价格预测方法较多，对农产品价格预测的学者也很多，但是绝大多数学者做1年以内的短期价格预测，缺乏对农产品价格的中长期预测，没有把农产品价格预测与中国国家经济安全联系在一起。由于农产品供给，尤其是粮食供给的特殊性，需要对其做长期价格预测，并在长期价格的基础上，根据粮食价格与国家经济安全的关系，制定我国粮食管理政策。

2.2 国内外粮价与国家粮食的研究动态

从微观层面来讲，由于粮食价格的变化，会导致食品消费结构发生变化，产生饥饿、营养不良等粮食问题，从而引起家庭层面的粮食问题，当出现大规模家庭粮食危机时，整个国家的粮食危机就出现了，国家经济就会产生极大问题。由于国内外对粮食市场的政策不同，对粮食价格与国家粮食安全的研究也不同。

2.2.1 国外粮价与国家粮食安全的研究动态

粮食价格上涨引起的全世界三次大的粮食危机，特别是 2007~2008 年世界粮食危机，75 个发展中国家受到重创（罗叶，2012）。西方经济学者对于粮食危机的研究较多，角度也不同。M. Lipton（1986）认为虽然造成贫困和饥饿的原因不是粮食缺乏，而是购买力不足，但是发展中国家偏向城市的政策却损害了经济增长和社会公平，造成了农村生产力下降，带来了更多的贫困和饥饿。S. Maxwell（1990）认为粮食价格相对于撒哈拉以南的非洲国家而言过高，要实现粮食安全，需要改善社会福利状况，提高居民收入。Simon Maxwell 等（1990）在苏丹达尔富尔地区的实验表明，长期性生活干预能够提高居民的收入和食品消费，从宏观和微观两个方面提高当地粮食安全。Daniel Maxwell 等（1999）认为一般家庭可采取四方面措施来应对粮食危机：根据家庭资金情况改变饮食结构，减少资金使用量（饮食结构改变战略）；在短期内寻找增加食品来源的途径（食品寻找战略）；在短期减少家庭人口数量（家庭结构战略）；对食品的不足进行管理（定量战略）。K. Baltzer 等（2008）发布报告称，粮食进口价格上涨，国内粮食价格随之提高，导致贫困率大幅度上升，产生了粮食危机。FAO（2009）发布报告称2007~2008 年高粮价，使得发展中国家居民食品的消费上升至收入的70%~80%，同时低收入国家的贫困居民面对高粮价却不得不加大粮食消费，减少肉类、蔬菜等的消费，致使这些国家的贫困居民陷入饥饿和营养不良；粮食危机导致了许多低收入国家大规模的动荡和骚乱（Headey & Fan，2008，2010）。O. G. Dávila（2010）研究发现由于大多数墨西哥家庭 3/4 的收入用于主食消费，2006~2008 年国际粮食价格上涨给墨西哥带来了严重的粮食危机，由于墨西哥的主要食物来源是玉米，玉米价格上涨导致城市和农民净购买者生活支出大幅度增加，陷入危机。Brinkman H. J. 等（2010）研究发现由于金融危机和粮食价格的上涨，2006~2010 年几乎所有的发展中国家能量消费都所有下降，在发展中国家

45 亿人中有 4.67 亿人陷入饥饿和营养不良，绝大多数家庭降低了食物消费的数量和质量，特别是需要营养的人群，如儿童、孕妇、哺乳期妇女及病人等。M. T. Ruel 等（2010）认为金融危机导致的高失业率和不充分就业，使得城市贫民受粮食价格的冲击很大，与城市贫民受到同样冲击的还有农村中贫民、净购买者、无地者，其中最严重的是赤贫阶层，贫民的生存状况还有赖于其对食品价格的调整。C. P. Timmer 等（2010）认为 1972~1973 年和 2007~2008 年粮食危机的教训在印度或印度尼西亚表现为大米政策问题，这两个国家在危机中都限制大米出口，但为了鼓励小种植户，国家干预不能把米价定在最低水平，但为了城市最低生活水平，也不会放任大米价格过高。P. Christian（2010）认为由于粮食价格上涨导致粮食危机，儿童营养不良，使得儿童死亡率增加（Sulaiman et al.，2009；Timmer et al.，2010；等等）；同样，Mayang Sari 等（2010）基于金融危机和粮食价格上涨，对比印度尼西亚城市贫民和农村贫民 0~59 个月家庭食品调查表明，农村和城市贫民的儿童发育不良率分别为 33.8% 和 31.2%，如果家庭消费较多的肉类食品，儿童发育不良率会下降；S. Vellakkal 等（2015）也以印度最大的邦研究证明，2002~2006 年儿童发育不良率由 19.4% 下降到 18.8%，但由于粮食价格上涨，2009 年儿童发育不良率又上涨到 28.0%，主要是中低收入家庭儿童发育问题，富裕家庭儿童未受影响，作者认为若粮食价格上升导致儿童营养不良增加，则需要发展经济，提高低收入家庭的收入水平。P. McMichael 和 M. Schneide（2011）对导致世界 10 亿人尤其是妇女陷入粮食危机的 2008 年粮食价格上涨的研究，表明了农业不是工业的附庸，发展中国家需要加强"粮食政治"，延长对农业产业链条，加大对农业的投资力度，保持农业的可持续发展，维持国家粮食安全。K. Wiebe 等（2011）认为 2008 年经济危机和高粮价使得 10 亿人陷入粮食危机，即使 2009 年世界谷物产量与之前最高产量持平，但仍有 1/6 的人口陷入营养不良，2010 年虽然饥饿人口下降到 9.25 亿，但是粮食价格又有所上升，解决饥饿不是提高粮食总产量，而是让贫困人口得到粮食。T. Long（2012）认为自 2008 年粮食价格上涨之后，粮食产量和粮食价格在发展中国家的国家粮食安全中的作用得到了国家、社会的重视，但是 21 世纪粮食安全应该更加重视粮食的可持续性，粮食价格只是粮食可持续发展的一个方面。J. Coates（2013）粮食安全的定义包括五个方面：粮食充足、营养充分、文化的可接受性、粮食安全、价格合理稳定。H. Gazdar（2015）研究 2008 年粮食价格大幅度上涨导致贫困居民陷入粮食危机，认为贫困居民渴望得到粮食救助但得不到社会支持。Ben Groom（2015）研究 2007~2008 年印度的大米政策缓解了价格上涨给印度百姓带来的生活压力，同时促进了米农收入的增加，但是也影响了贫困居民的生活水平。

2.2.2 国内粮价与国家粮食安全的研究动态

从国内外研究来看，由于我国长期实行粮食价格管理政策，我国学者一直重视粮食总产量对国家粮食安全的作用，直到 2008 年世界粮食危机之后，我国学者才重视粮食价格对于国家粮食安全的影响。所以研究粮食价格与国家粮食安全的文献并不多见。黄晓凤（2008）根据国际粮食危机的经验，认为要保证国家粮食安全，粮食价格要一方面防止"谷贱伤农"，另一方面防止"米贵伤民"，保持双方"共赢价格"。顾海兵等（2008）认为粮食安全在短期内表现为适度的波动价格，而长期还是供需平衡。王仲辉等（2009）认为国家粮食危机使粮食安全成为国家经济安全的关键因素，我国政府该当建立粮价调控机制，来维持价格稳定，以保证国家粮食安全。吕新业等（2013）从微观层面研究，认为要维护国家粮食安全，需要提高农民收入，特别是贫居的购买力水平，增加自行购买粮食的能力（魏鹏，2006）。温铁军（2014）认为粮食价格脱离了供求，受金融因素的影响，中国粮食定价权旁落到跨国粮商，而粮价高企使得低收入阶层生存条件恶化，但城市却被"消费文化"主导，中国粮食安全需要生产者和消费者共同努力才能实现。奚宾（2014）认为粮食金融化具有资源配置和财富分配效应，财富分配效应导致价格扭曲，威胁国家粮食安全。徐振伟（2015）认为粮食危机是食品短缺和价格上涨并存，原因是财富分配不均，致使贫困居民无力购买所需食物。邓磊（2015）认为在城镇化背景下，我国粮食生产资源流向城镇，引起粮食生产成本、粮食价格上涨；同时由于国内粮食生产资源减少，进口粮食数量扩大，国际粮食市场对国内市场影响力增强，这些加大了国家粮食安全的风险。陈光明（2015）认为由于贸易因素，国际粮食市场对国内粮食市场价格影响较大；短期内，国内粮价波动会降低我国粮食安全水平；长期内会严重影响我国国家贸易安全和粮食安全，需要国家构建完善的粮食安全机制来应对。

2.2.3 小结

由国内外学者的研究可见，我国学者一般从宏观角度出发来定性说明粮食价格可能会对国家粮食安全产生一定的消极影响，需要国家采取一定措施来稳定粮食价格，极少有学者从民众的角度出发，讲述粮食价格的变化引起食品价格变化对贫民产生的不利影响。而西方学者一般从微观角度出发，采取定量方式，来分析粮食价格的变化特别是粮食价格上涨，不仅是宏观上给国家粮食安全带来不利影响，更会给城市贫民、无产者、净消费者带来饥饿、更加贫困、长期营养不良，甚至儿童发育不良和儿童死亡率上升等严重后果，从而更清楚地表达了粮食价格上涨引起的粮食危机，是给全社会带来的危害。

3　价格预测的理论与方法

3.1　价格预测的概念

3.1.1　经济预测

"凡事预则立，不预则废。"预测是由于人们对事物未来发展趋势和变化规律的渴望，由此产生了分析和预测的要求。预测是指人们根据已知事件发展的规律来对其未来发展变化趋势和方向的分析。

而经济预测则是指以已有的统计数据和经济信息为依据，根据经济现象发展的脉络，运用科学的分析方法，找出其发展的规律性变化，来对其未来发展做出分析和预测。经济预测具有三个特点：一是从精确度来讲，预测只是一个概率事件，并不能保证预测数据的绝对准确性；二是预测只是人们对未来事件认识的一种方式，预测的结果只能部分地影响人们的社会行为；三是在预测过程中，预测采用的方法和预测资料的准确性比预测结果更为重要。

3.1.2　价格预测

价格预测是指在充分占有和利用社会经济信息的基础上，采用科学的理论作指导，运用正确的工具模型，结合丰富的实践经验，对价格的未来发展趋势和规律做出分析和判断。价格预测的结果是做出经济决策的基础，对经济决策有着重要的参考价值，因此受整个社会的高度关注，但是由于价格本身受多种因素的影响，且社会项目千差万别，每种项目的预测难度不同，预测的精确度要求也不一致，因此，价格预测难度较大。价格预测一般分三个步骤来进行：一是在进行价格预测前应对预测目标的性质、特点进行准确的调查和分析。由于影响价格的因素较多，最好运用表格、图形形式将价格清晰地表达出来，并将二者结合起来进行综合分析，对价格的未来趋势进行初步判断。二是在进行价格预测的过程中，既要重视经济信息整体的发展脉络，又应该把握局部变化特点；既要重视社会总量要求，也要分析结构变化；既要尊重"过去"的经济信息，更要看重"现在"的形势；既要做好影响价格的各种因素之间的综合平衡分析，又须注意预测的技术和细节问题；在预测过程中应当多借鉴参考专家的预测经验和建议。三是要对价格预测进行评估和总结。首先要对预测过程进行评估；如果过程可靠，则要对预测值和实际值进行比较，计算出预测值与实际值之间的偏差，并分析产生偏差的原因，总结出未来提高预测的精确度的意见和建议；最后做出预测的全面总结工作，以便未来预测借鉴，以不断提高预测的科学性和艺术性。

3.2 价格预测的理论

3.2.1 均衡价格理论

在经济学的研究过程中，以商品的供给和需求作为研究的出发点，把价格当作研究的核心问题，分析商品的市场价格从非均衡状态到均衡状态的过程，这种分析过程被称为均衡价格理论。对商品市场供给数量的分析中，该理论认为，影响商品供给数量的因素有生产商品技术水平、商品成本、商品本身价格、互补品的价格、替代品的价格以及生产者对商品的未来价格预期等。对商品市场需求数量的分析中，该理论认为影响商品需求数量的原因有消费者的收入水平、消费偏好、商品本身价格、替代品的价格、互补品的价格、消费者对商品未来价格的预期以及消费者对自身未来收入的预期等。该理论把供给数量与供给的价格一一对应起来，建立供给函数和供给曲线；把需求数量和需求价格一一对应起来，建立需求函数和需求曲线。在供给曲线与需求曲线相交时，商品所达到的价格和数量即称为商品均衡时的价格和数量，此时，消费者达到效用最大化，生产者达到利润最大化，商品市场达到均衡状态（见图3.1）。

均衡状态通常被认为是一种理想的状态。市场经济往往被认为是从非均衡走向均衡状态运动的过程。这个过程中往往会出现以下三种情况：

（1）如供给不变，即供给曲线的位置不发生移动，而消费者的收入、替代商品的价格或消费者对未来商品的价格预期发生变化，从而引起需求发生变化，即需求曲线的位置发生变化。如果需求曲线向右移动，则市场均衡时商品的需求

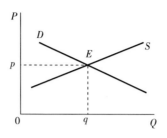

图 3.1　市场均衡

数量增加，商品的价格上涨；如果需求曲线向左移动，则均衡时的商品需求数量
减少，价格下降（见图 3.2）。

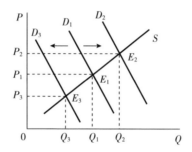

图 3.2　供给不变需求变动时的价格

（2）如需求不发生变动，即需求曲线的位置不发生移动，而商品的生产技
术提高、生产成本下降，或生产者对未来的预期发生变化，从而使得商品的供给
发生变化。如果供给曲线向右移动，从而使市场上均衡时的商品数量增加，商品
价格下降；如果供给曲线向左移动，从而使均衡的数量减少，价格上升（见
图 3.3）。

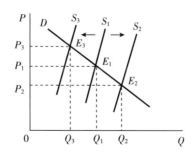

图 3.3　需求不变供给变动时的价格

（3）如果供给与需求都发生变化，供给曲线与需求曲线位置同时发生变化，则均衡时的商品价格和数量的变化并不确定，需要具体问题具体分析（见图 3.4）。

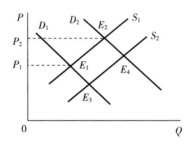

图 3.4　供给需求同时发生变动时的价格

3.2.2　弹性理论与蛛网模型

弹性是因变量对自变量变化的反应的敏感程度。弹性分为需求的价格弹性和供给的价格弹性。需求的价格弹性是商品需求量的变化与商品价格变化之间的比例关系；供给的价格弹性是指商品供给量的变化与商品价格变化之间的比例关系。"蛛网模型"起源于 1930 年美国经济学家 Schultz、荷兰经济学家 Tinbergen 和意大利经济学家 Ricci，三位经济学家各自独立地利用弹性理论，发展了商品供给、需求与价格之间的关系。经过 Kaldor（1934）与美国经济学家 Ezekiel（1938）的完善，成为供给、需求与价格三者之间关系的均衡分析工具。

蛛网模型有三个基本假定：一是商品前一期的价格 P_{t-1} 决定本期的供给量 Q_t^s，即商品的供给函数为 $Q_t^s=f(P_{t-1})$；二是商品本期的价格 P_t 决定商品本期的需求量 Q_t^d，即商品的需求函数为 $Q_t^d=f(P_t)$；三是在商品的一个周期中，商品的供给与需求相等，即：$Q_t^s=Q_t^d$。则商品的蛛网模型的表达式为：

$$P_t=(P_0-P_e)\left(-\frac{\gamma}{\beta}\right)^t+P_e \tag{3.1}$$

其中，P_0 为商品的初始价格，P_t 指在 t 时期的商品价格，P_e 指商品市场均衡时的价格，γ 为商品的供给弹性，β 为商品的需求弹性。

根据弹性理论，运用蛛网模型，可以分析商品市场生产周期较长的商品在外力干扰下，产量和价格偏离原来的均衡状态之后，在市场机制的作用下，经过长时期运行后，会回到稳定均衡和非稳定均衡两种状态，产生三种情况：

第一种情况：当商品受到外力干扰而偏离了原有的市场均衡状态时，如供给弹性小于需求弹性，根据式（3.1），即γ<β，则当t→∞时，则随着时间t的增加，商品的实际价格 P_t 将会围绕均衡点 P_e 上下波动，但其波动幅度将会越来越小，最后又回到原来的均衡点 P_e。这就是收敛型蛛网（见图3.5）。

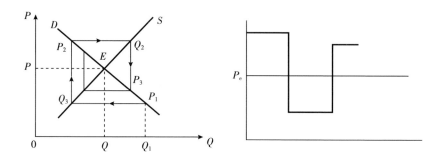

图3.5　收敛型蛛网图

第二种情况：当商品受到外力干扰偏离了原有的市场均衡状态时，当商品的供给弹性大于需求弹性时，即γ>β，则当t→∞时，则随着时间t的增加，实际价格 P_t 将围绕均衡点 P_e 上下波动，但其波动的幅度会越来越大，最后偏离均衡点 P_e 也越来越远。这就是发散型蛛网（见图3.6）。

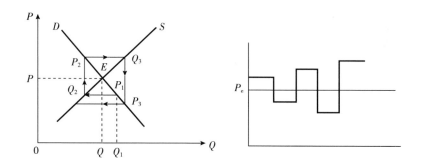

图3.6　发散型蛛网图

第三种情况：当商品受到外力干扰偏离了原有的市场均衡状态时，当商品的供给弹性等于需求弹性时，即γ＝β，则当t→∞时，则随着时间t的增加，商品的实际价格 P_t 始终按同一幅度围绕均衡点 P_e 上下波动，既不靠近也不偏离均衡点 P_e。这就是封闭型蛛网（见图3.7）。

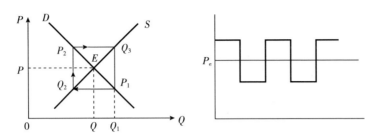

图 3.7　封闭型蛛网图

3.2.3　预期理论

每个经济主体的每一项经济活动实际上都是经济决策过程，而决策都是经济主体在当前状态下对未来经济形势做出判断。但是未来是未知的、不确定的，经济主体必须对与当前决策有关的经济变量的未来发展趋势做出预期或估计。在经济学中，预期有广义和狭义之分。一般而言，狭义的预期是指人们对未来商品价格波动的预测；而广义的预期则是指经济行为主体（如消费者、投资人）在做出经济决策前对未来经济变量或经济形势做出的一种心理判断，而这种心理判断影响人们的经济行为。预期思想起源于 19 世纪末，凯恩斯在《通论》中一再强调预期的作用。

在预期理论形成的过程中，前后出现了静态预期、外推性预期、适应性预期和理性预期等预期假设理论。

3.2.3.1　静态预期理论

静态预期假设人们完全根据过去的价格情况来预测或判断未来的经济发展趋势，如果 t-1 期预测 t 期的价格，则公式为：

$$P^E = P_{t-1}^A \tag{3.2}$$

其中，P_{t-1}^A 是 t-1 期的实际价格，P^E 为预期 t-1 期预期的 t 期的价格。

由式（3.2）可见，静态预测理论认为人们完全根据上一期的实际价格来判断下一期的预期价格，完全忽略了历史信息积累的作用、人在经济决策中的学习能力和利用当期信息的能力。因此，将预期的经济变量水平等同于经济变量前期的水平，在经济预期中没有随机变量的扰动，价格也只与前一期价格有关，为静态预期。

3.2.3.2　外推性预期假说

外推性预期假说是由 Lloyd Metzler（1941）提出的。Lloyd Metzler 认为，经济决策者的预期不仅依据经济变量的过去水平，而且应该注重未来的变化趋势，并且这种预期不仅仅以经济变量过去的水平为基础，更应该看重变量未来发展的方向和可能达到的水平。其公式为：

$$P_t^e = P_{t-1} + \alpha(P_{t-1} - P_{t-2}) \tag{3.3}$$

其中，α 为预期系数，这种预期就是外推性预期。

外推性预期认为任一 t 时期的预期价格 P^e 等于前一期实际价格 P_{t-1} 加上（或减去）α 倍的前两期价格水平之差，即（$P_{t-1} - P_{t-2}$）。即经济行为人不仅考虑过去的实行价格水平 P_{t-1}，还要考虑已经显示出来的价格的变动趋势或方向，即 t−1 时期实际价格 P_{t-1} 与 t−2 时期实际价格 P_{t-2} 的价格变动（$P_{t-1} - P_{t-2}$）。

如果 $\alpha>0$，则预期 t 时期的价格将大于 t−1 时期的实际价格 P_{t-1}，而这种价格变化趋势还将持续下去；如果 $\alpha<0$，则预期 t 时期的价格将小于 t−1 时期的实际价格 P_{t-1}，未来将发生逆转，价格下降；如果 $\alpha=0$，则 $P^e = P_{t-1}$，这种状态为静态预期。

α 值的大小，取决于人们对未来经济形势的判断，如果人们对未来经济充满信心，情绪乐观，则预期价格上涨，$\alpha>0$；如果人们对未来经济预期没有信心，情绪悲观，则预期价格下跌，$\alpha<0$。在预期外推模型中，人们对未来的判断，来源于对经济变量 t−1 时期和 t−2 时期的特定信息。即仅仅根据过去价格的变化，通过引用特定的变量 α，来预期未来价格要达到的水平。由于不同经济行为主体的判断不同，所得到的预期价格也不尽相同。

3.2.3.3 适应性预期假说

适应性预期（Adaptive Expectations）是 Philip Cagan 于 1956 年提出的。适应性预期在经济学中是指人们在估计或判断未来的经济走势时，利用过去预期与过去实际间的差距来矫正对未来的预期。在 t−1 期对 t 期的价格水平所做的适应性预期为：

$$P_t^e = P_{t-1}^e + \beta(P_{t-1} - P_{t-1}^e), \ \beta \in (0, 1) \tag{3.4}$$

其中，P_t^e 是 t 时期的预期价格，P_{t-1}^e 是 t−1 时期的预期价格，P_{t-1} 是 t−1 时期的实际价格，β 则为误差修正因子，它是预期对过去预期误差修正的速度，这种预期称为适应性预期。

如果 $\beta=1$，则有 $P_t^e = P_{t-1}$，即适期性预期变为静态预期。这说明静态预期是适应性预期的一个特例，静态预期实际上假定适应性系数等于 1。

在适应性预期条件下，P_t^e 可以用前期的实际价格加权平均数来表示：$P_t^e = \beta P_{t-1} + \beta(1-\beta)P_{t-2} + \beta(1-\beta)^2 P_{t-3} + \beta(1-\beta)^3 P_{t-4} + \cdots$。

可以得出以下公式：

$$P_t^e = \beta \sum_{k=1}^{\infty} (1-\beta)^{k-1} P_{t-k} \tag{3.5}$$

从式（3.5）可见，适期性预期公式是一个滞后分布，这里的权数分布在滞后的数值中。从式（3.5）可见，权数呈几何级数递减（$0<\beta<1$），这表明距离当期越远的时期价格，对当期的价格预期作用越小。

以上可见，外推式预期与适应性预期的区别在于：外推式预期仅以最近两期的价格作为预期的基础，而适应性预期则以发生的所有 n 期价格为基础进行预期。适应性预期的信息量要大于外推式预期。

3.2.3.4 理性预期假说

在理性预期假说（Rational Expectation Hypothesis）提出之前，适应性预期曾经大行其道，其优点在于：概念容易理解，实际运行较为简便，并且适应性系数的估计值运用统计方式获得十分容易。纵然如此，适应性预期也有其缺陷：一是适应性预期的权数在实际经济生活中并没有证明像其形式上呈几何级数递减的滞后分布状态；二是适应性预期只注重经济现象过去的统计值，并不看重当前的信息；三是与理性人假说相矛盾。作为理性人，经济决策者一定会充分利用尽可能多的信息来追求自身利益最大化。但是适应性假说认为，经济决策者只利用过去的信息来进行预期，根本不考虑当前信息。一个理性的经济人会不断地从错误中吸取教训，而不是一味地利用过去信息，反复犯同样的错误。

由于适应性预期存在的缺陷，1961 年 John Muth 提出了理性预期概念。Muth 认为，信息是一种有用的资源，在追求个人利益最大化过程中，经济人会充分利用所获得的信息，对未来经济发展趋势做出预期。

理性预期假说认为，在决策过程中，经济决策人会根据自己获得的信息来对未来进行预期，并由此判定经济决策者对于未来的预期结果的主观概率与实际经济现象的客观概率的分布是相同的，并且在这些概率分布中，最主要的是概率分布的数学期望值（均值），其次是其方差。因此在理性预期假说中，通常把对未来的 t 期预期看作未来的 t 期数学期望值。根据以上表述，我们可以把基于(t+k)期的信息对(t+n)期的 P 所做出的理性预期表达为：

$$P^e_{t+n}=E_{t+k}P_{t+n} \tag{3.6}$$

式（3.6）的数学期望一般定义为：

$$E(P_{t+n}/\Phi_{t+k})，k<n \tag{3.7}$$

由于信息获取的滞后性，经济决策人只能根据上一期即(t−1)期的信息来形成对本期(t)期的预期，通常预期形式也写作：$E_{t-1}P_t$。

假定 $P^e_t=P_{t-1}+\varepsilon_t$ \qquad\qquad (3.8)

由式（3.8）中，ε_t 是均值为 0、方差为 σ^2 的随机变量。由此可见，理性预期具有无偏性和有效性两个特性。

由以上表述可见，一是理性预期本质上还是主观的，代表着不同经济决策者的个人价值判断；二是理性预期并不是单一的预期值，而可以看作一个概率分布；三是理性预期不同的经济决策人有着不同的预期，并不是每个经济决策人的预期总是正确的；四是如果预期值与实际数值不一致，那么这种误差来自（t−1）期的随机干扰项，这种预期误差是随机的、不可改善的。

3.2.4 新价格理论

何全胜（2010）在《交易理论》一书中提出新价格理论，该理论认为不是价格决定供给与需求，而是供给与需求决定价格，因此，价格的变动并不能使市场供求处于均衡状态。市场均衡只是一种特殊状态，市场经济条件下的自由交易并不具有稳定性。价格的主观与客观评价不同使得市场供求双方不具有稳定性。正是由于这种不稳定性，市场交易无法满足科斯定理的条件，也就是说市场经济无法达到所谓的帕累托最优。另外，虽然市场经济能够提高经济交易的效率，但也由于市场交易的自发性、无序性，市场交易最后产生垄断和贫富分化、社会不公。正是市场本身的不确性和不公平性造成"市场失灵"，甚至出现经济周期性危机。这些问题市场本身无法解决。

由于"市场失灵"的存在，凯恩斯在《通论》中突出了传统经济学对市场与政府的定义，将政府干预引入市场经济中，希望用政府这只"看得见的手"来代替市场这只"看不见的手"，主动对市场经济进行引导和协调。认识政府与市场的关系，改进政府宏观调控的效率，是当前经济学界研究的重要任务。

我国在40多年的改革开放过程中，认识到一个重要问题——"没有市场是万万不能的"；但西方国家经历过多次经济危机也认识到"没有政府是万万不能的"。在市场经济过程中，任何在政府与市场、公平与效率之间极端的选择都会让人们要么成为权力的奴隶，要么成为金钱的奴隶。所以各国都要在这两个极端之间进行权衡，选择一条适合自己发展的道路。在这个选择的过程中，由于趋利避害的本性，有利于人类发展的制度会被保存下来，不利于人类发展的制度将会被淘汰，当然这种制度变迁是一个漫长的过程。新价格理论的形成正是否定了传统经济学中价格的灵活变动使得市场出清、市场均衡的观点，建立了新的方法来分析基础市场与政府宏观调控的相互作用。

根据价格产生的不同形式，新价格理论将价格分为内生价格和外生价格。内生价格是由人们在市场上自由交易，通过竞争形成的，具有一定激励性，虽然能够刺激市场效率的产生，但也会出现"弱肉强食"的不公平问题，这种价格本身不具有稳定性和可持续性，需要外生价格来进行宏观调控，从而维护市场的公平性、有效性。

3.3 价格预测的方法

"工欲善其事，必先利其器。"价格预测方法是进行价格预测的工具，掌握预测方法对价格预测往往事半功倍。

3.3.1 预测方法的分类

预测方法众多，据统计，目前用得较多的预测方法有二三百种。根据不同的分类标准，这些预测方法的分类也有多种。如根据预测的原理进行分类，预测可分为体现惯性原理的趋势外推预测、体现相关原理的因果关系和体现随机原理的概率预测等；按照条件分类，又分为模型预测法和非模型预测法等；按预测时间长短划分为短期预测（1年以内）、中期预测（1~5年）和长期预测（5年以上）。

3.3.1.1 最常见的分类方法还是根据预测的结果进行分类，分为定性预测和定量预测

（1）定性预测方法。定性预测是仅对经济现象未来发展的趋势和方向进行概念性描述的一种预测方法。比如，在对经济现象未来发展趋势的判断中，仅仅说明此现象价格变化发展的状态，是在震荡中运行，还是稳定不变；是处于上升阶段，还是处于下跌阶段；每个阶段的拐点又在哪里等，这些不涉及数量的变化，只有趋势的运行，这种预测就是定性预测。定性预测并不是主观臆测，而是依靠学者所收集的经济信息、凭借大量经验进行主观或直观的判断。定性预测方法更为直观的称呼为形势或趋势预测法，其内容主要包括三个方面：一是因素分析法，主要是对价格的影响因素进行分析，比如分析影响农产品价格变化的因素，如上涨的因素有哪些，下跌的因素又有哪些等；二是进行价格变化特点的分析，比如粮食价格的周期性变化规模、居民消费价格指数的周期性变化规律等；三是进行事物初期变化的倾向性分析，如某国际性事件对石油价格变化的影响分析预测、H1N5出现对家禽市场价格的预测性分析等。总之，定性分析预测法并不是主观臆测，而是具有一定科学性的预测分析方法。定性分析方法的主要形式有头脑风暴法（专家会议法）、德尔菲法（专家调查法）、市场预测调查法等。

（2）定量预测方法。定量预测法是采用社会经济现象的相关数据资料，通过整理分析得出数据体现出的变量关系，并在此基础上建立合理的预测模型，对经济现象未来的发展趋势做出分析和判断的预测方法。定量预测的基本特点是用数量来描述事物未来变化的程度，因此数字表达是定量预测的结果。根据定量预

测的结果，定量预测又可分为点预测（确定值）、区间预测和概率预测。定量预测的模型主要有以下三种类型：

1）回归分析模型。回归分析模型是根据经济变量之间的因果关系，运用一个或若干个自变量来推导一个因变量的模型。其基本结果是一元或多元回归模型。由于因果关系模型是以反映经济因果关系的经济理论为依据，因此其能对经济预测结果做出较好的解释和说明。但是由于因果关系模型是以一定的假设条件为依据，如果经济变量出现变化，预测的结果就会出现错误。模型的使用经验表明，由于假设条件的制约，建立复杂关系价格预测模型较为困难，再加上在预测过程中使用的是因变量的预测值而不是实际值来预测实际，因此有时预测的效果并不理想。

2）时间序列模型。时间序列模型主要是根据经济发展时间上的先后顺序，突出经济变量的惯性机制和数量特征而构建模型，由经济变量的过去、现在数量特征来预测将来的方法。传统的时间序列模型主要有移动平均法和指数平滑法等。20 世纪 70 年代由 Box 和 Jenkins 提出了一种新的时间序列分析方法：自回归积分滑动平均模型（Autoregressive Moving Average Model，ARMA）。由于这种方法采用"让数字自己说话"的方法，在实践上简便易行，克服了因果关系模型需要严格假设条件的缺陷，并且在短期预测上有较好效果，使得 ARMA 模型成为现代时间序列的重要方法。由于这种方法是纯粹的数量方法，很难在理论上就预测结果做出解释和说明。

3）组合预测方法。由于回归分析模型和时间序列模型各有优缺点，近年来把不同的模型组合起来进行分析和预测的思想越来越受到重视。组合预测结合了两种分析方法的优点，避免了缺陷，提高了预测的精确度。从目前的使用方式来看，组合预测可以分为信息组合、方法组合、结果组合三种。信息组合主要是把收集来的数字信息结合在一起，组成新的指数后再进行预测；方法组合是几种模型方法相结合为一个模型进行预测，如向量自回归模型（VAR）；结果组合法是把由多种预测方法得到的预测结果进行综合，采用简单平均或加权平均的方式，以期获得一个更为合理的预测结果。

3.3.1.2 预测方法应用时应注意的问题

（1）为了使用好的预测方法，需要深入理解和熟练掌握各种预测方法的机理。由于当前各种预测方法的使用均有计算机辅助，掌握计算机软件的应用可能较为容易，但是深入理解各种预测方法的使用机理，并能将其熟练运用到实际预测过程中，却并不容易。

（2）在预测方法的使用过程中，应采用适用性原则。预测方法并没有优劣之分，在预测过程中，只有适合的方法才是最好的预测方法，不要滥用所谓的

"最优模型"。预测人员还应注意，在预测时，拟合度的高低并不是检验预测模型是否合适的标准，因为部分预测的拟合度看似较好，但是样本外预测的效果却很差。

（3）预测方法的使用需要勤于实践，活学活用。当前各种计算机预测软件的教学材料多种多样，学习较为容易，在预测时，要真正合理运用适合的预测方法，则需要多加练习，钻进去，走出来，活学活用。

3.3.2 专家调查法

专家调查法是选择长期从事某一行业研究、十分熟悉该行业的专家，来对该行业未来发展趋势做出判断的一种科学分析方法。常见的专家调查法有专家会计法和专家通信法。专家通信法又称 Dilphi 法，是美国兰德公司最先提出的预测方法，是建立专家个人判断的一种直观预测方法。这种预测的特点如下：一是通过邮件或信件方式来进行；二是多向性，可同时向多个专家咨询；三是匿名性，采用不记名方式进行调查，有助于专家发表真实的见解；四是反馈性，将调查结果给专家以反馈，使专家之间可以进行比较分析，相互启迪，使预测结果准确性大大提高；五是集中性，以概率形式反映专家意见，既可体现专家意见的集中性，又可反映专家意见的离散程度。

专家预测法的步骤：一是明确预测的目标；二是选择参加预测的专家，专家的选择要体现广泛性和权威性，且人数一般为 15~50 人；三是编制调查问卷，调查问卷一般由专家简要回答；四是汇总整理反馈专家的意见，并进行统计分析和预测，如有需要，则可继续进行意见征询工作；五是提交正式的预测报告，最终通过对专家意见的整理汇总，进行最后的统计分析与预测，形成正式报告。

3.3.3 回归分析的模型预测法

回归模型是根据事物之间存在的因果关系，由一个或多个变量去分析或估计另一个变量的经济预测方法。这一方法通常可以表示为由原因变量求结果变量的过程。其中原因变量和结果变量也可以称为自变量和因变量、解释变量和被解释变量、外生变量和内生变量等。

在经济统计中，反映经济事物变化的统计数据称为变量，由于经济变量之间存在大量的因果关系，利用部分变量之间存在的因果关系建立的经济模型称为回归模型，并且通过回归模型来预测经济事物发展的规律和趋势。回归预测方法较为成熟，预测结果较为可靠。但是对于样本的要求较高，取得样本的时间较长，要大量的数据作支撑，回归模型较适合预测反映事物长期发展趋势和规律的经济现象。

回归模型预测主要有三个步骤：一是根据变量的样本观测量，采用普通最小二乘法来估计参数值，建立回归模型；二是对参数进行检验；三是利用模型进行分析预测。回归分析模型一般分为一元线性回归模型、一元非线性回归模型、多元线性回归模型、多元非线性回归模型。预测时需要把非线性回归模型处理为线性回归模型以便于分析预测。在回归分析模型中，最简单的便是一元线性回归模型：

3.3.3.1 建立一元线性回归模型

一元回归模型预测法表示在预测模型中，只有一个解释变量，其公式如下：

$$Y = \beta_0 + \beta_1 X + \mu \tag{3.9}$$

其中，Y 为因变量，X 为自变量，β_0 与 β_1 为待估计参数，μ 为随机扰动项。对式（3.9）做出部分假设是为了保证参数的良好性质，这些假设包括：一是模型的变量及函数形式都是正确的；二是自变量 X 不是随机变量而是确定性变量，是在重复抽样中取的固定值；三是自变量 X 在所抽取样本中具有变异性，而且随着样本容量的加大，自变量 X 的样本方差趋于一个非零的有限常数，即

$$\frac{\sum_i^n (X_i - \overline{X})^2}{n} \rightarrow Q, \quad n \rightarrow \infty;$$

四是在给定 X 条件下，随机误差 μ 具有零均值、同方差以及序列不相关的性质，即为 $E(\mu_i / X_i) = 0$、$Var(\mu_i / X_i) = \sigma^2$、$Cov(\mu_i, \mu_j / X_i, X_j) = 0$，$i \neq j$；五是随机误差项与自变量之间不相关，即 $Cov(X_i, \mu_i) = 0$；六是随机误差项服从零均值、同方差的正态分布，即 $\mu_i / X_i \sim N(0, \sigma^2)$。

一元线性回归模型的参数最常用的估计方法是最小二乘法（OLS）。由于最小二乘法（OLS）要求样本观测值尽可能模拟线性回归函数，即样本回归线上的点 $\hat{Y}_i$ 与真实观测点 Y_i 的"总体误差"尽可能地小。根据普通最小二乘法，因变量的估计值 $\hat{Y}_i$ 与实际观测值 Y_i 之差的平方和最小，即 $Q = \sum_{i=1}^n e_i^2 = \sum_{i=1}^n (Y_i - \hat{Y}_i)^2 = \sum_{i=1}^n (Y_i - (\hat{\beta}_0 - \hat{\beta}_1))^2$，在给定样本条件下，使 $\hat{\beta}_0$、$\hat{\beta}_1$、Y_i、$\hat{Y}_i$ 取最小值。

根据微积分运算可知，当 Q 对 $\hat{\beta}_0$、$\hat{\beta}_1$ 的一阶偏导数为 0 时，Q 的值达到最小，即为：

$$\frac{\partial Q}{\partial \hat{\beta}_0} \tag{3.10}$$

$$\frac{\partial Q}{\partial \hat{\beta}_1} = 0 \tag{3.11}$$

根据式（3.10）、式（3.11）可得到如下方程组：

$$\begin{cases} \sum (Y_i - \hat{\beta}_0 - \hat{\beta}_1 X_i) = 0 & \tag{3.12} \\ \sum (Y_i - \hat{\beta}_0 - \hat{\beta}_1 X_i) X_i = 0 & \tag{3.13} \end{cases}$$

根据式（3.12）、式（3.13），得到 $\hat{\beta}_0$、$\hat{\beta}_1$ 如下：

$$\hat{\beta}_0 = \frac{\sum X_i^2 \sum Y_i - \sum X_i \sum Y_i X_i}{n \sum X_i^2 - (\sum X_i)^2} \qquad (3.14)$$

$$\hat{\beta}_1 = \frac{n \sum Y_i X_i - \sum Y_i \sum X_i}{n \sum X_i^2 - (\sum X_i)^2} \qquad (3.15)$$

由于 $\sum x_i^2 = \sum (X_i - \overline{X})^2 = \sum X_i^2 - \frac{1}{n}(\sum X_i)^2$，$\sum x_i y_i = \sum (X_i - \overline{X})(Y_i -$

$\overline{Y}) = \sum X_i Y_i - \frac{1}{n}\sum X_i \sum Y_i$，则参数估计可以写成：

$$\hat{\beta}_1 = \frac{\sum x_i y_i}{\sum x_i^2} \qquad (3.16)$$

$$\hat{\beta}_0 = \overline{Y} - \hat{\beta}_1 \overline{X} \qquad (3.17)$$

设：$\hat{y}_1 = \hat{Y}_i - \overline{Y}$，则通过以上公式得出样本估计量：

$$\hat{y}_1 = (\hat{\beta}_0 + \hat{\beta}_1 X_i) - (\hat{\beta}_0 + \hat{\beta}_1 \overline{X} + \overline{e}) = \hat{\beta}_1 (X_i - \overline{X}) - \frac{1}{n}\sum e_i = \hat{\beta}_1 x_i \qquad (3.18)$$

其中根据方程的性质，得到离差方程：

$$\sum e_i = \sum [Y_i - (\hat{\beta}_0 + \hat{\beta}_1 X_i)] = 0 \qquad (3.19)$$

3.3.3.2 参数检验

参数检验是为了对比参数估计值与真实值的差异程度，一般检验包括拟合优度检验、显著性检验。

（1）拟合优度检验。拟合优度检验是为了检验观测值的拟合程度，拟合程度越大，说明样本观测值的质量越高。

设总离差平方和：$TSS = \sum y_i^2 = \sum (Y_i - \overline{Y})^2$；回归平方和：$ESS = \sum \hat{y}_i^2 = \sum (\hat{Y}_i - \overline{Y})^2$。

残差平方和：$RSS = \sum e_i^2 = \sum (Y_i - \hat{Y}_i)^2$。

总离差平方和等于回归平方和加上残差平方和，即：$TSS = ESS + RSS$。

则可决定系数：$R^2 = \frac{ESS}{TSS} = 1 - \frac{RSS}{TSS}$，$R^2 \in [0, 1]$。

其中，R^2 越大，则模型与样本观测值的拟合程度越高，当 $R^2 = 1$ 时，模型与样本观测值完全拟合。

（2）显著性检验。显著性检验的目的主要是检验自变量与因变量之间的线性关系是否显著成立。在检验过程中，首先根据实际问题的要求提出一个论断，称为统计假设，记为 H_0；其次根据样本信息，对 H_0 的真伪进行判断，作出拒绝 H_0 或接受 H_0 的决定。对于一元线性回归方程的 $\hat{\beta}_1$，已知它服从正态分布，则：$\hat{\beta}_1 \sim N\left[\beta_1, \dfrac{\sigma^2}{\sum x_i^2}\right]$，如果真实的 σ^2 未知，则可用它的无偏估计量 $\hat{\sigma}^2 = \dfrac{\sum e_i^2}{n-2}$ 替代，便可构造统计量 t：$t = \dfrac{\hat{\beta}_1 - \beta_1}{\sqrt{\dfrac{\hat{\sigma}^2}{\sum x_i^2}}} = \dfrac{\hat{\beta}_1 - \beta_1}{S_{\hat{\beta}_1}}$，$t$ 服从自由度为 $(n-2)$ 的 t 分布。

如果 X 显著，在变量显著性检验的原假设与备择假设分别为：

H_0：$\beta_1 = 0$，H_1：$\beta_1 \neq 0$

给定一个显著性水平 α，查 t 分布表，得到一个临界值 $t_{\frac{\alpha}{2}}(n-2)$。如果 $|t| > t_{\frac{\alpha}{2}}(n-2)$，则在 $(1-\alpha)$ 的置信度下拒绝原假设 H_0，即变量 X 是显著的，通过变量的显著性检验；如果 $|t| \leq t_{\frac{\alpha}{2}}(n-2)$，则接受原假设，表示变量 X 不显著，未通过显著性检验。

对于一元线性回归方程中的 β_0，可构造自由度为 $(n-2)$ 的 t 统计量进行显著性检验：

$$t = \frac{\hat{\beta}_0 - \beta_0}{\sqrt{\dfrac{\hat{\sigma}^2 \sum X_i^2}{n \sum x_i^2}}} = \frac{\hat{\beta}_0 - \beta_0}{S_{\hat{\beta}_0}} \tag{3.20}$$

3.3.3.3　一元线性回归模型的预测

由于一元回归模型中的参数值是不确定的，再加上随机误差项的干扰，严格意义上讲，因变量的预测值是预测的一个估计值，是一个区间估计问题。

由于总体估计值 $\hat{Y}_0 = \hat{\beta}_0 - \hat{\beta}_1 X_0$ 中，$\hat{\beta}_1 \sim N\left\{\beta_1, \dfrac{\sigma^2}{\sum x_i^2}\right\}$，$\hat{\beta}_0 \sim N\left\{\beta_0, \dfrac{\sum X_i^2}{n \sum x_i^2}\sigma^2\right\}$，则 $\hat{Y}_0$ 的期望和方差分别为：

$$E(\hat{Y}_0) = E(\hat{\beta}_0) + X_0 E(\hat{\beta}_1) = \beta_0 + \beta_1 X_0 \tag{3.21}$$

$$Var(\hat{Y}_0) = Var(\hat{\beta}_0) + 2X_0 Cov(\hat{\beta}_0, \hat{\beta}_1) + X_0 Var(\hat{\beta}_1) \tag{3.22}$$

由于 $Cov(\hat{\beta}_0, \hat{\beta}_1) = \dfrac{-\sigma^2 \overline{X}}{\sum x_i^2}$，则 $\hat{Y}_0$ 的方差为：

$$Var(\hat{Y}_0) = \sigma^2\left[\frac{1}{n} + \frac{(X_0 - \overline{X})^2}{\sum x_i^2}\right] \tag{3.23}$$

则 $\hat{Y}_0$ 的正态分布为：

$$\hat{Y}_0 \sim N\left\{\beta_0+\beta_1 X_0,\ \sigma^2\left[\frac{1}{n}+\frac{(X_0-\overline{X})^2}{\sum x_i^2}\right]\right\} \tag{3.24}$$

用 $\hat{\sigma}^2$ 来代替 σ^2，则 t 统计量为：$t=\dfrac{\hat{Y}_0-(\beta_0-\beta_1 X_0)}{S_{\hat{Y}_0}} \sim t(n-2)$，其中，

$$S_{\hat{Y}_0}=\sqrt{\hat{\sigma}^2\left[\frac{1}{n}+\frac{(X_0-\overline{X})^2}{\sum x_i^2}\right]}\ 。$$

在 $1-\alpha$ 的置信度下，总体均值 $E(Y/X_0)$ 置信区间即 Y 的预测值为：

$$\hat{Y}_0-t_{\frac{\sigma}{2}}\times S_{\hat{Y}_0}<E(Y/X_0)<\hat{Y}_0+t_{\frac{\sigma}{2}}\times S_{\hat{Y}_0} \tag{3.25}$$

这就是整个一元回归模型的预测方程，多元回归模型与一元回归模型，基本原理大体相同。在现代计算机条件下，一元回归预测模型在计算机软件支持下，运行十分简单。

3.3.4 时间序列的模型预测

时间序列模型预测将某一经济现象的实际观测值按发生时间的先后顺序依次排列，构成一组时间序列，然后应用数量方法建立模型，来预测经济变量未来发展趋势和规律。由于该方法是按时间序列来进行的，所以称为时间序列分析法。时间序列模型按时间因素的影响性质不同分为四大类：一是长期变动模式，主要是在较长时间内经济事物的变化趋势；二是季节变动模式，指时间序列受到社会或自然因素的影响，随着季节的变动而引起周期性的变动；三是循环变动模型，指多年为周期的周期性变动；四是不规则变动模式，指由各种偶然性因素引起的不规则变动。在进行时间序列预测时应注意：一是数据的完整性，即数据必须准确、系统、完整，否则会影响预测的准确性；二是注意数据资料的可比性，即在数据资料收集的过程中，应注意资料时间间隔的一致性；三是保证预测前后的一致性，即数据资料的计算方法、计量单位应该一致，这样也能保证预测的范围一致。由于时间序列预测对于资料的要求不高，资料按时间先后取得，较为容易，而且方法较为简单，易于掌握，应用较为广泛。目前最常见的时间方法有移动平均法、指数平滑法、ARMA 预测法和 VAR 模型预测法等。

3.3.4.1 移动平均法

移动平均法是将社会经济现象的实际观测数据采用逐项推移的方式，按时间先后顺序来计算跨越一定期数的序时平均数，借此来观察数据长期发展趋势的预测方法。每次向前推移时，移动平均都建立在上次移动的基础之上，即去掉一个最远期的数据，增加一个紧挨跨期后面的新数据，保持跨期不变，每次只向前移

动一步，逐项移动，直到最后一期。这种预测的特点是可以消除数据的周期性和不规则变动，体现数据长期发展的趋势。移动平均法一般又分为简单移动平均法、加权移动平均法和趋势移动平均法。

（1）简单移动平均法。指按时间顺序，对观察数据值取算术平均数为下一期的预测值。假设时间序列的观察值为：y_1，y_2，$\cdots$，y_n，$\cdots$；选取 n 个时期的数据平均，则第 t 期的简单移动平均的公式为：

$$M_t = \frac{y_t + y_{t-1} + \cdots + y_{t-n+1}}{n} = \bar{y}_t \tag{3.26}$$

移动平均法是以第 t 期的移动平均数作为（t+1）期的预测值：$\hat{y}_{t+1} = M_t$。

式（3.26）中，M_t 为 t 期移动平均数；n 为移动长度。公式表明当 t 向前增加一个时期，预测就增加一个近期数据；向后减一个时期，预测就减少一个近期数据。

由式（3.26）可得：

$$M_{t-1} = \frac{y_{t-1} + y_{t-2} + \cdots + y_{t-n}}{n} \tag{3.27}$$

$$M_t = \frac{y_t + y_{t-1} + \cdots + y_{t-n+1}}{n} = \frac{y_t}{n} + \frac{y_{t-1} + y_{t-2} + \cdots + y_{t-n}}{n} - \frac{y_{t-n}}{n} \tag{3.28}$$

则：

$$M_t = M_{t-1} + \frac{y_t - y_{t-n}}{n} \tag{3.29}$$

由式（3.29）得，第（t+1）期的预测值 $\hat{y}_{t+1}$ 为：

$$\hat{y}_{t+1} = \hat{y}_t + \frac{y_t - y_{t-n}}{n} \tag{3.30}$$

简单移动平均只适合做发展趋势变化不大的近期预测，如果预测目标发展趋势变化较大，则简单移动平均预测的结果会出现较大的偏差和滞后。

（2）加权移动平均法。简单移动平均预测方法下，总体预测中各期的比重是相同的，但实际各期数据的占比、各期在总预测中的占比不应当相同。由此，应根据数据在总体中的不同占比，赋予不同数据以不同的比重，在实际预测中，近期数据的影响比远期数据要大，就应给近期数据较大比重，对远期数量则应占据较小比例，这就是加权移动平均法。

假设时间序列的观察值为：y_1，y_2，$\cdots$，y_n，$\cdots$；选取 n 个时期的数据平均，则第 t 期的加权移动平均的公式为：

$$M_t = \frac{w_1 y_t + w_2 y_{t-1} + \cdots + w_n y_{t-n-1}}{\sum w_i} \tag{3.31}$$

式（3.31）中，M_t 为 t 期的加权移动平均数；w_t 为 y_{t-i-1} 的加权因子。利用加权移动平均数来作预测，则第 t+1 的预测公式为：

$$\hat{y}_{t+1} = M_t \tag{3.32}$$

加权移动平均法适用历史数据呈水平型变动的预测，如果数据变动不规则，或趋势增加或减少，则会出现较大的预测偏差。在加权移动平均预测中，加权因子和预测步长的选择是预测准确性的关键，这取决于预测者的经验。

（3）趋势移动平均法。时间序列数据同时呈现直线趋势和周期波动趋势，则运用趋势移动平均法预测，既能反映趋势变化，又可以有效地分离周期变化。

趋势移动平均的一次移动平均数为：

$$M_t^{(1)} = \frac{y_t + y_{t-1} + \cdots + y_{t-n+1}}{n} = \overline{y}_t \tag{3.33}$$

在一次移动平均的基础上，再进移一次移动平均，即为二次移动平均，其计算公式为：

$$M_t^{(2)} = \frac{\overline{y}_t + \overline{y}_{t-1} + \cdots + \overline{y}_{t-n+1}}{n} = \overline{y}'_t \tag{3.34}$$

根据式（3.19）、式（3.20）得：

$$M_t^{(2)} = M_{t-1}^{(2)} + \frac{M_t^{(1)} - M_{t-N}^{(1)}}{N} \tag{3.35}$$

二次移动平均只是为了求平滑系数，利用滞后偏差来建立线性模型，然后利用线性模型进行预测。其预测模型为：

$$\hat{y}_{t+T} = a_t + b_t T, \quad T = 1, 2, \cdots \tag{3.36}$$

其中，$\hat{y}_{t+T}$ 为第 t+T 期的预测值；t 为当前期；T 为由 t 期至预测期的时期数；a_t、b_t 为平滑系数。

求出 a_t、b_t 的值就求出了第 t+T 期的预测值 $\hat{y}_{t+T}$。

当 T=0 时，则 $a_t = y_t$。

由于 $\overline{y}'_t - \overline{y}_t = \overline{y}_t - y_t$。

即：$y_t = 2\overline{y}_t - \overline{y}'_t$，推得：$a_t = 2\overline{y}_t - \overline{y}'_t$。

将式（3.29）变形为：

$$y_t^{(1)} = \frac{y_t + y_{t-1} + \cdots + y_{t-n+1}}{n} = \frac{y_t + (y_t - b_t) + (y_t - 2b_t) + \cdots + [y_t - (n-1)b_t]}{n} = y_t - \frac{n-1}{2}b_t$$

上式变形可得：$y_t - \overline{y}_t = \frac{n-1}{2}b_t$，所以 $\overline{y}_t - \overline{y}'_t = \frac{n-1}{2}b_t$。

根据上式可得平滑系数 a_t、b_t：$a_t=2\bar{y}_t-\bar{y}'_t$；$b_t=\dfrac{2(\bar{y}_t-\bar{y}'_t)}{n-1}$。

3.3.4.2　指数平滑法

指数平滑法是一种特殊的加权平均法，其权数根据预测距离的远近按指数规律递减。指数平滑法的优势是需要的数据不多，但在运用时又根据数据的重要性对全部数据加以使用。指数平滑法克服了移动平均法要求数据多且对近 n 数据同等看待而对前 n-t 期不予考虑的缺陷，改进和发展了移动平均法，应用较为广泛。

指数平滑法分为一次指数平滑法、二次指数平滑法、三次指数平滑法。下面以一次指数平滑法为例进行说明：

（1）预测模型的建立。

设时间序列为：y_1，y_2，$\cdots$，y_n，$\cdots$，则一次平滑公式为：

$$S_t^{(1)}=ay_t+(1-a)S_{t-1}^{(1)} \tag{3.37}$$

式（3.37）中，$S_t^{(1)}$ 为一次平滑值；a 为加权系数，且 $a\in(0,1)$；y_t 为第 t 期的观测值，则第 t+1 期的预测值为：$\hat{y}_{t+1}=S_t^{(1)}$。

指数平滑预测的实质是对不同时期的观察值赋予了不同的权重，把式（3.37）递推展开，得：

$$
\begin{aligned}
S_t^{(1)} &=ay_t+(1-a)\left[\,ay_{t-1}+(1-a)S_{t-2}^{(1)}\,\right]\\
&=ay_t+a(1-a)y_{t-1}+(1-a)^2S_{t-2}^{(1)}\\
&\qquad\qquad\vdots\\
&=ay_t+a(1-a)y_{t-1}+a(1-a)^2y_{t-2}+\cdots+(1-a)^tS_0^{(1)}\\
&=a\sum_{j}^{t-1}(1-a)^jy_{t-j}+(1-a)^tS_0^{(1)}
\end{aligned}
\tag{3.38}
$$

由于 $a\in(0,1)$，当 $t\to\infty$ 时，$(1-a)^t\to0$，则式（3.38）变为：

$$S_t^{(1)}=a\sum_{j=0}^{\infty}(1-a)^jy_{t-j} \tag{3.39}$$

由式（3.39）可知，平滑预测法的全部指数平滑值为一个加权线性组合。加权系数分别为：a，$a(1-a)$，$a(1-a)^2$，$\cdots$，$a(1-a)^{t-1}$，是按几何级数衰减，越靠近近期观测量的权数越大，越靠近远期观测量的权数越小。

由于加权系数 $a(1-a)$，$a(1-a)^2$，$\cdots$，$a(1-a)^{t-1}$ 为等比级数，级数为 $(1-a)$，且 $(1-a)\in(0,1)$，则权数和为：$S=\dfrac{a}{1-(1-a)}=1$。

由于加权系数具有指数规律，又拥有平滑功能，因此称为指数平滑。用这种平滑值来做的预测，称为一次指数平滑法。其预测模型为：$\hat{y}_{t+1}=S_t^{(1)}$。即为：

$$\hat{y}_{t+1}=ay_t+(1-a)\hat{y}_t \tag{3.40}$$

由式（3.40）可见，指数平滑预测法是以第 t 期的指数平滑值来预测第 t+1 期的预测值。

（2）加权系数的选取。在指数平滑法预测过程中，加权系数 a 的选择对预测值具有重要作用。在加权系数 a 的选择中一般遵循以下几个原则：一是如果时间序列比较平稳，波动较小，则 a 值应取小一点（一般为 0.1~0.4），使预测模型能够包含较长的时间序列信息，能够将较远期的观测值运用在模型中，以减少修正的幅度；二是若时间序列数据具有明显且快速的变动趋势，则 a 值应取稍大一点（一般为 0.3~0.5），以便预测值能迅速反映数据的变化；三是如果怀疑初始观测值的正确性，则应取较大 a 值，以扩大近期数据的作用，迅速减少初始值的影响；四是如果整个时间序列中仅有部分时期数据较优，则应取较大 a 值，以减少前期数值的影响；五是如果时间序列变动不规则，但常接近某一稳定常数，则应取较小 a 值（一般为 0.01~0.20），以使观测值的指数平滑值各期权数大体相当。

在实际应用中，a 的取值类似于移动平均法，在 a∈（0，1）范围内，多取几次进行试错，选取使预测误差的平方和 Q（a）达到最小的 a 值：

$$Q(a)=\sum_{t=1}^{n}(y_t-\hat{y}_{t-1})^2 \tag{3.41}$$

（3）初始值的确定。由于指数平滑法是根据近一期的指数平滑预测值来预测下一期的预测值，由此引出第一期的预测值，即初始值的确定问题。在指数平滑预测过程中，当时间序列的数据超过 20 时，由于初始值对以后的预测值影响不大，在进行预测数据的选择时，可以选择第一期的数据作为初始值。如果数据少于 20，则初始值对预测值影响较大，初始值的确定就必须认真确定，以保证预测数据的准确性。

在初始值的确定过程中，一般采用以下方法：

1）若样本较多，则可以将整个样本数据或其中一部分数据的算术平均数或加权算术平均数的值作为初始值。即：$S_0=\dfrac{y_1+y_2+\cdots+y_n}{n}$，或者：$S_0=\dfrac{w_1y_1+w_2y_2+\cdots+w_ny_n}{n}$，其中 $w_1+w_2+\cdots+w_n=n$。

2）若样本长度不长不短，可取 $S_0=y_1$。

3）当样本长度 n 充分大时，则初始值可任意确定。

在实行预测过程中，可采用专家评估的方法来确定初始值，也可根据实际经验或其他过程进行推理。

3.3.4.3 ARMA 预测法

自相关分析法较为直观，简单易行，是分析短期时间序列的有效方法，在运用 ARMA 模型时，如果检验到时间序列不平稳，需要对原序列进行相关处理，将不平稳序列变为平稳序列，再运用 ARMA 模型进行预测。ARMA 模型可以对时间序列进行三个方面的判断：一是随机性判断，主要是验证时间序列各数据之间是否具有相关关系。如果其自相关函数都在置信区间内，则证明该时间序列数据之间具有随机性；否则，时间序列数据不具有随机性。二是平稳性判断。如果时间序列的期数 $k>3$，且相关函数基本上都在置信区间内，并趋于 0，则说明函数数值衰退较快，该序列平稳；如果较多自相关函数在置信区间外，则该序列不平稳；另外，可以采用时序图方式，通过观察是否在均值上下波动来判断时间序列是否具有平稳性。三是季节性判断。如果时间序列 $k>2$ 或 $k>3$ 以后的自相关函数值存在显著不为 0 的值，则说明该时间序列具有季节性。

ARMA 模型具有三种基本形式：

（1）自回归模型 AR（p）。如果时间序列 $\{X_n\}$ 满足：

$$X_n = \varnothing_1 X_{n-1} + \cdots + \varnothing_p X_{n-p} + \varepsilon_n \tag{3.42}$$

式（3.42）中，ε_n 是随机变量序列且服从独立同分布，还满足 $E(\varepsilon_n) = 0$，$\mathrm{Var}(\varepsilon_n) = \sigma_\varepsilon^2 > 0$，则称时间序列 $\{X_n\}$ 服从 p 阶自回归模型 AR（p）。其中 $\varnothing_1$，$\cdots$，$\varnothing_p$ 是自回归系数。

（2）移动平均模型 MA（q）。如果时间序列 $\{X_n\}$ 满足：

$$X_n = \varepsilon_n - \theta_1 \varepsilon_{n-1} - \cdots - \theta_q \varepsilon_{n-q} \tag{3.43}$$

则称时间序列 $\{X_n\}$ 服从 q 阶移动平均模型 MA（q），其中 θ_1，$\cdots$，θ_q 是模型 MA（q）系数。

（3）自回归移动平均模型 ARMA（p，q）。如果时间序列 $\{X_n\}$ 满足：

$$X_n - \varnothing_1 X_{n-1} - \cdots - \varnothing_p X_{n-p} = \varepsilon_n - \theta_1 \varepsilon_{n-1} - \cdots - \theta_q \varepsilon_{n-p} \tag{3.44}$$

则时间序列 $\{X_n\}$ 服从（p，q）阶自回归移动平均模型 ARMA（p，q），其中 $\varnothing_1$，$\cdots$，$\varnothing_p$ 为自回归系数；θ_1，$\cdots$，θ_q 为移动平均系数。

自回归移动平均模型预测的主要步骤为：一是对原序列进行平稳性检验，可通过散点图、样本自相关函数、单位根检验等方法判断其是否为平稳序列，若原序列不符合平稳性条件，需要结合差分、季节性差分、对数变换与差分运算等来满足平稳性要求；二是利用自相关和偏自相关识别模型形式和滞后阶数；三是估计模型未知参数，并检验模型参数显著性和模型自身合理性；四是利用所建立的模型进行经济预测，并对模型预测结果进行评价性分析。

3.3.4.4　VAR 模型预测法

传统的经济模型是以经济理论为基础来建立的，但是社会经济现象之间的联系往往较为复杂，无法用经济理论本身来进行解释，并且内生变量本身往往出现在方程的左右两侧。1980 年 Chrestopher Sim 将向量自回归（Vector Autogression）VAR 模型引入经济学模型，模型基于统计学原理将每一内生变量作为系统中所有变量的滞后值函数来建立模型，从而将单变量回归模型由一元推广到多元。由于该模型不具有经济学基础，可以将所有经济变量纳入模型，并且简便易行，很快在经济学分析中得到广泛应用。

完整的 VAR 模型为：设 $Y_t = (y_{1t} y_{2t} \cdots y_{Nt})^T$ 是 N×1 时间序列的列向量，则 p 阶 VAR 模型（记为 VAR(p)）：

$$Y_t = \sum_{i=1}^{P} \prod_i Y_{t-i} + HX_t + U_i = \prod_1 Y_{t-1} + \prod_2 Y_{t-2} + \cdots + \prod_p Y_{t-p} + Hx_t + U_t$$

(3.45)

其中，$\prod_i$ 是参数总向量，U_t 是随机列向量，p 为最大滞后阶数，t = 1，2，…，T，H 是待估计系数矩阵，式（3.45）也可以展开写成以下矩阵：

$$\begin{Bmatrix} y_{1t} \\ y_{2t} \\ \vdots \\ y_{kt} \end{Bmatrix} = \Phi_1 \begin{Bmatrix} y_{1t-1} \\ y_{2t-1} \\ \vdots \\ y_{kt-1} \end{Bmatrix} + \cdots + \Phi_p \begin{Bmatrix} y_{1t-p} \\ y_{2t-p} \\ \vdots \\ y_{kt-p} \end{Bmatrix} + H \begin{Bmatrix} x_{1t} \\ x_{2t} \\ \vdots \\ x_{dt} \end{Bmatrix} + \begin{Bmatrix} \varepsilon_{1t} \\ \varepsilon_{2t} \\ \vdots \\ \varepsilon_{kt} \end{Bmatrix}$$

(3.46)

其中，t = 1，2，…，T。式（3.46）表明含有 k 个时间序列变量的 VAR（P）模型是由 k 个方程组成的。

VAR 模型的建模思路：一是基于一般的统计理论分析和工作实践，定性分析拟建立模型各变量之间的关系，确定模型变量；二是对数据变量取对数，消除模型异方差以及数据波动对模型的影响；三是对经济序列进行平稳性检验；四是如果经济序列非平稳，则需进行协整检验；五是运用格兰杰因果检验来验证变量之间是否存在因果关系；六是构建最优向量自回归模型；七是对模型的拟合性和预测能力进行实践检验。

3.3.5　灰色系统模型预测法

系统一般分为白色系统、黑色系统、灰色系统。白色系统指系统内部的所有特征全部展现出来，信息是完全的、充分的、已知的；黑色系统指外界对系统内部的所有特征一无所知，只能通过观测系统内部与外界的联系来加以研究；灰色系统指系统内部的特征只有一部分是已知的，系统内部之间的关系并不确定。

在认识世界和改造世界的过程中，需要对事物进行系统性分析和描述，从而能从宏观上对事物进行整体把握和控制。对事物进行系统性把握就需要利用系统的各种信息，包括系统内部和外部的全部信息，通过对信息的把握来达到对系统本身控制的目的。

现代控制理论对系统的研究往往是白色系统，即完全信息；但是在实际经济生活中，信息往往是有限的、不完全的，这也使得现代的控制理论在许多现实问题上无法应用。

灰色系统理论是我国数学家邓聚龙于 20 世纪 80 年代初创立的，经过 30 多年的发展已成为一种研究"数据少""信息乏"不确定性问题的新方法。

3.3.5.1 灰色系统理论

灰色系统预测模型是利用动态的 GM 模型，对时间序列变量的变化趋势进行数量变化大小方面的预测，即对系统的特征向量或某项指标在未来特定时间变化数量进行预测。

在客观世界中，数据看似杂乱无章，但往往存在一定的规律。对数据按照一定的要求，以便发现规律性的某种处理，叫作生成。灰色系统的生成方式有：累加生成、累减生成、均值生产、级比生成等。

3.3.5.2 GM（1，1）模型

灰色系统的实质是离散序列所建立的微分方程，而 GM（1，1）是其中的一阶微分方程，其形式为：

$$\frac{\mathrm{d}x}{\mathrm{d}t} + \alpha x = \mu \tag{3.47}$$

其中，$\frac{\mathrm{d}x}{\mathrm{d}t}$ 是导数形式，根据导数的定义可得：

$$\frac{\mathrm{d}x}{\mathrm{d}t} = \lim_{\Delta t \to 0} \frac{x(t+\Delta t) - x(t)}{\Delta t} \tag{3.48}$$

当 Δt 等于或接近 1 时，则式（3.48）可变形为：

$$x(t+1) - x(t) = \frac{\Delta x}{\Delta t} \tag{3.49}$$

将式（3.49）改写成离散形式，则得到：

$$\frac{\Delta x}{\Delta t} = x(k+1) - x(k) = \Delta^{(1)}(x(k+1)) \tag{3.50}$$

式（3.50）表明 $\frac{\Delta x}{\Delta t}$ 是 $x(k+1)$ 的一次累加生成，因此是 $x(k+1)$ 和 $x(k)$ 二元组合的等效值，这对二元组合又被称为偶对，记作 $[x(k+1), x(k)]$。而一个偶对

$[x(k+1)，x(k)]$到$\dfrac{\Delta x}{\Delta t}$的映射关系可定义为：

$$F：[x(k+1)，x(k)] \rightarrow \dfrac{dx}{dt} \tag{3.51}$$

假设每一个都有一个背景值与值对应，并且当等于或接近于 1 时，变量之间不会发生突变，则可将其背景值定义为一个偶对的平均值，记作：

$$z(t)=\dfrac{1}{2}[x(k+1)+x(k)] \tag{3.52}$$

根据以上原理，灰色系统 GM（1，1）的具体模型及其计算公式如下：设原始非负原始数列 $X^{(0)}$ 为：$X^{(0)}=\{x^{(0)}(1)，x^{(0)}(2)，\cdots，x^{(0)}(n)\}$，对 $X^{(0)}$ 作 1 次累加，得到的生成数列为：$X^{(1)}=\{x^{(1)}(1)，x^{(1)}(2)，\cdots，x^{(1)}(n)\}$，其中 $x^{(1)}(k)=\sum\limits_{i=0}^{k}x(i)$。

则 $X^{(0)}(k)$ 的 GM(1，1) 的白化微分方程为：

$$\dfrac{dx^{(1)}}{dt}+\alpha x^{(1)}=\mu \tag{3.53}$$

其中 α、μ 为未知参数，而微分方程（3.36）的离散化形式为：

$$\Delta^{(1)}(x^{(1)}(k+1))+\alpha z^{(1)}(x^{(1)}(k+1))=\mu \tag{3.54}$$

其中，$\Delta^{(1)}(x^{(1)}(k+1))$ 为 $x^{(1)}$ 在$(k+1)$时刻的累减生成，$z^{(1)}(k+1)$ 为$\dfrac{dx^{(1)}}{dt}$在$(k+1)$时刻的背景值。

由于 $\Delta^{(1)}(x^{(1)}(k+1))=x^{(1)}(k+1)-x^{(1)}(k)=x^{(0)}(k+1)$ $\qquad$ (3.55)

而：

$$z^{(1)}(k+1)=\dfrac{1}{2}(x^{(1)}(k+1)+x^{(1)}(k)) \tag{3.56}$$

将式（3.54）与式（3.55）代入式（3.56），则可得到以下公式：

$$x^{(0)}(k+1)=\alpha\left[-\dfrac{1}{2}(x^{(1)}(k+1)+x^{(1)}(k))\right]+\mu \tag{3.57}$$

展开式（3.57）可得：

$$
\begin{bmatrix} x^{(0)}(2) \\ x^{(0)}(3) \\ \vdots \\ x^{(0)}(n) \end{bmatrix}
=
\begin{bmatrix}
-\dfrac{1}{2}(x^{(1)}(1)+x^{(1)}(2)) & 1 \\
-\dfrac{1}{2}(x^{(1)}(2)+x^{(1)}(3)) & 1 \\
\vdots & \vdots \\
-\dfrac{1}{2}(x^{(1)}(n-1)+x^{(1)}(n)) & 1
\end{bmatrix} \tag{3.58}
$$

$$
\text{令 } Y = \begin{bmatrix} x^{(0)}(2) \\ x^{(0)}(3) \\ \vdots \\ x^{(0)}(n) \end{bmatrix}, \quad B = \begin{bmatrix} -\dfrac{1}{2}(x^{(1)}(1)+x^{(2)}(2)) & 1 \\ -\dfrac{1}{2}(x^{(1)}(2)+x^{(1)}(3)) & 1 \\ \vdots & \vdots \\ -\dfrac{1}{2}(x^{(1)}(n-1)+x^{(1)}(n)) & 1 \end{bmatrix}, \quad \text{令参数向量为 } \Phi =
$$

$[\alpha, \mu]^{T}$，则：

$$
Y = B\Phi \tag{3.59}
$$

由于向量可以用最小二乘法来进行求取，则向量 Φ 的最小二乘法解为：

$$
\hat{\Phi} = [\hat{\alpha}, \hat{\mu}]^{T} = (B^{T}B)^{-1}B^{T}Y \tag{3.60}
$$

将式（3.59）代入式（3.60），并对其求离散方程的解得到：

$$
\hat{x}^{(1)}(k+1) = \left[x^{(1)}(1) - \frac{\hat{\mu}}{\hat{\alpha}}\right]e^{-\hat{\alpha}k} + \frac{\hat{\mu}}{\hat{\alpha}} \tag{3.61}
$$

通过离散方程还原其原始数据得：

$$
\hat{x}^{(0)}(k+1) = \hat{x}^{(1)}(k+1) - \hat{x}^{(1)}(k)
$$

$$
= (1 - e^{\hat{\alpha}})\left[x^{(1)}(1) - \frac{\hat{\mu}}{\hat{\alpha}}\right]e^{-\hat{\alpha}k} \tag{3.62}
$$

式（3.61）与式（3.62）是灰色系统模型 GM（1，1）预测公式，是灰色系统的时间函数模型。

3.3.6　本书最终预测法的选择

经过认真对比和选择，本书决定选择指数平滑法中的 Holt-Winters、VAR 模型和蛛网模型作为时间预测方法，同时因果预测方法选择多元回归预测模型，在地域预测中，选定有代表性的区域后，选择移动平均法、VAR 模型和专家调查法来对地方粮食价格进行预测。

移动平均、Holt-Winters 模型是在移动平均的基础上发展起来的，这两个模型虽然较为简单，但是比较符合现代预测中的"简约思想"，具有兼容性强、灵活性高、操作简便的特点，并且在数据时间较短的情况下，样本预测优于复杂模型，无论长短期预测都可以用，适合多模型配合做组合预测。

VAR 模型是处理多项经济指标分析和预测最容易操作的模型之一，该模型主要基于统计原理，采用矩阵形式，将单变量自回归模型推广到由多元时间序列变量组成的"向量"自回归模型，即把其他变量也作为拟估计变量的自身滞后变量来进行回归预测的一种方法，主要用于长期预测。

经济学研究表明，大量经济现象一般具有因果关系，并可以通过分析因果关系预测经济发展的方向和趋势。因此，回归模型比较适用于经济变化规律分析和长期经济预测。

专家调查法是选取在农业经济和农产品价格领域进行长期研究的专家，依据专家个人判断的一种直观预测方法，这种方法特别适合复杂因素下的长期预测，并且和模型预测相结合，有利于相互取长补短。

4　粮食价格影响因素分析

　　预测不仅仅要掌握预测工具的基本原理和使用方法，最主要的是要了解和掌握经济现象的产生原因、结果及未来趋势。要了解未来十年我国粮食价格对国家经济安全的影响，就需要预测我国未来十年的粮食价格。而预测未来十年的粮食价格，就需要在综合分析我国粮食价格影响因素的基础上，全面了解和掌握粮食价格的决定和影响因素，选取最主要的因素作为预测的变量，来对未来十年我国粮食价格的走势进行预测。并且根据预测的结果，来判断未来十年粮食价格对我国国家经济安全的影响。

　　在市场经济条件下，商品的供给与需求决定商品的价格，商品价格主要是商品供求平衡时的价格；供过于求，商品的价格就会下降；供小于求，商品的价格就会上升。商品的价格具有信息传递、激励消费者与生产者行为和调节社会生产结构平衡等功能。

　　厂商作为理性人，为了获得最大利润，在生产商品时，一般会根据商品的价格和生产成本，衡量所获得的利润，来决定生产什么、生产多少、如何生产，如果商品的成本保持不变，则价格提高；或者是生产成本降低，价格保持不变，则厂商的利润增加。厂商愿意扩大生产规模，增加雇佣人数，来生产更多的产品，以获得更多的利润。

　　而消费者则根据自己的收入与商品的价格决定消费产品数量和质量。如果商品的价格上升，消费者的收入不变，则商品的需求量会下降；如果商品的价格下降或不变，而消费者收入上升，则商品的需求量会上升。

　　在市场经济中，粮食有着和其他商品相同的特性：竞争性、排他性、交易性。但是与其他商品不同的是粮食是人类生存的必需品，并且目前具有无法替代性，从这方面来讲，粮食是社会稳性、政权存在的基础，这就是国家粮食安全。从国家粮食安全的角度来讲，粮食又是公共产品。私人物品与公共产品的不一致性，决定了粮食价格的复杂性。

　　关于我国粮食价格的决定和影响因素，我国学者有不同的观点。聂凤英

（1999）认为粮食价格取决于三个方面：当年的总产量、国内净进口量、国内库存量变化，影响因素包括上期价格和对未来价格的预期、国内资源互竞价格、政府政策价格等。曹筠（2009）采用主成分分析法来分析我国粮食影响价格的主要因素，通过分析表明，在供给方面，粮食总产量、粮食播种面积对价格影响最大；在需求方面，人均粮食消费量和城乡人均收入对粮食价格影响较大。梁永强（2010）认为由于我国政策的干预措施，国际市场对我国粮食价格的影响较小，我国国内市场粮食价格的影响因素主要是供给与需求，政策最低收购价格政策是粮食价格主导因素。韩永奇（2011）认为我国粮食价格的影响因素有七个：政府政策、农民收益变化、气候变化、水资源、耕地土壤、科技进步、农药化肥的施用。王文艳（2013）采用 1996～2010 年数据，通过实证分析发现我国粮食增长率、城镇居民可支配收入、人均 GDP 对我国粮价有显著影响。星焱等（2013）通过对 1978～2011 年我国粮食价格的数据分析表明，我国粮食价格市场中供需占 80%，农资价格只占 10%，其他因素占 10%，说明在粮食价格形成中起决定作用的是供给与需求因素。彭婵娟等（2015）采用 VAR 模型运用 2003 年 1 月～2015 年 7 月粮食价格指数的月度数据来分析我国粮食价格的影响因素，通过分析表明，需求、货币供给量、粮食最低收购价政策与粮食价格有正相关关系；成本、国际市场谷物价格、农资综合补贴与粮食价格有负相关关系。王一飞（2016）通过论证发现，国际大米价格与我国大米价格之间有正相关关系；国际能源市场与玉米价格有着长期的正相关关系；广义货币量和种子粮均与小麦、大米、玉米价格有显著正相关关系。

对影响粮食价格的因素以上专家学者均有自己的观点，并采用一定的数据进行了论证。综合来讲，我国部分学者将粮食生产成本单独作为影响粮食价格的一部分进行分析，部分学者其至用化肥农药价格作为粮食成本来进行分析，但从总体来讲，决定粮食价格的因素主要是供给、需求因素和成本因素，影响粮食价格的因素有政府政策因素、CPI 因素、国际能源价格和气候因素。

4.1　粮食供给因素分析

要分析我国国内粮食供给因素对粮食价格的影响，就需要从国内粮食供给因素和国际粮食供给因素两个方面进行分析。国内粮食供给一般包括粮食总产量和国内粮食库存量的变化，国际粮食供给一般包括粮食进口量的变化。

要分析粮食的供给和需求因素对粮食价格的影响，就应该先了解粮食的价格特点。需求的价格弹性是指需求变动的比例/价格变动的比例。如果一种商品价格降低，厂商的销售收入会增加，说明需求弹性较大；如果一种商品价格降低，厂商销售收入会减少，则说明商品需求弹性较小。

从图 4.1 可以清楚地看出，初始时某商品的供给曲线 S 与需求量 D 共同决定的供给量为 Q_1，价格为 P_1，第二期时厂商增加了供给，此时供给曲线 S 移动到 S′处，由于供给增加，厂商的销售价格由 P_1 下降到了 P_2，此时厂商销售量为 Q_2。由于长方形 $P_2E_2Q_20$ 的面积>$P_1E_1Q_10$ 的面积，说明厂商降低价格所获得的销售收入大于厂商之前价格不变时的收入，此时说明商品需求富有弹性。

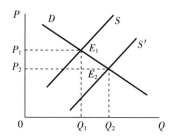

图 4.1 需求富有弹性的商品曲线

从图 4.2 可以清楚地看出，在初始时某商品的供给曲线 S 与需求量 D 共同决定的供给量为 Q_1，价格为 P_1，第二期时厂商增加了供给，此时供给曲线 S 移动到 S′处，由于供给增加，厂商的销售价格由 P_1 下降到了 P_2，此时厂商销售量为 Q_2。由于长方形 $P_2E_2Q_20$ 的面积<$P_1E_1Q_10$ 的面积，说明厂商降低价格所获得的销售收入小于厂商之前价格不变时的收入，此时说明商品需求缺乏弹性。

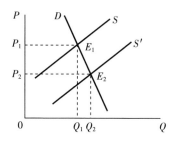

图 4.2 需求缺乏弹性的商品曲线

当粮食价格上升时，由于粮食的生产周期较长，短期内无法大规模供应，粮食的短期供给弹性较小，但是从长期来看，可以通过扩大种植面积、提高单产产量等途径来增加粮食的供给，粮食的长期供给弹性较大。由于粮食是生活必需品，当粮食价格上升时，粮食的需求也不会大幅度减少；当粮食价格下降时，粮食的需求也不会大幅度增加，说明粮食的需求缺乏弹性。甚至会出现供给数量稍有下降，粮食价格就会大幅度上升的现象，由于粮食是百价之基，"羊群效应"会引起整个社会商品价格的上升，从而产生通货膨胀，出现"米贵伤民"现象；而粮食供给增加，由于粮食需求变化不大，供给量的增加超过了粮食需求量，粮食价格会出现下降，出现"谷贱伤农"现象。

在市场经济运行过程中，农民作为理性的生产者，和厂商一样，会根据当前及过去的粮食价格，对未来粮食价格产生一定的预期，从而决定和影响农民未来行为。农民会根据粮食的生产成本和价格来衡量种植什么品种，种植多少亩，从而获得最大的利润。如果某一粮食品种的价格上升，农民会提高该品种种植面积和单产产量，从而提高总产量，来增加对市场的供应量。

我国粮食供给的增加有两种途径，一是国内粮食供给，二是向国际市场进口。国内粮食供给主要是靠国内粮食产量的增加和库存量的变化来进行调节，据统计我国粮食产量增加中，有 1/3 来自种植面积增加，有 2/3 来自粮食单产产量的增加（焦建，2013）。

4.1.1 国内粮食供给因素分析

国内粮食产量供给的变化，主要有总产量的变化和库存量的变化两种方式。

4.1.1.1 总产量的变化

粮食总产量变化有粮食种植面积变化和粮食单产产量变化两种方式。要增加粮食供给水平，增加粮食总产量是最主要的方式。

第一，增加粮食种植面积，在一般条件下，特别是短期内，要增加某一粮食品种的产量，就必须增加该粮食品种的种植面积。要增加粮食的总产量，则需要增加粮食的总的种植面积，我国粮食增产大概有 34.37% 来自种植面积的提高（杜梦露，2023）。从总量上看，我国土地资源丰富，根据第二次全国土地调查结果，我国共有耕地 20.3 亿亩，占世界耕地资源总量的 9.8%，但从人均占有量来看，我国土地资源与其他国家相比处于比较劣势的地位。耕地资源方面，我国人均占有量为 1.50 亩/人，仅为世界平均水平的约 50%，其中，优质耕地、高产田仅占耕地总量的 30%，2 亿亩耕地后备资源中适宜开垦的仅占 40% 左右。土地开发利用面临着严峻挑战，实现可持续发展也面临着巨大的土地资源压力。优质耕地资源一般集中在经济发达、人口集中的东部地区，这些地区由于城镇化的发展耕地占用严重；并且由于西北地区水资源缺乏，广大西北地区土地虽多，但很难开垦。我国目前十分重视耕地的保护措施，要求坚守耕地 18 亿亩红线。更为不利的是，我国人地关系仍处于紧张期，人口基数大且仍然处于上升期，到 2030 年前后将达到峰值；而我国耕地仍处于减少期，且耕地后备资源不足。二者叠加，将进一步加剧我国人地关系的紧张程度。由于耕地的有限性，增加单一品种的粮食种植面积，就是以减少另一种粮食品种的种植面积为前提，通过增加粮食种植面积来增加粮食供应对我国未来的粮食供应而言，十分困难。

第二，增加粮食单产产量。我国当前粮食产量的提高 50% 来自单产产量的提高（王军、张越杰，2020；杜梦露，2023）。当前我国粮食单产有较大的提升空间。尽管当前我国粮食产量已有提高，但与世界单产产量较高的国家相比仍有很大差距，我国水稻、小麦、玉米的单产世界排名分别为第 13 名、第 20 名、第 21 名；单产分别是单产产量前 10 名国家平均产量的 75%、70%、65%。另外，同一粮食品种，在我国不同省份种植、在同一省份不同区域种植，单产产量也有很大差距。单产产量的增加有两个方面：一是改造中低产田；二是走科技兴农的道路。

（1）中低产田。目前我国耕地质量划分为 15 个等别，全国耕地质量等别调查成果显示，全国耕地平均质量等别为 9.96 等，总体偏低。优等耕地面积仅占耕地总量的 2.9%，高等耕地占 26.5%，中等耕地占 52.9%，低等耕地占 17.7%。高标准农田能显著提高粮食单产产量（胡新艳等，2022；聂颖等，2023）。据测算中低产田改造成为旱涝保收的高产田，粮食亩产平均提高 10%~20%。

为了保障国家粮食安全，提高我国耕地的单产产量，我国政府颁布了《全国土地开发整理规划（2001~2010 年）》，开始在全国范围内进行了土地整治工作，大力兴修水利，努力将中低产田改造成为高产稳产田地，据统计，2001~2010 年，我国将中低产田改造成为高产田地 2 亿亩，此举相当于直接增产粮食 130 多亿公斤。为了确保我国"藏粮于地"的粮食安全政策，提升土地产量和土地利用率，提高我国耕地质量，我国连续出台了《全国土地整治规划（2011~2015 年）》和《全国土地整治规划（2016~2020 年）》，要求全国范围内进行土地整治，改造中低产田。截至 2020 年底，我国已建成高标准农田 8 亿亩，推广保护性耕作 7000 余万亩。

（2）走科技兴农的道路。邓小平同志曾说过"科学技术是第一生产力"，习近平总书记提出粮食安全要"藏粮于技"，走内涵式发展道路，提高农业科技水平。农业科技是支撑粮食生产单产产量提高最重要的环节。农业科技作为农业的生产力，已渗透到农业生产的各个领域，成为农业生产发展市场化、现代化、专业化的不竭推动力。而我国当前人口众多、耕地有限、土地大规模污染，更需要走科技兴农的道路。利用农业科技提高农业生产效率，优化农业生产结构，改良粮食生产品种，进行测土配方施肥，提高粮食病虫防治水平，减少化肥农药的使用，推广土地翻耕、秸秆返田、种植绿肥、使用有机肥等技术；发展旱作农业，走节水型农业道路，提高农业机械化水平，节约农业资源，使农业走上可持续发展道路。

由于农作物生产周期较长，农业科技成果研究周期长，一般达 7~8 年，甚至 10 年以上，农业科技成果风险较大；再加上我国以家庭联产承包经营为主，农业规模较小，农业科技水平较低，据统计我国现阶段农业科技水平利用率仅为 30%~40%，远低于美国、日本 70%~80% 的利用率，就更需要农业科研资金的支持。

我国政府十分重视农业科研水平，农业科技资金投入逐年增加。由于政府的重视，2020 年科技进步已在我国农业生产中占比 60.7%。由表 4.1 可以清晰地看出，1990 年以来，我国农业科研资金投资额逐年增加，占农业增加值的比重也在增加，但是与西方发达国家的 1% 相比，我国农业科研资金投资与之仍有一定差距。要提高我国科技进步在农业中所占比重，提高粮食单产产量，就应该加大农业科研投资力度，改善我国农业过度依靠化肥农药的情况，使我国农业走上内涵式、可持续发展道路。杨传喜等（2011）根据 1990~2008 年我国农业科研投资额与农业科技、农业机械化率及农业经济增长之间的关系，通过研究证明，农业科研投资额与农业科技、农业机械化率及农业经济增长有着长期的均衡关系，即使短期内均衡偏离，长期对短期的调整力度达到了 59.8%。我国应通过增加农业科研投资经费支出，来培养大量农业科技人才，改良粮食品种，提高农业机械化利用水平，提高土地利用率，提高粮食单产产量，促进农业及农村经济的增长。

表 4.1　我国农业增加值及农业科研投资额及其占比

年份	农业增加值	农业科研投资		农业科研财政投资额	
		总额（亿元）	占农业增加值的比重（%）	总额（亿元）	占农业增加值的比重（%）
1990	5062.0	16.8988	0.3338	10.5720	0.2089
1991	5342.2	19.6797	0.3684	10.8681	0.2034
1992	5866.6	23.2340	0.3960	12.6553	0.2157
1993	6963.8	27.7627	0.3987	13.6929	0.1966
1994	9572.7	36.2982	0.3792	18.9048	0.1975
1995	12135.8	41.1843	0.3394	21.3074	0.1756
1996	14015.4	41.1374	0.2935	21.1251	0.1507

续表

年份	农业增加值	农业科研投资		农业科研财政投资额	
		总额（亿元）	占农业增加值的比重（%）	总额（亿元）	占农业增加值的比重（%）
1997	14441.9	34.1314	0.2363	24.5507	0.1700
1998	14817.6	43.1028	0.2909	26.9596	0.1819
1999	14770.0	45.8012	0.3101	26.6590	0.1805
2000	14944.7	45.8923	0.3071	32.8414	0.2198
2001	15781.3	53.5777	0.3395	37.7426	0.2392
2002	16537.0	62.7240	0.3793	51.5670	0.3118
2003	17381.7	72.1704	0.4152	54.8312	0.3155
2004	21412.7	73.5416	0.3434	60.1109	0.2807
2005	22420.0	82.0182	0.3658	69.9734	0.3121
2006	24040.0	92.8290	0.3861	78.2319	0.3254
2007	28627.0	109.8712	0.3838	101.5632	0.3548
2008	33702.0	124.6663	0.3699	102.7952	0.3050
2009	34154.0	70.1503	0.2054	59.6999	0.1748
2010	39354.6	81.0574	0.2060	71.7800	0.1824
2011	46153.3	88.3664	0.1965	77.3785	0.1677
2012	50892.7	106.0115	0.2083	91.5710	0.1799
2013	54692.4	113.4735	0.2075	101.1043	0.1849
2014	57472.2	120.4149	0.2095	103.1209	0.1794
2015	59852.6	144.3180	0.2411	126.7229	0.2117
2016	62451.0	158.1432	0.2532	138.8933	0.2224
2017	64660.0	182.5881	0.2824	161.7281	0.2501
2018	67558.7	193.0732	0.2858	172.0304	0.2546
2019	73576.9	210.8534	0.2866	186.4063	0.2533
2020	81396.5	215.3147	0.2645	185.3572	0.2277

资料来源：根据《中国科技统计年鉴》各年整理计算所得。

第三，调整内部种植结构。据统计，我国粮食种植结构调整使粮食增产达到了9%以上（王军、张越杰，2020；杜梦露，2023）。家庭联产承包责任制确立之后，我国进入了种植结构的调整时期，之后随着国家粮食政策的不断变化和农民"打工潮"的涌现，我国粮食种植结构不断调整，农民逐渐减少了产量较小的谷物、豆类、薯类的种植面积，增加了产量较大的主粮特别是玉米的种植面积，使我国粮食产量逐年提高。

4.1.1.2 粮食库存量变化

粮食库存量由国家粮食储备、商业库存和农户存粮组成。国家粮食储备主要是为了维持粮食市场价格稳定，防止因重大自然灾害和一些突发性事件而产生的大规模粮食需求，是由政府建立的一项物资储备制度。粮食储备制度已成为国家进行粮食宏观调控的重要部门，发挥着平抑市场粮食价格、维护市场粮食稳定供应的重要作用。当市场上粮食供不应求、价格上涨时，粮食储备部门就会评估市场需求，根据市场的需求开仓放粮，向市场投放相应数量的粮食，以缓解粮食市场压力；当市场供过于求、粮食价格下跌时，粮食储备部门就会按政府规定的最低收购价格，收购农民余粮，从而维护粮食价格的稳定。一般国家都会拥有一定量的粮食作为公共储备，并且这种储备与价格扶持政策相结合，构成了一国重要的农业支持政策。当市场价格低至或跌破政府制定的目标价格时，政府通过增加粮食公共储备的方式，来收购粮食，直到粮食价格提高到目标价格。美国和欧盟都曾为了对农业进行价格扶持，而在政府仓库中收储过剩的谷物，当然美国也采取措施增加库存流动性、减少库存量来减轻政府财政压力。

我国国内粮食库存量与粮食产量和价格之间存在着长期稳定关系。近年来，国际粮食价格不断下跌，我国粮食价格却逐年上涨，远超国际粮食市场价格，国内粮食产量大幅度提高，出现了"进口入市，增长入库"的现象。面对产量多、进口多、库存多"三多并存"的局面，增加粮食价格市场调控能力，改革粮食流通体制，不断降低国内粮食生产和流通成本，减少国内库存，成为我国当前面临的重要粮食课题。朱晶等（2004）认为我国粮食储备规模过大的原因是各地方政府之间条块分割，如果各地政府之间整合程度较好，我国政府可降低库存量50%。苗齐等（2006）通过对我国粮食储备量变化的预测证明了粮食储备量与当年粮食价格变化呈一定的反向关系。李岩（2010）认为库存量的变化与粮食价格存在负相关关系。钟甫宁（2011）认为粮食储备可以平衡年度粮食生产和市场价格变化，稳定粮食价格，但是粮食储备只是延缓了价格发生作用时的信号，可能适得其反。蒋和平等（2016）认为我国政府的高库存是粮食价格上涨的重要因素，我国政府并没有利用好库存来稳定市场粮食价格。商业库存主要是由商业企业的购买和进口决定的。

我国农民一直有存粮的传统。在向市场提供粮食的过程中，农民会根据自身对市场价格的预测和当年家庭粮食产量来决定家庭的存粮数量及出售数量。一般而言，粮食产量越高，农民可用于出售的粮食越多；但是如果市场价格低于农民预期价格，农民则会产生惜售心理，增加其家庭存粮数量；如果市场价格高于农民预期价格，农民则会减少家庭存量数量，将大部分粮食用于出售。

由此，我国粮食产量与价格之间存在着较为明显的蛛网效应，粮食价格对于粮食的种植面积及其产量的影响具有明显的滞后效应，即粮食价格主要影响下一年的粮食产量，而不是当年的粮食产量。

1985~2020 年我国三大主粮产量及其名义价格见表 4.2。

表 4.2　1985~2020 年我国三大主粮产量及其名义价格

年份	小麦总产量（万吨）	小麦名义价格（元/吨）	水稻总产量（万吨）	水稻名义价格（元/吨）	玉米总产量（万吨）	玉米名义价格（元/吨）
1985	8580.5	437.2	16856.9	377.4	6382.6	300.4
1986	9004	454.0	17222.4	351.4	7085.6	328.4
1987	8590.2	454.4	17426.2	380.8	7924.1	343.4
1988	8543.2	490.0	16910.7	386.4	7735.1	350.4
1989	9080.7	522.8	18013	504.8	7892.8	370.0
1990	9822.9	481.0	18933.1	467.4	9681.9	361.1
1991	9595.3	532.8	18381.3	538.4	9877.3	372.0
1992	10158.7	662.8	18622.2	586.6	9538.3	485.6
1993	10639	696.4	17751.4	663.0	10270.4	526.0
1994	9929.7	1082.4	17593.3	1260.6	9927.5	870.8
1995	10220.7	1508.8	18522.6	1642.2	11198.6	1340.0
1996	11056.9	1502.4	19510.27	1540.2	12747.1	1195.2
1997	12328.9	1428.8	20073.48	1424.0	10430.87	1175.8
1998	10972.6	1331.6	19871.3	1338.4	13295.4	1075.8
1999	11388	1207.2	19848.73	1131.8	12808.63	873.4
2000	9963.6	1008.6	18790.77	1034.8	10599.98	856.2
2001	9387.3	1050.2	17758.03	1073.6	11408.77	966.8
2002	9029	1025.0	17453.85	1027.8	12130.76	912.0
2003	8648.8	1128.4	16065.56	1201.2	11583.02	1054.8
2004	9195.18	1489.4	17908.76	1596.4	13028.71	1161.2
2005	9744.51	1380.2	18058.84	1553.2	13936.54	1110.6
2006	10846.59	1432.2	18171.83	1612.8	15160.3	1267.8
2007	10949.2	1511.6	18638.1	1704.2	15512.3	1495.2
2008	11290.1	1655.2	19261.2	1902.2	17212.0	1449.6
2009	11579.6	1848.2	19619.7	1981.6	17325.9	1640.2
2010	11609.3	1980.2	19722.6	2360.0	19075.2	1872.4
2011	11857.0	2079.0	20288.3	2690.6	21131.2	2121.4

续表

年份	小麦 总产量（万吨）	小麦名义 价格（元/吨）	水稻 总产量（万吨）	水稻名义 价格（元/吨）	玉米 总产量（万吨）	玉米名义 价格（元/吨）
2012	12247.5	2166.2	20653.2	2761.4	22955.9	2222.6
2013	12363.9	2356.2	20628.6	2730.4	24845.3	2176.2
2014	12823.5	2411.8	20960.9	2812.6	24976.4	2237.0
2015	13255.5	2328.6	21214.2	2760.4	26499.2	1884.6
2016	13318.8	2232.4	21109.4	2735.8	26361.3	1539.8
2017	13424.1	2331.8	21267.6	2757.0	25907.1	1643.2
2018	13144.0	2243.6	21212.9	2588.4	25717.4	1756.0
2019	13359.6	2249.0	20961.4	2544.6	26077.9	1792.6
2020	13425.4	2283.6	21186.0	2750.8	26066.5	2311.2

资料来源：《中国统计年鉴》各年，价格来自《全国农产品成本收益》资料汇编各年。

4.1.2　国际市场粮食供给因素分析

由于我国粮食需求旺盛，向国际市场进口了大量粮食。国际粮食市场作为国内市场供给的重要组成部分，特别是加入世界贸易组织（WTO）以来，我国降低农产品关税，开放国内粮食市场。特别是 2010 年以来，我国除小麦、水稻及大米净进口外，玉米也成为净进口粮食。国际粮食市场成为我国粮食市场的重要供给者。

关于国际粮食市场对国内粮食市场价格的影响，我国学者多有研究。丁守海（2009）运用 2002 年 1 月~2008 年 4 月的月度数据，研究了大豆、玉米、小麦、大米国内外价格之间的传递关系，研究表明，国际玉米市场价格对国内市场价格的影响远大于小麦和大米价格，但是国际粮食市场不仅通过小麦和大米直接影响国内小麦和大米价格，还通过大豆和玉米贸易间接影响国内小麦和大米价格。苗珊珊等（2012）运用 2006 年 2 月~2011 年 3 月国内国际市场大米价格，通过研究对比发现，国际大米市场价格的波动对中国大米市场具有十分明显的传递效应，国际大米市场价格每上涨 1%，中国大米价格就会上涨 0.5397%，且传递具有时滞效应。而高帆等（2012）运用 1997 年 4 月~2012 年 3 月国内国际粮食市场价格同样证明了，国际粮食市场大米、玉米、小麦每波动 1%，国内市场则波动 0.413%、0.576%、0.362%，国际粮食市场通过贸易和信息传递两种途径来诱发国内市场价格波动，且国际市场对国内市场传递有 1~5 个月的滞后期。张晶等（2014）对中国、美国、泰国三国大米价格变动性进行了研究，结果表明，国际大米价格市场变动对我国大米市场价格的影响较为显著，尤其是我国的中低端大米市场价格，但是我国国内大米市场价格变化对国际市场影响极为有限。韩磊（2018）研究发现，长期来看，国际稻谷价格变动的 45.1%、玉米价格变动的 52.8%、大豆价格变动的 67.6%会分别传导到国内市场，但短期内只有稻谷国际价格的变动会迅速传导到国内市场。蒯昊等（2019）研究发现国际大米价格对国内大米价格具有显著影响，在控制其他变量不变的前提下，国际大米价格每上涨 1%，国内大米价格会上升约 0.1%。张建华（2021）则认为国际市场价格对我国稻米和小麦基本没有影响，对我国大豆和玉米等则会产生一定的影响。

根据表 4.3 可见，我国近年来主粮进口量逐渐增加，随之而来的是国际粮食市场价格通过贸易及信息传导等途径来影响我国国内粮食市场价格。

表 4.3　我国三大主粮进口数量

年份	小麦进口量（万吨）	玉米进口量（万吨）	水稻及大米进口量（万吨）	年份	小麦进口量（万吨）	玉米进口量（万吨）	水稻及大米进口量（万吨）
1996	825	44.1	76	2011	125.81	175	59.78
1997	186	45	33	2012	370.1	520.8	236.86
1998	149	25	24	2013	553.51	326.5	227.11
1999	45	7	17	2014	300	259.77	257.9
2000	88	0.028	24	2015	300.59	472	337.69
2006	61	6.52	73	2016	341	316.78	356
2007	10	3.52	49	2017	442	282.72	403
2008	4.31	4.92	32.97	2018	310	352.42	308
2009	90	8.358	36	2019	349	479.34	255
2010	123.07	157.3	38.82	2020	838	1124	294

资料来源：小麦、大米进口量数据来自《中国统计年鉴》，玉米进口量数据来自农业部信息中心。

4.2　粮食需求因素分析

根据不同的标准，粮食需求有多种划分方法。我国学者胡小平等（2010）将粮食需求划分为两种：一种为口粮、饲料用粮、种子用粮、工业用粮；另一种为食物用粮（口粮、饲料用粮）、非食物用粮（种子用粮、工业用粮）。随着经济的发展，我国口粮消费呈下降趋势（王明华，2006），但是饲料用粮大幅度增长（周旭英，2001），种子用粮变化不大（邵鲁等，2011），工业用粮一直在国家控制范围内发展（冯敏，2011）。

4.2.1　口粮消费需求分析

口粮消费需求一向是我国粮食消费中最重要的组成部分，大约占我国国内粮食消费量的50%。国家统计局的数据表明，2013~2018年，我国城乡居民人均谷物消费数量从139公斤减少到116公斤（见图4.3），其中口粮（稻麦）消费约110公斤。根据发达国家的实际经历，这个变化趋势还将在未来一个相当长时期内持续下去。随着经济的增长，我国人民生活水平有了很大的提高，无论是农村还是城镇，人均口粮消费都在下降。我国人口基数较大，从2022年起，我国人口出现负增长，减少了85万人，增长率为-0.1%。人口增长是拉动粮食需求的一个重要因素，而人口增长停滞或负增长，可以肯定地判断我国口粮的消费会逐渐下降。

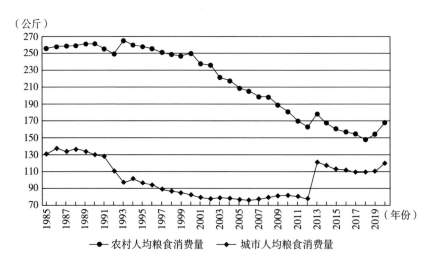

图4.3　我国城乡人均口粮消费

资料来源：国家统计局。

我国总人口及城镇人口数、人口自然增长率及城镇化率见表4.4。

表4.4 我国总人口及城镇人口数、人口自然增长率及城镇化率

年份	人口数量（万人）	人口自然增长率（%）	城镇人口（万人）	城镇化率（%）	年份	人口数量（万人）	人口自然增长率（%）	城镇人口（万人）	城镇化率（%）
1985	105851	14.26	25094	23.71	2003	129227	6.01	52376	40.53
1986	107507	15.57	26366	24.52	2004	129988	5.87	54283	41.76
1987	109300	16.61	27674	25.32	2005	130756	5.89	56212	42.99
1988	111026	15.73	28661	25.81	2006	131448	5.28	58288	44.34
1989	112704	15.04	29540	26.21	2007	132129	5.17	60633	45.89
1990	114333	14.39	30195	26.41	2008	132802	5.08	62403	46.99
1991	115823	12.98	31203	26.94	2009	133450	4.87	64512	48.34
1992	117171	11.6	32175	27.46	2010	134091	4.79	66978	49.95
1993	118517	11.45	33173	27.99	2011	134916	6.13	69927	51.83
1994	119850	11.21	34169	28.51	2012	135922	7.43	72175	53.10
1995	121121	10.55	35174	29.04	2013	136726	5.90	74502	54.49
1996	122389	10.42	37304	30.48	2014	137646	6.71	76738	55.75
1997	123626	10.06	39449	31.91	2015	138326	4.93	79302	57.33
1998	124761	9.14	41608	33.35	2016	139232	6.53	81924	58.84
1999	125786	8.18	43748	34.78	2017	140011	5.58	84343	60.24
2000	126743	7.58	45906	36.22	2018	140541	3.78	86433	61.50
2001	127627	6.95	48064	37.66	2019	141008	3.32	88426	62.71
2002	128453	6.45	50212	39.09	2020	141212	1.45	90220	63.89

资料来源：国家统计局。

4.2.2 饲料用粮的消费需求分析

改革开放以来，我国经济迅速发展，居民收入水平也随之提高，1985年，我国城镇居民可支配收入只有739.1元，而农民纯收入只有397.6元；到了2020年，仅仅过了40年，我国城镇居民可支配收入就达到了43834元，农民人均纯收入为17131元。黄季焜等（1998）通过对我国食品消费需求与收入的关系研究证实，收入提高引起粮食消费的弹性为0.17，而肉蛋奶类与水产品的弹性为0.90；Catherine等（1997）通过对广东农村的调查数据分析，我国农村收入提高对食品需求的弹性较高，其中粮食为0.575，肉类为1.092，禽类为1.273。居民

收入的提高，使其对粮食和肉蛋奶类与水产品需求都有较大的需求增加，膳食结构随之发生巨大变化。饲料用粮转化为肉蛋奶，成为食物从而间接被城乡居民所消费。2013~2018 年，我国城乡居民人均动物源食品消费从 63 公斤增加到 72 公斤。根据发达国家经验，这个趋势也将在未来长期持续下去。我国 70%~80% 的玉米用于饲料（周旭英，2001），但也可以用小麦代替玉米来做饲料，但只有在小麦价格低于玉米时才会出现小麦代替玉米做饲料的现象。据统计，猪肉与粮食的比例为 1：5；鸡肉与粮食的比例为 1：2.5；牛肉与粮食的比例为 1：8 等（王淑艳，2013）。居民收入提高带来的肉蛋奶水产品需求的增加，由此带来粮食需求的增加。这一变化，给我国粮食安全带来了最大挑战，即畜产品和饲料不足。胡小平（2010）认为我国饲料用粮占 40% 以上，且每年增长 2%（孟小凡，2008），其中大部分是玉米。2022 年我国农产品进口总额为 2361 亿美元，净进口额为 1378 亿美元，均为世界第一。净进口额中，饲料类产品（大豆、豆粕、玉米）占 51%。从未来发展来看，饲料所占的比例会越来越高，将会越来越多地影响我国粮食价格。

消费者对食品质量的要求不断提高。改革开放以来，我国城乡居民人均可支配收入大幅度增长，扣除物价因素，年增长率达到了 7% 左右。人均收入水平的提高，使居民由过去生存型消费逐渐转向发展型、享受型消费。食品消费由过去单纯追求温饱逐渐转向多方面需求，如追求营养健康、风味口感和保健滋补等。我国近年来进口增加，主要原因之一是消费者在食品消费方面的要求从吃得饱到吃得好，再到吃得更好。我国居民人均可支配收入的进一步增长，将会拉动我国的粮食需求（包括口粮和饲料用粮在内的粮食总需求）进一步增加。

4.2.3　种子及工业用粮的消费需求分析

种子用粮每亩一般较为固定，种子用粮与种植面积相关，种植积大，则种子用粮多，种植面积小，则种子用粮较稳定。由于我国种植面积一般维持在 15 亿亩左右，种子用粮没有较大差别。而工业用粮一般为酿酒、工业乙醇。

种子用粮占粮食需求总量的 2% 左右，工业用粮需求量的比例为 14.3%（胡小平等，2010），其他则是用于食物的粮食消费。三大口粮中，小麦的 80%、稻谷的 85.4% 主要用于口粮消费，而玉米的 70%~80% 用于饲料制作。粮食的价格从需求方面来讲，小麦和稻谷主要由口粮决定；而玉米的价格主要决定于饲料粮的需求。

4.3　粮食成本因素分析

对普通商品而言，生产成本决定厂商供给量的一部分，但是粮食与一般商品不同，粮食的生产周期长，必须有自然力参与，劳动的参与不是一个连续的过程。粮食生产成本的核算是一个一个时点的，与一般厂商生产成本的核算有一定的差别。所以，将粮食的生产成本作为一个影响粮食价格的独立因素，没有作为供给的因素。

马克思认为，生产成本是价格的组成部分，生产成本高的商品，商品价格较高，生产成本较低的商品，相应的价格也会较低。粮食的生产成本作为粮食价格的一部分直接决定粮食的价格和农民种粮收益，影响农民的种粮积极性，如果粮食的生产成本过高，农民种粮无收益或收益较低，农民宁愿抛荒也不愿种粮；若生产成本较低，农民种粮收益较高，则农民种粮的积极性就高。我国粮食总成本包括生产成本与土地成本，而生产成本主要由两部分组成：物质与服务费用、人工成本。

我国粮食价格连年提升，在很大程度上主要是因为种粮成本连年上升。由表4.5、表4.6、表4.7可见，我国2003~2020年18年间，小麦、水稻、玉米每亩生产总成本平均每年上涨6.23%、6.00%、6.48%，总成本上升主要是因为物质与服务费用、人工成本、土地成本连年上升。在总成本中，每亩小麦的物质与服务费用、人工成本、土地成本平均每年上涨5.31%、6.43%、8.46%；每亩水稻的物质与服务费用、人工成本、土地成本平均每年上涨5.29%、5.60%、8.46%；每亩玉米的物质与服务费用、人工成本和土地成本平均每年上涨4.72%、8.86%、8.78%。这些数据表明，我国粮食生产成本中，上涨最快的是土地成本；其次是人工成本；最后是物质与服务费用。即便如此，物质与服务费用每年上涨也达到了5%以上。

表4.5　2003~2020年小麦每亩成本　　　　　　　　单位：元

时间	小麦每亩总成本	物质与服务费用	人工成本	土地成本
2003	345.73	185.16	108.9	51.67
2004	355.92	200.28	111.84	43.8
2005	389.61	216.35	121.34	51.92

续表

时间	小麦每亩总成本	物质与服务费用	人工成本	土地成本
2006	404.77	230.56	119.61	54.6
2007	438.61	245.01	124.72	68.88
2008	498.55	278.69	133.19	86.67
2009	567	317.48	145.64	103.88
2010	618.63	318.35	178.83	121.45
2011	712.28	357.33	225.68	129.27
2012	830.44	396.69	291.4	142.35
2013	914.71	417.08	343.78	153.85
2014	965.13	419.03	364.77	181.33
2015	984.3	420.23	364.39	199.68
2016	1012.51	434.60	370.99	206.92
2017	1007.6	438.7	361.9	207.1
2018	1012.9	450.3	350.8	211.9
2019	1028.9	470.1	340.9	218
2020	1026.5	469.5	334.1	222.9

资料来源：《中国农村统计年鉴》。

表 4.6 2003~2020 年水稻每亩成本   单位：元

时间	水稻每亩总成本	物质与服务费用	人工成本	土地成本
2003	439.16	207.39	175.22	56.55
2004	454.64	226.24	171.44	56.96
2005	493.31	242.45	184.54	66.32
2006	518.23	255.21	186.33	76.69
2007	555.16	275.93	194.35	84.88
2008	665.1	341.41	214.65	109.04
2009	683.12	333.77	226.82	122.53
2010	766.63	358.62	266.58	141.43
2011	896.98	409.34	327.96	159.68
2012	1055.1	453.51	426.62	174.97

续表

时间	水稻每亩总成本	物质与服务费用	人工成本	土地成本
2013	1151.11	468.52	489.31	193.28
2014	1176.55	469.8	500.67	206.08
2015	1202.12	478.69	508.59	214.84
2016	1201.81	484.53	495.34	221.94
2017	1210.2	498.0	482.9	229.3
2018	1223.6	514.7	473.8	235.1
2019	1241.8	526.5	474.2	241.1
2020	1253.5	542.1	467.4	244.1

资料来源:《中国农村统计年鉴》。

表 4.7 2003~2020 年玉米每亩成本　　　　　　　　单位:元

时间	玉米每亩总成本	物质与服务费用	人工成本	土地成本
2003	348.7	167.43	131.29	49.98
2004	375.7	173.77	140.49	61.44
2005	392.28	176.08	148.38	67.82
2006	411.77	188.38	149.94	73.45
2007	449.7	198.74	159.78	91.18
2008	523.45	243.31	176.98	103.16
2009	551.1	241.05	192.61	117.44
2010	632.59	260.54	235.1	136.95
2011	764.23	308.45	295.49	160.29
2012	924.22	344.58	398.4	181.24
2013	1012.04	359.71	455.37	196.96
2014	1063.89	364.8	474.68	224.41
2015	1083.72	376.22	468.72	238.78
2016	1065.59	369.55	458.10	237.94
2017	1026.5	375.0	441.2	210.3
2018	1044.8	383.8	433.5	227.5
2019	1055.7	390.2	424.8	240.7
2020	1080.0	392.5	438.0	249.5

资料来源:《中国农村统计年鉴》。

我国粮食物质与服务费用包括农药、化肥、机械服务、水利灌溉等。统计表明，我国每亩农作物化肥施用量为发达国家的 3 倍，农药施用量为发达国家的 2.5 倍。大量农药化肥的施用，虽然保证了我国农作物单产产量的提高，但是也提高了我国粮食生产的成本。虽然近年来我国政府不断增加农林水资金，兴修水利，鼓励农民购买农业机械，但是与发达国家比较仍有一定的差距。目前我国农业在灌溉中，仍然采取大水漫灌方式，既浪费水资源，也提高了灌溉费用；同时在农业生产过程中，虽然到 2020 年我国目前农业机械化率已达到 71%，但是由于土地细碎化、山地丘陵居多，土地面积较小，我国小型农机具运用较多，农业大型机械化仍需进一步加强。由于化肥农药大量施用及农田水利设施落后及农业机械化率较低，我国粮食生产物质与服务费用逐年提高。2015 年物质与服务成本占三种粮食总成本的 38.99%，到了 2020 年这一比例上升到 41.80%，提高了 2.81%。

我国粮食生产仍以家庭劳动为主，雇佣劳动为辅。由于农民过去为自家劳动，并不计算成本，但是随着农民外出打工机会的增多，越来越多的农民离开家乡，外出打工挣钱。2003 年农民家庭人均工资性收入只有 918.4 元，但是到了 2020 年农民家庭人均工资性收入就达到了 6974 元，平均年增长 11.92%，农民外出务工所增加的收入远高于在家种田的收入，这使得之前家庭劳动成本的隐性成本显性化。由于农民家庭劳动的机会成本增加和雇工成本的增加，我国三种粮食每亩每年平均人工成本上涨达到了 10.35%，人工成本的快速增加，直接导致中青年农民不愿意种田，大量土地抛荒。

我国粮食生产成本中，上涨最快的就是土地成本，2003~2014 年每年上涨达到了 11.91%。我国人均土地只有 1.4 亩，占世界平均水平的 40%，之前农村土地按人和等级平均分配，土地划分细碎，土地劳动缺乏规模报酬，劳动生产率低下；再加上工业化、城镇化的迅速发展，我国土地需求大幅度增加，土地价格也随之迅速上涨。粮食价格的大幅度上涨，土地价格的变化是重要的推手之一。

以上三种费用的增加，从总体上推动了我国粮食价格总成本的增加。要改变当前粮食生产成本逐年增加的现象，需要提高农业科技化水平，鼓励秸秆返田、农业绿肥，减少农药化肥的使用，提高农药化肥的利用效率；鼓励土地向家庭农场、种粮大户、农业合作社等组织流动，扩大土地种植规模，降低土地价格，提高土地产出率；提高农业机械化水平，提高粮食生产的规模报酬，提高劳动生产率，降低人工费用等。综上所述，我国粮食的生产成本连年上涨，据图 4.4 可见，我国三大主粮的生产价格指数每年都有所上升，个别年份竟高达 30% 以上，生产价格的连年上涨，也是推动粮食价格不断上涨的重要原因之一。

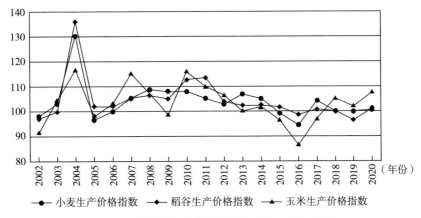

图 4.4 我国粮食生产价格指数 (上一年为 100)

资料来源:《中国统计年鉴》。

4.4 影响粮食长期价格的其他因素分析

供给因素、需求因素及生产成本只是粮食价格的决定因素。但是粮食作为战略性公共产品,在国家经济安全中占有重要地位,国家都会对国内粮食的生产、价格的稳定作宏观调控;而粮食生产的整个过程中,即使现代科技较为发达,自然力仍然占有重要地位,粮食价格生产从长期来看受气候变化的影响,短期也受到年度天气的影响;通货膨胀与经济发展如影随形,粮食价格受到通货膨胀的影响;能源是国家经济发展的动力,但是由于能源价格变化,生物能源代替石化能源技术的出现,能源价格就与粮食价格联系到一起。国家农业政策因素、通货膨胀、能源价格因素都受到国家经济政策的影响,共同影响粮食价格。

4.4.1 政府政策因素的影响

农业是国民经济的基础,由于我国人口众多,粮食需求刚性增长,我国政府十分重视国家粮食安全,政府的农业支持政策长期发挥着支持农业经济发展、粮食生产和粮食价格稳定的重要作用。政府十分重视农业科研的开发和推广应用,农业科研投资不断增加;同时重视土地整治和土壤改良,鼓励农地流转,极大地提高了粮食单产产量;为了鼓励农民种粮的积极性,我国政府于2003 年取消了国内延续几千年的农业税费,并于 2004 年开始对粮食生产进行直接补贴,积极进行农田水利设施建设,同时建立粮食收储制度,制定了农业托市收购买价格等。

4.4.1.1 粮食补贴政策

我国粮食补贴政策包括三种形式：第一种是收入型补贴，主要包括农民种粮直接补贴和农业物质综合补贴，这是为了鼓励农民种粮的积极性，直接增加农民收入，防止因农资价格上升而带来粮食生产成本增加所采取的补贴。第二种是生产型补贴，主要包括良种补贴和农机购置补贴，主要是鼓励农民采用新型农业技术，提高农业生产效率，降低粮食生产成本，增加农民收入而采取的补贴。第三种是最低收购价格政策和农业保险政策，最低收购价格鼓励了农民种粮的积极性，保障了种粮农民的收入，而较低费率的农业保险，为在重大自然灾害中有损失的农民提供了保障，降低了农民的损失，为农民种粮收入提供了保障措施。

关于粮食补贴政策的作用，我国学者进行了多方论证。李鹏等（2006）、蒋和平等（2009）根据安徽省和湖南省汨罗市农户调查数据来论证农业直补的绩效对农民种植面积的影响，发现粮食直补政策并不能增加农民的种植面积，直补政策无效。黄季焜等（2011）对 6 省 1000 多份农户随机抽样数据的分析显示，粮食直补和农资综合补贴对粮食生产和农业投资没有影响，对农民收入有一定的影响。吴连翠等（2011）利用在安徽省调查的农户数据，构建农户模型，证实农业补贴政策的增产增收效果与农业品价格成正比，但其激励效应会受到农业生产资料价格上涨的限制，需要采取扩大土地经营规模、鼓励农地流转、规范农资市场等措施来强化农业补贴政策的作用。江喜林（2013）利用农户经营模型进行静态比较分析，表明农业补贴政策中综合补贴政策效果较小，但是生产性补贴和粮食支持政策对粮食生产有较强的促进作用。吴连翠等（2013）从农户经济理论出发，采用 Cobb-Douglass 生产函数，以安徽省的实地调查资料进行实证分析，得出每亩粮食补贴增加 1%，则农户粮食产量可增加 0.056%；粮食补贴政策能极大地促进粮食产量的提高。盛逖（2013）采用 DEA 模型来实证我国各省粮食补贴政策的绩效，实证表明我国粮食补贴政策的综合技术效率在全国范围内都较高，但是各省规模效率和纯技术效率各不相同，13 个粮食主产区无论是规模效率、纯技术效率，还是综合技术效率都较高，说明粮食补贴政策对 13 个粮食主产区都有较为明显的效果。王欧等（2014）通过对 2011 年、2012 年国家村固定观察点农户数据进行分析，结果表明，农业补贴对农民粮食播种面积、粮食产量和资本投资都有显著正向影响，尤其是对贫困地区的影响更为明显。刘鹏凌等（2015）采用 T 关联度实证粮食"四项"补贴政策与粮食产量的关系，通过实证发现，良种补贴与粮食产量关联度最高，其次是农机购置补贴、农资综合补贴，效果最差的是粮食直接补贴。辛翔飞（2016）利用我国 2000 多个县的面板数据，从县域粮食生产和农民收入的角度来证明粮食补贴的效果，实证表明粮食补贴政策使得产粮大县的粮食生产提高了 6.81%，非产粮大县粮食生产提高了 3.40%。肖攀等（2019）采用面板数据和差分模型进行研究，认为农业保险促进了粮食种植总面积以及稻、小麦、玉米种植面积增加和产量增长；张伟等（2019）研究表明通过农业保险补贴来增加粮食产量的实际效应相当有限；赵和楠等（2021）研究认为三项都对粮食增产有显著正向促进作用，且财政土地治理项目的粮食增产效应强于农机购置补贴；高鸣等（2021）研究表明现行农业补贴政策对粮食增产的激励效应正逐渐减弱。

我国学者的研究表明，在我国农业补贴政策中，粮食直接补贴和综合补贴政策对农民播种面积和粮食生产产生的影响有限，但是农业补贴政策对粮食生产和粮食生产均有显著的正向影响。我国农业补贴政策使得我国粮食产量提高，提高了农民收入，增加了我国粮食的供给，但是农业补贴政策的效果也在减弱，需要引起重视。

4.4.1.2　农村土地政策

1949 年后农村土地政策大体分为四个时期：一是农民土地所有制时期（1949～1957 年）；二是人民公社化制度时期（1958～1978 年）；三是家庭联产承包责任制时期（1978～2003 年）；四是土地经营权可流转时期（2003 年至今）。

第一，家庭联产承包责任制。由于人民公社化制度下农民"干多干少一个样、干与不干一个样"，极大地束缚了农民劳动的积极性，1978 年以后，我国开始实行家庭联产承包责任制。由于家庭联产承包责任制"交够国家的，留足集体的，剩下的都是自己的"，使农民在获得自己劳动剩余报酬的同时，可以自主地决定土地种植产品和独立分配自己的劳动时间，促进了家庭成员之间的合理分工（樊万权，2008）。家庭联产承包责任制最初获得了巨大的成功，1978～1984 年农业以不变价格计算，年均增长 7.5%，我国学者林毅夫运用生产函数发现家庭联产承包责任制的贡献率在农作物的增加值中约占 46.89%。

家庭联产承包责任制最初为每村按土地的不同等级按人口平均分配土地，土地细碎化程度严重，并且调整比较频繁。对于家庭联产承包责任制，专家进行了多方考察和论证。Besley（1995）运用加纳的调查资料证实，土地产权稳定对于农民投资有正向的促进作用。Alchian 和 Demsetz（1972）认为如果没有确切的产权制度的保护，投资主体不会进行长期投资。樊万权（2008）认为农地产权制度对农民努力的激励程度，取决于这一制度所内含的农民努力与收益报酬的一致性。有保障的农地产权制度，可以促进农民将资源和努力用于生产性活动，从而促进农业经济的增长。有效的农户投资，不仅能够提高农户收益率，增加农户收入和福利水平，还可以促进农村经济增长（朱喜等，2010；舒尔茨，1978），甚至促进经济增长方式的转变，实现经济的可持续增长（Zhu and Yang，2007）。

我国家庭联产承包责任制初期，农民土地承包期短，农村土地频繁调动，致使农民不愿对土地进行投资，造成土壤肥力下降等问题；同时农村被分割成不同条块，土地细碎化程度十分严重，不利于大型机械耕作。最初的农业快速增长期过后，1985~1989 年我国农业停滞不前，粮食生产下降。

由于家庭联产承包责任制土地承包权不稳定，变更频繁，导致农民对土地长期投资不足，只进行短期掠夺式应用，同时土地细碎化经营，难以产生规模经济，农业生产效率较低（陶林，2005）。姚洋（1998）运用江西、浙江 5 县 449 农户的调查资料证实，地权的不稳定性降低了土地资源的配置效率，并降低了农民对土地长期投资的意愿，减少了农地的产出。何凌云等（2001）通过 2000 年广东省 6 个县 105 户农户 306 块地块的研究发现，有机肥的施用量与土地的稳定性呈正相关关系，农民对于稳定期长的土地有机肥施用量最多，说明农民倾向于对稳定期限长的土地做长期投资。李谷成等（2009）通过 1999~2003 年湖北 15 个村的调查数据，分析证明，从土地产出效率、提高农业劳动生产率的角度来看，大农户模式优于小农户模式；但小农户模式能够确保农业的产出。

由于家庭联产承包责任制对农业产出效率的束缚，农村中自发形成了六种土地模式：一是中等发达地区常用的"大稳定，小调整"模式；二是口粮田和招租田形式"两田制"，即一种为分给农民的"口粮田"，剩余的田地用于招租；三是采用机械化耕作的苏南模式；四是贵州湄潭县代表的"生不增、死不减"模式；五是温州模式；六是东南沿海的土地股份制（姚洋，2000）。

纵然民间自发地出现多种土地经营模式，但由于家庭联产承包责任制肩负着农村社会保障功能，能够促进农民收入增加，维护农民收入的平等化（许庆等，2007，2008），我国仍以家庭联产承包责任制为主，但是一家一户的小农经济，在工业化、市场化的今天，无法持续激发农民的积极性，反而成为农村经济社会进一步发展的障碍（张曙光，2010）。20 世纪 90 年代末至 21 世纪初，我国农民收入增长缓慢，粮食价格大跌，粮食产量大幅度下降，农民种粮积极性不高，土地抛荒严重。

第二，土地允许自由流转政策（2003 年至今）。为了提高农业生产效率，扩大土地经营规模，我国政府一再强调"土地承包权三十年不变"，土地承包权的稳定，为土地经营权的转让提供了前提。2002 年 8 月《中华人民共和国农村土地承包法》规定土地承包方可以"依法、自愿、有偿地进行土地承包经营权流转"，农村土地开始向"三权"分立过渡。2005 年农业部发布了《农村土地承包经营权流转管理办法》，对土地经营权的流转提供了规范性文件。

虽然土地传统的社会保障功能和农民外出打工就业的不稳定性，降低了农民土地流转的意愿（陈丹等，2011；闫小欢等，2013），但是土地经营权的流转给我国农户、粮食生产和农业生产带来了巨大的转变。白经天（2013）通过对河南洛阳市部分农户的调查发现，由于农地向种粮大户、规模企业流转，土地经营规模扩大，有利于农田水利设施的修建、农业科技的推广和农业机械的应用，提高了粮食相应产量。黄祖辉等（2014）运用江西农户735块土地调查资料，实证得出种植面积在2公顷以上土地的稻农的技术效率较高，且转入农户的技术效率明显高于未转入农户的技术效率。国家统计局陕西调查总队课题组（2015）通过陕西统计资料证实，农地流转促进了农地规模的扩大，转入农户的劳动投入和粮食单产产量均有提高，农业生产效率也有所提高。钱忠好（2016）通过江苏、广西、湖北和黑龙江4省（区）调查数据分析我国农地流转的政策效果，分析表明农地流转农户满意度较高，促进了土地的集中经营，初步形成了家庭经营、集体经营、合作经营、企业经营共存的农地经营模式，提高了土地的产出效率。

从以上研究发现，农地流向专业大户、合作组织、种粮能手及农业公司，能够促进农业资源向土地流入，增加对土地的投资，促进农业分工和专业化程度，使得土地获得规模报酬，从而提高农民收入和促进农村经济发展。这一点也可以从我国粮食产量连续"18连增"得到证实。粮食的"18连增"，使得我国粮食满足了经济发展和人口增长对粮食需求的刚性增长，维护了国家粮食安全，纵然国家实行粮食托市收购政策，但是2014年、2015年小麦和水稻名义价格没有增加，玉米价格下降，是粮食"12连增"的结果。

土地是粮食生产的承载物，未来十年家庭联产承包责任双层经营的体制定会继续稳定，并在此基础上，稳定农户土地的承包权、使用权、收益权，从而鼓励农户土地流转，使土地资源在农业市场上得到最优配置，从而实行土地产能的最大化，粮食产量也会逐年提高，价格可能随着产量的提高而下降。

4.4.1.3 农业资金的支持政策

尽管农业生产方式有时几年甚至几十年也不会发生大的变化，但是现代随着农业科技资金投入的加快，水利灌溉设施的修建，农业科技进步的提升，粮食单产产量不断提高。据统计，我国粮食生产有2/3的增加量是单产增加引起的，这其中农田水利设施和农业科技进步功劳巨大。据我国学者梁子谦等（2006）测算，科技进步水平对我国粮食单产的贡献率为34.72%。自20世纪60年代绿色革命以来，农业科技进步迅速发展，据统计，以小麦、玉米、稻谷为主的谷物自绿色革命以来，平均产量大约为每公顷达到1.3万吨。随着农业转基因技术的推广，到2004年以后，谷物每公顷产量达到3万吨。纵然有气候、投入等因素的影响，谷物产量在过去50多年一直处于上升趋势。在长期的发展过程中，随着科技在农业中的推广应用，农产品产量不断上升，农业生产成本却不断下降。

农业科技投入、科技进步水平与粮食产量的高低具有较强的相关性，它极大地影响着粮食的产量和粮食价格。1994 年，美国人莱特斯·布朗在纽约时报发表题为《谁来养活中国?》一文，文中指出随着中国经济的发展、人口的增长及人口膳食结构的改善，中国人需要消费大量的粮食，但是中国国内却无法提供充足的供给，需要从国际市场上进口大量的粮食，世界将无法养活中国。然而出人意料的是，21 世纪的中国不但很好地养活了自己，还可以向国际粮食市场出口粮食，这当然和中国农业科技投入、农业技术进步密不可分，这些都极大地提高了我国粮食的单产水平，1994~2007 年 13 年间我国粮食单产提高了 16.9%，纵然如此，到 2006 年我国粮食稻谷、玉米单产仅为美国的 81.4%、51.3%，远没有达到发达国家的水平，但我国粮食单产增长潜力很大。我国将进一步加快农业科技创新水平和农业技术成果转化率，这样 2008~2020 年下一个 13 年我国的粮食单产增加将可能达到 17%。从中长期来看，我国粮食的增长潜力很大，粮食价格稳定。

我国农业投资和粮食产量对比见表 4.8。

表 4.8 我国农业投资和粮食产量对比

时间	粮食产量（万吨）	农业投资量（亿元）	时间	粮食产量（万吨）	农业投资量（亿元）
1985	37910.80	153.62	2003	43069.53	1754.45
1986	39151.20	184.20	2004	46946.95	2337.63
1987	40297.70	195.46	2005	48402.19	2450.31
1988	39408.10	214.07	2006	49804.23	3172.97
1989	40754.90	265.94	2007	50413.9	3404.70
1990	44624.30	307.84	2008	53434.3	4544.01
1991	43529.30	347.57	2009	53940.9	6720.41
1992	44265.80	376.02	2010	55911.3	8129.58
1993	45648.80	440.45	2011	58849.3	9937.55
1994	44510.10	532.98	2012	61222.6	11973.88
1995	46661.80	574.93	2013	63048.2	13349.55
1996	50453.50	700.43	2014	63964.2	14173.83
1997	49417.10	766.39	2015	66060.3	17242.00
1998	51229.53	1154.76	2016	66043.5	18587.36
1999	50838.58	1085.76	2017	66160.7	19088.99
2000	46217.52	1231.54	2018	65789.2	21085.99
2001	45263.67	1456.73	2019	66384.3	22862.80
2002	45705.75	1580.76	2020	66949.2	23948.46

资料来源:《中国统计年鉴》。

4.4.2 通货膨胀对粮食价格的影响分析

通货膨胀是现代经济的产物。一般情况下，出现通货膨胀，所有商品价格上涨；但粮食价格是百价之基，粮食价格也可能拉动社会产品价格上涨，引起通货膨胀。是通货膨胀引起粮食价格上涨，还是粮食推动通货膨胀，即通货膨胀与粮食价格的关系如何？我国学者对国内粮食价格与通货膨胀的关系进行了多方研究论证。卢锋（2002）根据 1987~1999 年粮食价格数据，采用均衡修正模型，证明了我国粮食价格与通货膨胀之间存在着长期均衡关系，是通货膨胀拉动了粮食价格的上涨，而非粮食价格拉动 CPI 的上涨。敬艳辉（2006）通过研究证明了无论是长期还是短期通货膨胀都会因为预期而影响粮食价格，但是粮食价格长期处于高位运行才会拉动 CPI 上涨，在短期内粮食价格不会对 CPI 产生影响。赵留彦（2007）根据 1988~2006 年统计数据证实了粮食价格会根据通货膨胀预期进行调整。程玮（2009）根据 1998~2007 年粮食价格与 CPI 的数据，采用误差修正模型，来研究粮食价格与 CPI 之间的关系，经过证明通货膨胀与粮食价格之间存在着双向的格兰杰因果关系，而粮食价格却不是 CPI 的格兰杰原因。李瑞等（2009）对 2003~2007 年粮食价格与我国 CPI 的关系进行了分析和实证，经过论证得出 CPI 无论是长期还是短期均与粮食价格存在着均衡关系，CPI 先于粮食价格进行变化，CPI 是粮食价格变动的格兰杰原因，而非相反。谭江林等（2009）运用 1978~2007 年的统计资料，证明粮食价格与 CPI 之间存在着长期的均衡关系，短期内 CPI 对粮食价格的冲击较为强烈，但长期没有持续效应。龙少波（2014）根据 2003 年 1 月~2014 年 6 月我国粮食与 CPI 之间的月度数据，运用 Diks-Panchenko 的非参检验方法，证明我国 CPI 是通过影响粮食生产成本来推高粮食价格的，CPI 与粮食价格之间存在着长期和短期的格兰杰因果关系。

大多数学者证实，我国通货膨胀无论长期还是短期都是粮食价格上涨的因素，粮食价格在短期内对通货膨胀没有影响，只有粮食价格长期高位运行，才会产生通货膨胀。

4.4.3 气候因素的影响分析

气候因素对粮食价格的影响，主要是通过气候变化对粮食产量变化的影响来影响粮食价格。气候变化有长期气候变化的影响，也有因长期气候变化导致的年度天气异常。

第一，长期气候变化对粮食价格的影响。地球环境系统构成的重要因素之一是气候，人类在地球繁衍生息的重要条件便是适宜与稳定的气候条件。但是由于工业革命，石化能源的产生，近 200 年来，人类的活动给全球气候带来了一些非自然的影响，这些影响被称为气候变化。气候变化影响人类正常的生产活动，威胁着人类的生存和发展。

近100年来，人口数量激增，人类活动能力迅速增强及工业在全球范围内的繁荣发展，人类社会消耗的能源迅速增加，石化能源利用及森林砍伐导致森林面积减少，进而导致二氧化碳等温室气体的排量越来越高，造成全球"气候变暖"，气候学家根据全球上百年资料研究发现，近百年来全球气候上升了0.5℃，而北半球气温上升达到了1℃，趋势明显高于南半球。随着气候变暖，植物生长发育的条件发生了变化，造成了农业生产的波动性。

气候变化对农业的影响，引起了全球瞩目。研究发展气候变暖使得格陵兰岛东北部的冰川融化（Khan et al.，2014），海平面上升，沿海地区洪水泛滥，部分地区将被淹没。由于发展中国家多是农业国，植物对气候变化非常敏感，气候变化对发展中国家的影响远大于发达国家（R Mendelsohn and A Dinar），Richard M. Adams 等（2003）研究 ESNO 对墨西哥农业的影响，通过研究发现，如果提前预报 ESNO，农民会根据 ESNO 现象来对种植业进行调整，ESNO 对墨西哥农业有正的影响效应。Sushant（2013）通过对印度东 Madhya Pradesh 研究发现，过去15年，由于气候变暖，降水不稳定，当地农业减产60%。Abdul Hamid（2015）认为虽然巴基斯坦工业不发达，也深受全球气候变暖之害，他对1961~2011年的数据研究表明，气候变暖对巴基斯坦工农业各方面均有不良影响，尤其对农业的不良影响更大。

我国近百年来气温升高趋势与北半球大体相当，但是近50年来，气温增速却达0.22℃/10a，并且气候变化趋势向我国北部移动。我国幅员辽阔，各地气温相差较大，气候变化对不同区域植物生长的影响不同，对我国不同区域的粮食生产产生不同的影响。气候变暖总体使我国农作物病虫害加剧、耕地质量下降，从而使得小麦、玉米单产分别减产1.27%、1.73%（吴绍洪等，2016）；由于我国南方水稻生育期减少，南方水稻减产，病虫害与极端天气发生的概率加大（杜尧东等，2004）；但是东北水稻却表现出产量增加的趋势（熊伟等，2013）。21世纪后半叶，由于气候变暖，天气变化不稳定，极易出现极端天气，我国主要农作物如小麦、玉米、水稻等减产可能高达37%（刘燕华等，2013）。但是对于中高纬度来讲，植物生长期延长，有利于这些地区农业的发展，能够促进这些地区粮食产量的提高（方修琪等，2004；贾建英，2009；周丽静，2009）。李秀芬等（2011）根据1961~2008年近50年的数据分析，气候变暖对黑龙江玉米单产增加有利，而陈群等（2014）利用东北地区20年的资料研究发现，气候变暖对东北三省的玉米单产产量增加均产生有利影响，但是影响大小依次为黑龙江、吉林、辽宁，越北的地方影响越显著。我国西北地区1961~2003年日气温资料研究显示，1987~2003 年气温明显高于 1961~1986 年，气温升高有利于种植界向北移动，对牲畜业有利，但却对农业不利（刘德祥等，2005）。而黄淮海平原由于气温上升，河北与河南的玉米增产，而其他地区玉米减产，尤其是山东减产最为明显，但是黄淮海平原夏玉米已适应了气温上升，需要选育生育期长耐热的玉米品种，改进耕作方法来适应气候变化，从而提高玉米产量（陆伟婷等，2015）。而气候变化对黄淮海平原的弱冬性小麦影响不大，灌溉能促进黄淮海平原弱冬性小麦产量增长（吴泽新等，2008）。

从以上研究来看，从长远来讲，气候变化对我国粮食生产会产生不利影响，可能会影响我国粮食安全，但是若根据气候变化来选育适宜的品种，改变耕作方式，粮食产量降低较小，不会在很大程度上影响粮食价格。

第二，年度天气变化对粮食价格的影响。由于气候变化，容易出现干旱、洪涝等极端灾害性天气多发、频发等，对区域性粮食生产产生不利影响，甚至可能会出现粮食减产、绝收，粮食价格大涨，产生粮食危机。2007 年，世界主要的小麦生产国澳大利亚、阿根廷和巴西出现了严重干旱，导致小麦减产，小麦出口减少甚至向国外进口；2008 年世界主要大米出口国泰国洪灾，缅甸遭遇强热带风暴袭击，两国水稻减产严重。由于粮食出口国的减产，出口减少，而粮食进口国增加，2007~2008 年国际粮食市场粮食价格猛涨，2007 年世界粮食价格上涨近 24%，2008 年前 8 个月粮食价格上涨 50%；尤其是泰国大米更是上涨到 1000 美元每吨的天价。由于粮食价格上涨，爆发了严重的社会危机：世界 37 个国家民众走上街头，抗议因粮价上涨带来的贫穷、饥饿等社会问题。由于粮价上涨全世界饥饿人口总数达到 9.23 亿，有 1 亿多人深陷贫穷，许多发展中国家因粮食危机陷入经济危机，国家经济极度危险。

而我国自 1949 年以来极端天气频发，2007 年四川遭遇特大洪灾，农业损失严重；2008 年 1 月南方出现冰冻灾害，南方 10 省受灾严重，粮食减产严重；同年 5 月汶川发生大地震，6 月南方连续出现大规模降雨，南方九省受到不同程度的灾害；2009 年 5 月南方 10 省洪害，农作物受害严重，粮食减产。由于我国政府一直重视国家粮食生产，采取多种措施鼓励种粮农民的积极性，维护粮食产量稳定增长，保证我国国家粮食安全。由于我国国家地域辽阔，多种气候并存，自然灾害在不同地区频发，但是由于国家处理得当，纵然灾害时有发生，粮食产量却从 2020 年以来"17 连增"，粮食价格在国家宏观调控的范围内，国内粮食安全系数较高。

可以肯定地讲，未来 10 年由于气候变暖带来的极端天气仍然会影响包括我国在内的世界各国，农业生产包括粮食生产会受到极端天气的影响，但是只要根据气候变化，应对得当，则可以减少气候异常带来的损失，稳定粮食产量，从而保证粮食价格的稳定。

1985~2020 年我国农作物种植面积、受灾面积、成灾面积及其占比见表4.9。

表4.9 1985~2020 年我国农作物种植面积、受灾面积、成灾面积及其占比

时间	种植面积（千公顷）	受灾面积（千公顷）	受灾占比（%）	成灾面积（千公顷）	成灾占比（%）
1985	143625.87	44365	30.89	22705	15.81
1986	144204.00	47135	32.69	23656	16.40
1987	144956.53	42086	29.03	20393	14.07
1988	144868.93	50874	35.12	24503	16.91
1989	146553.93	46991	32.06	24449	16.68
1990	148362.27	38474	25.93	17819	12.01
1991	149585.80	55472	37.08	27814	18.59
1992	149007.10	51333	34.45	25895	17.38
1993	147740.70	48829	33.05	23133	15.66
1994	148240.60	55043	37.13	31383	21.17
1995	149879.30	45821	30.57	22267	14.86
1996	152380.60	46989	30.84	21234	13.93
1997	153969.20	53427	34.70	30307	19.68
1998	155705.70	50145	32.20	25181	16.17
1999	156372.81	49981	31.96	26731	17.09
2000	156299.85	54688	34.99	34374	21.99
2001	155707.86	52215	33.53	31793	20.42
2002	154635.51	46950	30.36	27160	17.56
2003	152414.96	54510	35.76	32520	21.33
2004	153552.55	37110	24.16	16300	10.61
2005	155487.73	38820	24.97	19970	12.84
2006	152149.00	41090	27.01	24630	16.19
2007	153010.00	48990	31.92	25060	16.33
2008	155566.00	39990	25.59	22280	14.26
2009	157242.00	47210	29.77	21230	13.39
2010	158579.00	37430	23.29	18540	11.54
2011	160360.00	32470	20.01	12440	7.67
2012	162071.00	24960	15.28	11470	7.02

时间	种植面积（千公顷）	受灾面积（千公顷）	受灾占比（%）	成灾面积（千公顷）	成灾占比（%）
2013	163702.00	31350	19.04	14300	8.69
2014	165183.00	24890	15.04	12680	7.66
2015	166829.00	21770	13.05	12380	7.42
2016	166939.00	26220	15.71	13670	8.19
2017	166332.00	18480	11.11	9200	5.53
2018	165902.00	20810	12.54	10570	6.37
2019	165931.00	19260	11.61	7910	4.77
2020	167487.00	19960	11.92	7990	4.77

资料来源：《中国统计年鉴》各年。

4.4.4 能源价格变化的影响

能源特别是石油不仅是燃料，而且是许多工业的原材料，尤其是农业生产物资化肥的重要原材料，同时以石油为原材料炼制柴油是我国农业机械和农民灌溉的重要动力。化肥和柴油是我国农业生产的重要物质，化肥和柴油费用是我国农业生产中农业物质和服务费用的重要组成部分。

生物能源是以玉米、小麦、木薯、甜菜、甘蔗、油菜籽为原材料，制作生物乙醇作为燃料来代替石化能源。由于世界能源价格不断上涨，再加上主要发达国家农作物产量过剩，生物乙醇较低的价格和较低的温室气体排放量受到不少国家的欢迎，使得生物能源技术在世界范围内广泛应用。美国有102家生物燃料工厂，以玉米为原材料生产生物乙醇4569百万加仑（张蕙杰等，2007）。

关于能源价格与粮食价格的研究较多。A. Gohin（2010）通过研究发现，石油价格主要是通过推动粮食生产成本来影响粮食价格的，石油价格与粮食价格之间存在长期均衡关系。黄毅（2015）利用2003~2013年月度数据来研究世界能源价格与世界市场大米和小麦价格之间的关系，实证表明世界能源价格无论对大米还是对小麦价格都有影响，只不过长期影响方面大米大于小麦，短期影响方面小麦大于大米。我国粮食单产产量的提高，主要是因为使用了大量化肥。我国三大粮食生产成本中物质与服务费1985~2015年平均每年增长率为6.93%，其中最主要的就是化肥等成本。石化能源作为化肥的原材料，是推动粮食价格上涨的主要动力。石敏俊等（2009）运用2002~2009年数据证实，能源价格上涨带来的化肥价格上涨及劳动力成本的上升，推动小麦、大米、玉米平均价格上涨19%。王妍等（2011）认为能源价格从四个方面拉动农产品价格上涨：一是能源价格上涨，推动农业生产资料价格上涨，拉动农产品价格上涨；二是能源价格上涨，使得生物能源大行其道，拉动农产品价格上涨；三是能源价格引起居民消费和劳动者报酬上升，农业生产劳动力成本上涨，推动农产品价格上涨；四是能源价格上涨诱发投机因素，可能引起农产品价格投机。具体到小麦、玉米、稻谷三者，由于能源价格上涨拉动三者价格上涨的比例分别是33%、25%、15%。马凯等（2013）运用1994年1月~2012年12月的月度数据，证实能源价格与粮食价格存在着长期均衡关系，并且能源价格对粮食的长期价格影响远大于短期价格的影响。杨志海等（2011）采用1998年1月~2011年12月的月度统计资料，来论证我国粮食价格与石油价格之间的关系，实证表明，石油价格对大米、玉米、大豆的价格影响是正向的，且长期影响大于短期影响，但是对小麦的影响却是负向的。刘宁（2012）通过实证发现，我国煤炭价格对粮食生产成本影响显著，煤炭价格推动粮食生产成本上涨从而推动粮食价格上涨，而石油价格对粮食价格有潜在的影响。杨庆许（2014）根据小麦的统计资料证明，世界石油价格对我国小麦短期价格有较强的冲击作用，但长期影响却较小。邢燕飞（2015）利用VECM模型检验得知，石油价格每上涨1%，可导致国内小麦、玉米、籼稻、粳稻价格指数分别上涨0.97%、0.57%、0.77%、1.89%；相反的是这些粮食价格指数上涨1%，分别导致石油价格上涨1.03%、1.35%、0.49%、0.64%。

国际食物政策研究所（2006）预测如果生物能源技术不改进，由于生物能源的发展，导致玉米、小麦价格2010年分别上涨20%、11%，2020年分别上涨41%、30%；如果生物能源技术改进，能源作用下玉米、小麦价格2020年分别上涨23%、16%。张蕙杰等（2007）认为生物能源的发展影响了能源作物的价格，带动其他粮食价格上涨。王兆先（2008）认为美国的生物能源工业消耗了大量的玉米，是国际粮食价格大幅度上涨的原因。陈戎杰（2008）、胡明远等（2009）认为美国为缓解国家石化能源紧缺而采用生物能源政策，导致了世界粮食价格的上涨，虽然美国生物乙醇只占其能源消耗量的1%，却导致世界粮食价格上涨了40%。代成龙（2013）认为生物燃料是玉米等原料价格与原油价格之间的桥梁，生物能源发展对能源粮食价格有显著的正向影响。

以上研究表明，世界能源价格对粮食价格的推动作用一般是通过两种途径实现：一是通过推动农业生产资料价格，即化肥的价格，间接推动粮食价格上涨；二是通过以粮食为原料的生物能源直接加大粮食需求量，直接推动粮食价格的上涨。

4.5 小结

"国以民为本，民以食为天"，粮食供给关系国家与个人。粮食的供给与需求决定着粮食价格，而粮食价格的变化则关系到国家、整个社会及每一个公民的利益。如果粮食价格过高，贫民获得困难，则会影响社会安全、国家经济安全，甚至产生社会危机；如果粮食价格过低，则农民种植收益低甚至亏损，则会影响农民种粮的积极性，可能出现大面积抛荒。粮食价格的变化取决于粮食成本、粮食供给和需求量的变化。为了保证国家粮食供给，维护国家粮食安全，我国政府采取了农业政策，来保证种粮农民的收入，鼓励种粮农民的积极性；大规模地兴修农田水利设施，保证土地能够及时得到灌溉；采取土地确权方式，"三权"分立，维护农民土地权益，鼓励农民土地自由流转；制定中长期规划，在全国范围内进行土地整改，改造中低产田；加大对农业科技的支持力度，鼓励农业领域的创新和农业科技的推广；采取最低收购价政策保证种粮农民的收入；等等。

农业生产需要国家政策和农业科技进步的支持。但是农作物是在自然界生长的，由于全球气候变暖，干旱、飓风、暴雨以及雨季期限变化等异常天气频繁出现，对农作物生长与生产产生较大影响，导致我国粮食每年损失约 500 万吨，为了应对气候变化，我国政府发布了《国家适应气候变化战略 2035》，专门有一部分内容"农业与粮食安全"，强调"优化农业气候资源利用格局""建立适应气候变化的粮食安全保障体系"，培育高光效、耐高温和耐旱作物品种。

由于石化能源的不可再生性，石化能源价格不断上涨，生物能源大行其道，以粮食为原材料的生物能源直接拉动了粮食价格的上涨，同时由于石化能源价格的不断上涨，以石化能源为原材料的化肥、柴油价格不断上涨，间接推动了我国粮食价格的上涨。

在市场经济条件下，通货膨胀如影随形。价格是商品市场交易的标准。粮食价格是粮食商品在市场经济下交易的标准。在市场经济条件下，粮食价格本身是 CPI 的一部分，粮价的变动能够反映在 CPI 的变动之内；但是以粮食为基本原料的食品类商品在 CPI 中占 30%，食品类商品价格的变化能够带动 CPI 的变化，引起通货膨胀。我国 20 世纪八九十年代几次大规模的通货膨胀都是由于粮食价格大幅度上涨，引起食品类商品价格的上涨，使得整个社会居民产生通货膨胀预期，引起了大规模的通货膨胀。

由此可见，在市场经济条件下，粮食价格根据价值规律，由供给、需求、成本等因素决定，受政府政策、通货膨胀、气候变暖、能源价格共同影响，还有一些黑天鹅、灰犀牛事件，也会对粮食价格产生较大影响，比如，2019 年底出现的重大公共卫生事件（新冠疫情）对全球产生重大影响。由于新冠疫情的出现，部分国家限制粮食出口，引发国际粮食价格大涨。国际粮食价格的变化通过各种途径传导到国内，引起我国国内粮食价格随之上涨。俄罗斯和乌克兰都是粮食出口大国，2021 年，俄罗斯出口小麦占全球总量的 22%，玉米出口占全球总量的 3%，而乌克兰出口小麦占全球总量的 11%，玉米占全球总量的 17%。2022 年开始的俄乌冲突，使得两国小麦出口困难，引发了国际小麦、玉米价格涨幅最高超过 30%。总之，粮食价格绝大多数时候和其他商品价格一样，围绕价值上下波动，引导着粮食资源的配置。

5 我国未来十年主要粮食品种价格的时间序列模型预测

经济社会发展的历史资料通过一系列收集、整理、检查、鉴别之后，按时间的先后顺序排列起来，组成时间序列，运用一定的工具和方法，从中找出社会经济现象发展过程中出现的规律，并由此推测未来发展的趋势，称为时间序列预测。

价格预测是根据市场价格的数据资料，采用科学的方法，对市场未来价格的发展趋势进行分析和判断。根据价格数据的时间，将价格数据排列组成价格时间序列，找出其随时间发展变化的规律，并在此基础上，对未来价格进行分析和判断，是价格时间预测。价格时间预测有长期预测和短期预测之分。

预测是制定正确决策的基础。由于农业生产周期长，农业政策见效慢，本书预测未来十年粮食价格，以期为我国制定正确的农业经济政策提供政策建议和意见。为了预测未来十年粮食价格，需要先收集和整理我国粮食价格的历史资料，从中找出我国粮食价格发展的规律，建立时间序列模型，选择合适的方法，对我国未来十年粮食价格作出分析和预测。

由于"统销统购"时粮食价格由国家制定，本书决定不予采用"统销统购"时的粮食价格。1985年1月1日中共中央、国务院发出《关于进一步活跃农村经济的十项政策》，取消了农副产品统购派购的制度，实行合同定购政策。定购的粮食实行"倒三七"计价，定购以外可以自由上市。1985年中央一号文件的发布实施，被认为是国家粮食购销向市场化改革的开始。本书选择的价格从1985年开始，由于2021年我国粮食的一系列因素并未完成核算，将粮食价格的最终年度选择在2020年。预测年度选择2021~2030年十年。1985~2020年粮食价格来源于《中国农村统计年鉴》1986~2021年中"全国农产品价格成本与收益"中粮食的价格。2020年价格则是我国国家最低收储定价。根据整理，再加上通货膨胀率，得到表5.1。

表 5.1 1985~2020 年我国主要粮食名义价格和通货膨胀率

时间	稻谷（元/吨）	小麦（元/吨）	玉米（元/吨）	通胀率（%）	时间	稻谷（元/吨）	小麦（元/吨）	玉米（元/吨）	通胀率（%）
1985	377.4	437.2	300.4	2.70	2003	1201.2	1128.4	1054.8	1.20
1986	351.4	454	328.4	9.30	2004	1596.4	1489.4	1161.2	3.90
1987	380.8	454.4	343.4	6.5	2005	1553.2	1380.2	1110.6	1.80
1988	386.4	490.0	350.4	7.30	2006	1612.8	1432.2	1267.8	1.50
1989	504.8	522.8	370.0	18.80	2007	1704.2	1511.6	1495.2	4.80
1990	467.4	481.0	361.1	18.00	2008	1902.2	1655.2	1449.6	5.90
1991	538.4	532.8	372.0	3.10	2009	1981.6	1848.2	1640.2	−0.07
1992	586.6	662.8	485.6	3.40	2010	2360.0	1980.2	1872.4	3.30
1993	663	696.4	526.0	6.40	2011	2690.6	2079	2121.4	5.40
1994	1260.6	1082.4	870.8	14.70	2012	2761.4	2166.2	2222.6	2.60
1995	1642.2	1508.8	1340.0	24.10	2013	2730.4	2356.2	2176.2	2.60
1996	1540.2	1502.4	1195.2	17.10	2014	2812.6	2411.8	2237.0	2.00
1997	1424.0	1428.8	1175.8	8.30	2015	2760.4	2328.6	1884.6	1.40
1998	1338.4	1331.6	1075.8	2.80	2016	2735.8	2232.6	1539.8	2.00
1999	1131.8	1207.2	873.4	−0.08	2017	2757	2331.8	1643.2	1.59
2000	1034.8	1008.6	856.2	−0.06	2018	2588.4	2243.6	1756.0	2.07
2001	1073.6	1050.2	966.8	0.07	2019	2544.6	2249.0	1792.6	2.10
2002	1027.8	1025.0	912.0	−0.08	2020	2750.8	2283.6	2311.2	2.42

资料来源：《全国农产品成本收益资料汇编》各年。

由于名义价格受到通货膨胀率的影响，从而对真实的研究成果造成不必要的影响。为了剔除通货膨胀对粮食价格预测的影响，本书用名义价格除以通货膨胀率来得到实际粮食价格进行研究。具体结果见表 5.2。

表 5.2 1985~2020 年我国主要粮食实际价格

时间	稻谷（元/吨）	小麦（元/吨）	玉米（元/吨）	时间	稻谷（元/吨）	小麦（元/吨）	玉米（元/吨）
1985	367.2	425.4	292.3	1989	409.9	424.5	300.4
1986	318.7	411.8	297.9	1990	383.3	394.4	296.1
1987	356.0	424.9	321.1	1991	521.7	516.3	360.5
1988	358.2	454.2	324.8	1992	566.7	640.3	469.1

续表

时间	稻谷 （元/吨）	小麦 （元/吨）	玉米 （元/吨）	时间	稻谷 （元/吨）	小麦 （元/吨）	玉米 （元/吨）
1993	620.6	651.8	492.3	2007	1622.4	1439.0	1423.4
1994	1075.3	923.3	742.8	2008	1790.0	1557.5	1364.1
1995	1246.4	1145.2	1017.1	2009	1983.0	1849.5	1641.3
1996	1276.8	1245.5	990.8	2010	2282.1	1914.9	1810.6
1997	1305.8	1310.2	1078.2	2011	2545.3	1966.7	2006.8
1998	1300.9	1294.3	1045.7	2012	2689.6	2109.9	2164.8
1999	1132.7	1208.2	874.1	2013	2659.4	2294.9	2119.6
2000	1035.4	1009.2	856.7	2014	2756.3	2363.6	2192.3
2001	1072.8	1049.5	966.1	2015	2721.8	2296.0	1858.2
2002	1028.6	1025.8	912.7	2016	2681.1	2187.9	1509.0
2003	1186.8	1114.9	1042.1	2017	2713.2	2294.7	1617.1
2004	1534.1	1431.3	1115.9	2018	2534.8	2197.2	1719.7
2005	1525.2	1355.4	1090.6	2019	2491.2	2201.8	1755.0
2006	1588.6	1410.7	1248.8	2020	2684.2	2228.3	2255.3

时间序列模型预测方法也称为历史预测法或趋势外推法，是在假定事物发展趋势延续的前提下，分析一定时间序列变量的基础上，运用数学方法建立数学模型，将时间趋势向外推移，从而预测时间变量未来一段时间内的变化趋势，确定未来一段时间内变量发生的预测值。

时间序列模型的构成要素有两个：一是时间；二是与时间相对应的变量值。在时间序列模型的预测中，时间序列就是指变量按时间发生的先后顺序排列起来的一组变量值。这组实际的变量值能够表现出研究对象在一定时期内的发展规律和变化趋势，从而通过对这组时间序列数据值中变化趋势、特征以及规律的挖掘，找出对未来变量进行有效预测的方式和方法。

5.1　指数平滑模型预测

指数平滑模型预测包括一次指数平滑、二次指数平滑、三次指数平滑。在预测过程中，一般认为，近期数据较能反映目前情形，对今后数据预测影响也较大，远期数据则影响较小。其中一次指数平滑被认为是一种加权预测，可认为 α 是一种权数。这种预测方法较为简单易行，只需要一个最新的时间序列观测值，一个最新预测值和权数 α，就可以预测下一期的预测值。这种预测的预测值是在前一期预测值的基础上，加上在前期预测值中产生误差修正值。其中 α 的取值十分重要，能够直接影响预测的效果。α 越大，它对预测值的修正幅度越大；α 越小，它对预测值的修正幅度越小。α 既能体现时间序列变化在预测模型中的反映程度，又可以决定预测模型修正误差的水平。在指数平滑预测过程中，平滑权数 α 的选择应遵循以下原则：一是当时间序列数据波动幅度较小时，为了降低平滑的强度，延长时间序列数据的信息，α 应在（0.05，0.2）取值；二是时间序列数据变化较大时，为了使预测值跟上变化趋势，保持预测的精确度，则 α 可在较大范围（0.3，0.6）之间取值。

一次指数平滑较为简单：设时间序列 $\{x_t, t=1, 2, \cdots, n\}$，其中 n 为样本容量。则一次时间平滑的公式为：

$$S_t^{(1)} = \alpha x_t + (1-\alpha) S_{t-1}^{(1)}$$
$$= \alpha x_t + (1-\alpha) x_{t-1} + \alpha(1-\alpha)^2 x_{t-2} + \cdots + \alpha(1-\alpha)^{N-1} x_{t-(N-1)} \qquad (5.1)$$

二次指数平滑则是对一次指数平滑再进行一次指数平滑。当时间序列具有线性变动趋势时，由于滞后偏差，需要一次指数平滑和二次指数平滑相结合，在发现滞后偏差的基础上，建立线性预测模型，进行预测。

二次指数平滑的预测有四个步骤：一是确定加权系数 α、一次平滑的初始值 $S_0^{(1)}$ 和二次平滑的初始值 $S_0^{(2)}$。二是计算时间序列 $\{x_t\}$ 第 t 期的一次指数平滑值 $S_t^{(1)}$ 和第 t 期的二次指数平滑值 $S_t^{(2)}$。其中 $S_t^{(1)}$ 的公式为式（5.1），$S_t^{(2)}$ 的公式为：$S_t^{(2)} = \alpha S_t^{(1)} + (1-\alpha) S_{t-1}^{(2)}$。三是根据 $S_t^{(1)}$ 和 $S_t^{(2)}$ 估计二次指数平滑的线性发展模型的斜率 $\hat{b}_t$ 和截距 $\hat{a}_t$。其中，$\hat{a}_t = 2S_t^{(1)} - S_t^{(2)}$、$\hat{b}_t = \dfrac{\alpha}{1-\alpha}(S_t^{(1)} - S_t^{(2)})$。四是建立预测模型：

$$\hat{y}_{t+j} = \hat{a}_t + \hat{b}_t j \qquad (5.2)$$

其中，j 表示向前预测期数；$\hat{y}_{t+j}$ 表示第 t+j 期的二次指数平滑预测值。

霍尔特（Holt）指数预测模型正是针对变动幅度较大的时间序列数据，直接对变化趋势进行平滑的预测方法。在该预测方法中，先设时间序列 $\{x_t, t=1, 2, \cdots, n\}$，其中 n 为样本容量。则霍尔特（Holt）模型为：

$$Y_{t+j} = S_t + b_t j \qquad (5.3)$$

其中，j 表示向前预测期数；Y_{t+j} 表示第 t+j 期的霍尔特双参数预测值；S_t 为时间序列数据第 t 期的预测值；b_t 为时间序列发展趋势的增量估计值。设 α、γ 为参数，则参数计算公式为：

$$S_t = \alpha x_t + (1-\alpha)(S_{t-1} + b_{t-1}) \tag{5.4}$$

$$b_t = \gamma(S_t - S_{t-1}) + (1-\gamma)b_{t-1} \tag{5.5}$$

在进行指数平滑预测过程中，为了保证预测的精度，要对预测误差进行检验。而均方根误差或均方差 RMSE（Root Mean Square Error）是检验预测误差的重要指标。均方差 RMSE 是观察值与预测值之差的平方和时间序列次数 n 之间比值的开平方。然而在实际预测过程中，时间序列观测的次数 n 并不是无限的，不可能获取全部真实值，只能用最佳取值来替代。在检验过程中，方根误差能够敏感地反映一组测量数据中最大或最小误差，因此能够较好地反映预测的精确度。当对某一组变量进行多次预测时，则取这一系列测量值的均方根误差，即误差的平方和的算术平均数再开平方，以 RMSE 表示。RMSE 能够反映预测值与真实值之间的偏离程度，RMSE 越小，表明测量精度越高，因此可用 RMSE 作为评判预测精确度的标准。

$$\text{均方差 RMSE} = \sqrt{\frac{\sum_{i=1}^{n}(y_t - \hat{y}_t)^2}{n}} \tag{5.6}$$

5.1.1 小麦价格指数平滑预测

要根据我国 1985~2020 年小麦实际价格来预测未来十年小麦的价格，就需要对我国这十年的小麦发展趋势作出规律性判断。

为了判断 1985~2020 年我国小麦价格是否具有周期性，本书采用 2~13 年移动平均值的平均值、标准差和变异系数来判断。具体结果参见表 5.3。

表 5.3 小麦价格 2~13 期变异系数表

期数	平均值	标准差	变异系数
2 年	1355.4900	658.3939	0.4857
3 年	1356.1376	645.6651	0.4761
4 年	1358.0036	632.9681	0.4661
5 年	1358.7269	617.2907	0.4543
6 年	1356.5106	601.1532	0.4432
7 年	1361.7361	579.8690	0.4258
8 年	1360.7349	557.4710	0.4097
9 年	1359.9337	533.0546	0.3920
10 年	1359.0904	507.4673	0.3733

续表

期数	平均值	标准差	变异系数
11 年	1357. 7465	482. 5019	0. 3554
12 年	1355. 3903	458. 8055	0. 3385
13 年	1352. 0637	436. 3595	0. 3227

　　根据 1985~2020 年 2~13 年移动平均的变异系数和标准差来看，移动平均的变异系数和标准差都是由大到小逐渐减少，符合移动平均期数越大，数值平滑越小的原理，没有明显的周期性标志。

　　为了更加直观地观察我国小麦实际价格的变动情况，根据表 5.2，画出我国 1985~2020 年小麦价格图，得到我国实际小麦价格图，参见图 5.1。

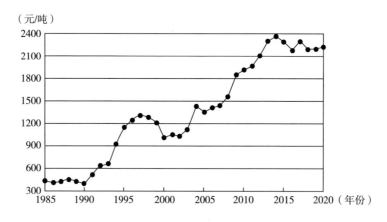

图 5.1　1985~2020 年我国实际小麦价格图

　　从图 5.1 可见，1985~2020 年我国小麦的实际价格在震荡中上升，波动幅度较大，但并没有明显周期性特征。为了能够在单因素时间序列条件下，准确地预测我国未来 10 年小麦价格，需要采用针对时间序列波动幅度较大条件下的预测方法。而霍尔特（Holt）双参数指数平滑预测法正是针对时间序列数据波动性较大条件下的预测方法，并且这种模型使用较为灵活、简便、易行。这种预测的困难之处在于寻找合适的参数值，在预测过程中需要一一尝试。

　　霍尔特（Holt）预测法在 Eview7. 2 中操作十分方便。为了找出均方差最小的预测值，也就是 2021 年的预测值，首先在 Eview7. 2 中建立工作文件，输入 1985~2020 年实际小麦价格的变量值，建立 wheat1 文件。再打开数据，在 Proc 中打开 Exponential Smoothing。

在预测过程中，只有均方差最小的值预测误差才最小。在 wheat1 文件中，当采用 Holt-Winters-Additive 预测时，Cyde for Seasonal 取 2~13 时 RMSE 分别取值参见表 5.4。

表 5.4 RMSE 取值

Cyde for seasonal	RMSE	S_t	b_t
2	111. 5995	2231. 629	52. 83676
3	110. 2833	2244. 122	54. 19394
4	111. 0762	2238. 092	56. 29453
5	107. 0098	2217. 472	60. 24533
6	110. 3037	2264. 793	60. 39278
7	114. 5961	2166. 452	65. 22755
8	112. 6063	2128. 680	69. 22708
9	98. 76139	2375. 338	65. 14691
10	96. 56919	2333. 391	64. 97600
11	108. 3298	2129. 112	65. 54752
12	103. 1900	2254. 377	63. 36042
13	100. 4799	2225. 607	−38. 61124

根据 RMSE 取值最小误差最小的原理，可以看出，当季节因子等于 12 时，预测值的误差最小，参见图 5.2。这说明，我国小麦价格确实以 12 年为一个周期进行调整。

Exponential Smoothing

Smoothing method

- Single — # of params — 1
- Double — 1
- Holt-Winters - No seasonal — 2
- ● Holt-Winters - Additive — 3
- Holt-Winters - Multiplicative — 3

Smoothed series

ysm

Series name for smoothed and forecasted values.

Estimation sample

1985 2020

Forecasts begin in period following estimation endpoint.

Smoothing parameters

Alpha: (mean) — E
Beta: (trend) — E
Gamma: (seasonal) — E

Enter number between 0 and 1, or E to estimate.

Cycle for seasonal

10

Parameters:	Alpha	1.0000
	Beta	0.0000
	Gamma	0.0000
Sum of Squared Residuals		335721.9
Root Mean Squared Error		96.56919
End of Period Levels:	Mean	2333.391
	Trend	64.97600

图 5.2 Holt-Winters Additive 预测

根据图 5.2 可知，预测截距 $S_t = 2333.391$，预测增量 $b_t = 64.97600$，则设下一期的预测数据为 Y_{t+1}，则 $Y_{t+1} = S_t + b_t \times 1 = 2333.391 + 64.97600 = 2492.743$。由此第一期预测完成，预测结果为 2398.367。

为了保证预测结果的准确性，本书采用一对一预测方式，不是一次预测十年的价格，而是采取一次预测一年价格的方式。第一年预测完成之后，将这一年的预测数据加入整个时间序列数据，再重新在 Eview7.2 中建立新的 wheat2 文件，整个数据的时间序列年度数据为 1985~2020 年价格数据，通过 wheat2 文件，来预测下一年（2022 年）的小麦价格。仍采用 Holt-Winters Additive 方法预测，与第一期一样，Cyde for Seasonal 仍然取值 2~13，在预测过程中，发现还是当 Cyde for Seasonal 的值取 10 时，RMSE 取最小值误差为 96.62833，此时预测截距 $S_t = 2497.101$，预测增量 $b_t = 64.97600$，则下一期的预测数据 $Y_{t+1} = S_t + b_t = 2562.077$。

同理，仍将 $Y_{t+1} = 2561.699$ 加入整个数据，在 Eview7.2 中建立 1985~2022 年的文件 wheat3，重新对下一期的小麦价格即 2023 年小麦价格进行预测。根据预测得出在 Cyde for seasonal 的值取 10 时，RMSE 取最小值误差为 96.28407，此时预测截距 $S_t = 2644.620$，预测增量 $b_t = 64.97600$，则下一期的预测数据 $Y_{t+1} = S_t + b_t = 2709.596$。采用同样方法依次进行预测。

则得出我国 2021~2030 年未来十年粮食价格，具体参见表 5.5。

表 5.5 未来十年小麦价格 Holt-Winters 预测

预测年度	预测价格（元/吨）	比上年增长（%）	RMSE
2021	2398.367	7.63	96.56919
2022	2562.077	6.82	96.62833
2023	2709.596	5.76	96.28407
2024	2826.891	4.33	95.41017
2025	2763.925	-2.23	91.78215
2026	2722.654	-1.49	92.08271
2027	2735.028	0.45	91.30312
2028	2756.297	0.78	90.45000
2029	2831.086	2.71	89.43665
2030	2922.794	3.24	88.54725
平均	2722.872	2.80	92.849364

由表 5.5 可见，未来十年小麦价格为 2398.367~2922.794 元/吨，小麦价格

最高可达 2922. 794 元/吨，最低为 2398. 367 元/吨，平均价格为 2722. 872 元/吨。小麦价格高位运行。从年增长率可见最高年增长率为 7. 63%，最低年增长率为 -2. 23%，平均年增长率为 2. 80%，价格增长较快。这就需要政府加强宏观调控，在保证种粮农民收益的基础上，降低种粮成本，改革粮食流动体制，从而降低小麦价格，维持小麦市场的价格稳定。

5.1.2　玉米价格指数平滑预测

玉米价格预测仍然和小麦价格预测一样，在预测之前，先对我国 1985~2020 年玉米实际价格发展趋势作出规律性的判断。

为了判断我国玉米价格 1985~2020 年是否具有周期性，本书采用 2~13 年移动平均值的平均值、标准差和变异系数来判断。根据 1985~2020 年 2~13 年移动平均值的平均值、变异系数和标准差符合移动平均平滑值的特征，一直由大到小逐渐变化，没有明显的周期性特征。

为了更加直观地观察我国玉米实际价格的变动情况，根据表 5.2，画出我国 1985~2020 年玉米价格图，得到我国实际玉米价格，参见图 5.3。

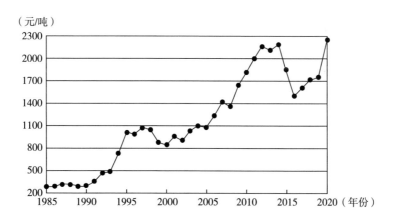

图 5.3　1985~2020 年我国实际玉米价格

从图 5.3 能更直观地看到，我国玉米价格一直在震荡中向上波动，并且价格波动频繁，波动幅度较大，但是从图 5.3 中可见并没有明显的周期性波动。霍尔特（Holt）指数平滑预测法对这种价格波动幅度较为适应，玉米价格预测仍然采用霍尔特指数法进行预测。

在预测过程中，仍然采取 RMSE 最小误差原理进行预测，先找到 RMSE 最小的预测值。先根据 1985~2020 年的玉米实际价格，来预测 2021 年的玉米实际价格。在预测过程中，先根据 1985~2020 年的玉米实际价格在 Eview7.2 中建立整个数据 maize 文件，并在 Proc 中打开 Exponential Smoothing，进行预测。maize 文件预测过程中，对同一 maize 文件，采取 Holt-Winters Additive 方法进行预测，Cyde for Seasonal 取值 2~13 时，在 Eview7.2 中进行预测，根据 RMSE 取值的取最小值原理，当 Cyde for Seasonal 的值为 9 时，此时预测误差最小，据此可以得到这一期的预测值。由于 RMSE 最小时，预测截距 $S_t = 2224.392$，预测增量 $b_t = 57.76337$，则设下一期的预测数据为 Y_{t+1}，则 $Y_{t+1} = S_t + b_t = 2224.392 + 57.76337 = 2282.155$。由此第一期预测完成，预测结果为 2282.155。

为了保证预测结果的准确性，本书采用一对一预测方式。第一年预测完成之后，将这一年的预测数据加入整个时间序列数据，再重新在 Eview7.2 中建立新的 maize2 文件，整个数据的时间序列年度数据为 1985~2021 年价格数据，通过 maize2 文件，来预测下一年（2022 年）的玉米价格。得到预测结果之后，接着把结果加入整个时间序列数据，在 Eview7.2 中建立 1985~2022 年的文件 maize3，重新对下一期的玉米价格即 2022 年玉米价格进行预测。通过一期一期的一对一预测，并进行调整，得到预测的 2021~2030 年的玉米价格。具体结果见表 5.6。

表 5.6　未来十年玉米价格预测

预测年度	预测价格（元/吨）	比上年增长（%）	RMSE
2021	2282.155	1.19	112.6376
2022	2203.178	−3.46	112.3058
2023	2224.106	0.95	111.0621
2024	2324.501	4.51	109.8011
2025	2300.166	−1.05	108.8837
2026	2365.059	2.82	107.8566
2027	2410.938	1.94	106.8061
2028	2542.240	5.45	106.1430
2029	2626.502	3.31	107.8963
2030	2657.429	1.18	111.7527
平均	2393.627	1.68	109.5145

根据预测显示，未来十年，玉米价格处于高位，低至 2203.178 元/吨，高达 2657.429 元/吨。但是总体来讲，未来十年玉米价格徘徊在 2394 元/吨，平均每年价格上涨 1.68%，处于国家调控的范围内，不会对经济发展产生大的影响。

5.1.3 稻谷价格指数平滑预测

要根据我国 1985~2020 年稻谷价格来预测未来十年稻谷的价格，就需要对我国这十年的稻谷价格的发展趋势作出规律性的判断。

为了判断我国稻谷价格 1985~2020 年是否具有周期性，本书采用 2~13 年移动平均值的平均值、标准差和变异系数来判断。根据 1985~2020 年 2~13 年移动平均值的移动平均数、标准差和变异系数来看，移动平均数、标准差和变异系数都是由大到小逐渐减小，符合移动平均期数越大，数值平滑越小的原理，没有明显的周期性标志，也没有明显的其他特征。

为了能更加直观地观察我国稻谷实际价格的变动情况，根据表 5.2，画出我国 1985~2020 年稻谷价格图，得到我国实际稻谷价格图，参见图 5.4。

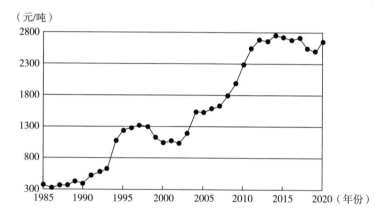

图 5.4　1985~2020 年我国实际稻谷价格

从图 5.4 可以看出，1985~2020 年我国稻谷价格一直处于震荡上升阶段，价格波动较大，没有明显的特征性标志，符合移动平均判断的结果。

由于我国 1985~2020 年稻谷价格相差较大，最低价格为 325.25 元/吨，最高价格为 2756.3 元/吨，相差较大，反映了我国稻谷价格的波动幅度较大，预测仍选用适用于时间序列波动趋势较大的 Holt-Winters 预测方法。时间序列数据选择 1985~2020 年 36 年的玉米实际价格，来预测未来十年的稻谷价格。

为了预测的准确性，在预测中仍然采用每年——预测的方式。根据 1985~2020 年的稻谷实际价格，来预测 2021 年的稻谷实际价格。在预测过程中，先根据 1985~2020 年的稻谷实际价格在 Eview7.2 中建立整个数据 rice 文件，并在 Proc 中打开 Exponential Smoothing，进行预测。

为了预测的精确性，在同一 rice 文件中再次采取 Holt-Winters Additive 方法进行预测，Cyde for Seasonal 的值为 2~13 时，在 Eview7.2 中一对一进行预测。当 Cyde for Seasonal 的值为 10 时，均方差 RMSE 取值最小，此时 S_t 的值为 2776.421；b_t 的值为 151.6461；预测价格为 2928.067。由于 Cyde for Seasonal 的值为 10 时，均方差取最小值，每一期的预测值代入 Eview7.2，建立不同时期的 rice 文件，分别一对一进行预测，得到预测结果，见表 5.7。

表 5.7　未来十年稻谷价格预测

预测年度	预测价格（元/吨）	比上年增长（%）	RMSE
2021	2928.067	9.08	107.3256
2022	3107.922	6.14	105.9450
2023	3259.568	4.88	104.7347
2024	3524.426	8.13	103.5000
2025	3408.226	−3.30	97.69451
2026	3339.34	−2.02	98.87637
2027	3276.577	−1.88	98.07753
2028	3259.64	−0.52	96.96329
2029	3324.974	2.00	96.60026
2030	3460.978	4.09	96.33335
平均	3288.972	2.66	100.60506

表 5.7 的预测结果表明，我国未来十年的稻谷价格总体而言在正当水平，平均价格为 3288.972 元/吨，平均年增长率为 2.66%。但是就单个年份而言，未来十年我国稻谷价格大起大落，极不稳定，价格最低时低至 2928.067 元/吨，最高时高达 3524.426 元/吨，二者相差约 596 元/吨。这就要求我国政府采取措施，稳定粮食价格，避免粮食价格大起大落给种粮农民带来损失。

5.2　VAR 模型预测

5.2.1　VAR 模型原理

由科普曼斯（poOKmans，1950）和霍德—科普曼斯（Hood - poOKmans，

1953）提出的经典计量经济联立方程模型在 20 世纪五六十年代轰动一时，但是这种传统的计量模型用于宏观经济问题的预测和分析时，变量的划分过多、过于复杂，动态关系不明确，内、外变量划分不明显，工具变量添加过多，容易出现伪回归现象，模型的效果差强人意。

针对经典计量经济出现的问题，西姆斯（C. A. Sims，1980）提出了 VAR （Vector Auto Rregression）模型。VAR 的建立虽然不以经济理论为基础，也是以多方程联立的形式存在，但模型中所有内生变量对变量的滞后值都能进行回归，从而能够估计全部内生变量的所有动态关系。VAR 模型提出后，很快受到重视，迅速成为当今世界的主流模型之一。

VAR 模型的定义式为：设 $Y_t = (y_{1t} y_{2t} L y_{Nt})^T$ 是 NX1 阶时序变量的列应量，则（p）VAR 模型记作 VAR（p）：

$$Y_t = \sum_{i=1}^{p} \Pi_i Y_{t-i} + U_t = \Pi_1 Y_{t-1} + \Pi_2 Y_{t-2} + \cdots + \Pi_p Y_{t-p} + U_t$$
$$U_t \sim IID(0, \Omega) \tag{5.7}$$

式中，$\prod_i (i = 1, 2, K, p)$ 是第 i 个参数 N×N 阶矩阵，$\cup_t$ 为随机识差阵，p 为最大滞后阶数。由此可知 VAR（p）是 N 个第 t 期变量 y_{1t}、y_{2t}、L、y_{Nt} 因变量，并且以因变量 y_{1t}、y_{2t}、L、y_{Nt} 及其滞后阶数 p 为解释变量的 N 个方程组成联立方程组模型。假设 VAR（p）有 2 个变量，即 N = 2，则 VAR（2）的模型为：

$$Y_t = \sum_i^2 \prod_i Y_{t-i} + \cup_t = \prod_1 Y_{t-1} + \prod_2 Y_{t-2} + \cup_t \tag{5.8}$$

用矩阵表示为：

$$\begin{pmatrix} y_t \\ x_t \end{pmatrix} = \begin{pmatrix} \pi_{111} & \pi_{112} \\ \pi_{121} & \pi_{122} \end{pmatrix} \begin{pmatrix} y_{t-1} \\ x_{t-1} \end{pmatrix} + \begin{pmatrix} \pi_{211} & \pi_{212} \\ \pi_{221} & \pi_{222} \end{pmatrix} \begin{pmatrix} y_{t-2} \\ x_{t-2} \end{pmatrix} + \begin{pmatrix} \cup_{1t} \\ \cup_{2t} \end{pmatrix} \tag{5.9}$$

用线性方程表示 VAR（2）的模型为：

$$\begin{cases} y_t = \pi_{111} y_{t-1} + \pi_{112} y_{t-1} + \pi_{211} y_{t-2} + \pi_{212} y_{t-2} + u_{1t} \\ x_t = \pi_{121} y_{t-1} + \pi_{122} x_{t-1} + \pi_{221} y_{t-2} + \pi_{222} x_{t-2} + u_{2t} \end{cases} \tag{5.10}$$

方程组左侧方程 y_t、x_t 是两个第 t 期内生变量；以其滞后向量作为解释变量，且要求各方程的最大滞后阶数相同，并且假设这些滞后变量与随机误差项不相关。

由于等式右侧仅有内生变量的滞后变量，因而方程不存在同期相关问题，用 LS 法估计参数，估计量具有一致性和有效性。而解释变量的滞后阶数可以化解随机扰动列向量的自相关问题。VAR 模型可用于两个方面：一是预测且长期预测效果较好；二是脉冲响应分析和方差分析，用于方程变量间的结构分析。VAR

模型虽然不需要严格的经济理论作为依据，方程变量之间却需要存在格兰杰因果关系，方程残差不存在相关关系。

VAR 模型应用较为广泛，我国学者运用 VAR 模型来做长期预测（仝冰，2008；梅沁等，2011；周荣喜等，2013）。本书也采用 VAR 模型来预测我国未来十年小麦、玉米和稻谷的价格。由于影响粮食价格的因素较为复杂，为了准确预测，本书选择对粮食价格影响较大的粮食成本因素之间的关系，来对未来十年的粮食价格进行预测。表 5.8 是 1985~2002 年我国三大主粮的成本，是名义成本剔除通货膨胀之后的实际成本。

表 5.8　1985~2002 年我国三大主粮实际成本表　　单位：元/吨

时间	玉米成本	小麦成本	稻谷成本	时间	玉米成本	小麦成本	稻谷成本
1985	172.8	372.0	186.6	2003	896.2	1261	1026.4
1986	171.0	267.2	186.6	2004	854.4	1008.8	981.2
1987	236.8	357.6	253.8	2005	893.0	1146.6	1116.8
1988	240.0	374.8	283.4	2006	938.0	1109.6	1159.8
1989	281.6	428.8	333.6	2007	1033.6	1175.8	1206.4
1990	271.1	456.2	345.8	2008	1111.6	1244.6	1404.6
1991	276.8	478.2	360.6	2009	1244.2	1460.6	1448.8
1992	318.2	494.6	363.6	2010	1357.8	1631.6	1680.8
1993	333.4	529.6	420.2	2011	1578.2	1783.8	1903.0
1994	479.4	756.2	631.8	2012	1831.0	2112.0	2173.0
1995	645.0	901.0	801.0	2013	2021.4	2389.6	2406.8
1996	762.4	1107.6	906.4	2014	2077.2	2210.6	2395.6
1997	832.8	1030	864.8	2015	2151.0	2288.2	2409.0
1998	693.4	1068.8	779.2	2016	2142.4	2429.8	2446.8
1999	668.6	997.2	744.0	2017	1982.8	2317.8	2484.8
2000	693.4	942.8	731.2	2018	2081.4	2662.6	2456.2
2001	655.6	904.0	705.6	2019	2037.2	2212.6	2503.4
2002	724.4	1061.2	809.0	2020	2101.4	2321.2	2647.4

资料来源：《中国农村统计年鉴》。

5.2.2　小麦价格 VAR 模型预测

要根据小麦的实际成本来预测未来十年小麦价格，建立小麦价格 y 与生产成本为 x 的 VAR 模型。令小麦的价格为 y，小麦的生产成本为 x，先建立小麦价格的 VAR 模型，然后再对模型进行稳定性检验。

$$y_t = \pi_{111}y_{t-1} + \pi_{112}x_{t-1} + \pi_{211}y_{t-2} + \pi_{212}x_{t-2} + \mu_{1t} \quad (5.11)$$

$$x_t = \pi_{121}y_{t-1} + \pi_{122}x_{t-1} + \pi_{221}y_{t-2} + \pi_{222}x_{t-2} + \mu_{2t} \quad (5.12)$$

根据表 5.2 和表 5.8 中小麦的价格与成本，运用 Eviews7.2 来检验模型的稳定性。在 VAR 模型中，检验模型的稳定性，需要运用 AR 根，如果所有的 AR 根均在圆形内，则说明 VAR 模型稳定。

根据图 5.5，小麦的价格与成本之间关系稳定，可以进行格兰杰因果检验。通过检验得到小麦价格 y 不是成本 x 的格兰杰原因，小麦成本 x 也不是价格 y 的格兰杰原因。可以对未来十年的小麦价格与成本进行估计。

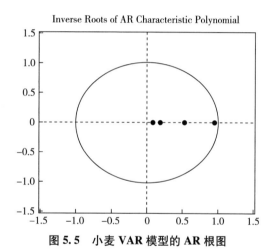

Inverse Roots of AR Characteristic Polynomial

图 5.5　小麦 VAR 模型的 AR 根图

小麦价格 y 与成本 y 的 VAR 模型估计，式（5.11）之间的相关系数 R^2 为 0.977334，调整后的相关系数为 0.974208，说明方程一高度相关；式（5.12）之间的相关系数 R^2 为 0.944534，调整后的相关系数为 0.936883。式（5.11）、式（5.12）与其动态因素之一都高度相关，说明 VAR 模型建立较为合理，可以准备预测未来十年粮食价格。

运用 Eviews7.2 对小麦价格与生产成本进行预测，得到如下公式：

$$y = 1.112019 * y(-1) - 0.274987 * y(-2) + 0.363915 * x(-1) -$$
$$0.221744 * x(-2) + 77.88770$$
$$x = 0.802558 * y(-1) - 0.245835 * y(-2) + 0.639669 * x(-1) -$$
$$0.229304 * x(-2) - 7.494687 \quad (5.13)$$

经过计算得出，未来十年小麦的预测价格为：2375.212 元/吨、2404.635

元/吨、2408.837 元/吨、2411.410 元/吨、2418.214 元/吨、2426.762 元/吨、2436.036 元/吨、2445.490 元/吨、2454.821 元/吨、2463.878 元/吨。

5.2.3 玉米价格 VAR 模型预测

要根据玉米的实际成本来预测未来十年玉米价格，建立玉米价格 y 与生产成本为 x 的 VAR 模型。令玉米的价格为 y，玉米的生产成本为 x，先建立玉米价格的 VAR 模型，然后再对模型进行稳定性检验。

$$y_t = \pi_{111}y_{t-1} + \pi_{112}x_{t-1} + \pi_{211}y_{t-2} + \pi_{212}x_{t-2} + \mu_{1t} \tag{5.14}$$

$$x_t = \pi_{121}y_{t-1} + \pi_{122}x_{t-1} + \pi_{221}y_{t-2} + \pi_{222}x_{t-2} + \mu_{2t} \tag{5.15}$$

根据表 5.2 和表 5.8 中玉米价格的价格与成本，运用 Eviews7.2 来检验模型的稳定性。在 VAR 模型中，检验模型的稳定性，运用 AR 根检验，发现所有的 AR 根均在圆形内，说明 VAR 模型稳定。

玉米的实际价格与成本之间关系稳定，可以进行格兰杰因果检验。格兰杰因果检验得到，玉米价格 y 不是成本 x 的格兰杰原因，玉米成本 x 也不是价格 y 的格兰杰原因。可以对未来十年的玉米实际价格与成本 VAR 模型进行估计。

玉米价格 y 与成本 x 的 VAR 模型估计，式（5.14）之间的相关系数 R^2 为 0.935852，调整后的相关系数为 0.927004，说明方程一高度相关；式（5.15）之间的相关系数 R^2 为 0.989343，调整后的相关系数为 0.987873。式（5.14）、式（5.15）与其动态因素之一都高度相关，说明 VAR 模型建立较为合理，可以准备预测未来十年粮食价格。

经过预测可得未来十年玉米实际价格的公式为：

$$y = 1.212929 * y(-1) - 0.419963 * y(-2) + 0.286303 * x(-1) -$$
$$0.118314 * x(-2) + 100.1168 \tag{5.16}$$

$$x = 0.337484 * y(-1) - 0.159133 * y(-2) + 0.908332 * x(-1) -$$
$$0.048903 * x(-2) - 14.76387 \tag{5.17}$$

通过计算得出，未来十年玉米的预测实际价格分别为：2459.208 元/吨、2538.886 元/吨、2570.685 元/吨、2592.288 元/吨、2619.203 元/吨、2655.614 元/吨、2700.802 元/吨、2752.514 元/吨、2808.490 元/吨、2867.003 元/吨。

5.2.4 稻谷价格 VAR 模型预测

要根据稻谷的实际成本来预测未来十年稻谷实际价格，建立稻谷实际价格 y 与生产成本为 x 的 VAR 模型。令稻谷的价格为 y，稻谷的生产成本为 x，先建立稻谷价格的 VAR 模型，然后再对模型进行稳定性检验。

$$y_t = \pi_{111}y_{t-1} + \pi_{112}x_{t-1} + \pi_{211}y_{t-2} + \pi_{212}x_{t-2} + \mu_{1t} \tag{5.18}$$

$$x_t = \pi_{121}y_{t-1} + \pi_{122}x_{t-1} + \pi_{221}y_{t-2} + \pi_{222}x_{t-2} + \mu_{2t} \tag{5.19}$$

根据表 5.2 和表 5.8 中稻谷价格的价格与成本，运用 Eviews7.2 来检验模型的稳定性。在 VAR 模型中，检验模型的稳定性，运用 AR 根检验，所有的 AR 根均在圆形内，说明 VAR 模型稳定。

稻谷的价格与成本之间关系稳定，可以进行格兰杰因果检验。通过稻谷成本与价格的格兰杰因果检验可知，稻谷价格 y 不是成本 x 的格兰杰原因，稻谷成本 x 也不是价格 y 的格兰杰原因。可以对未来十年的稻谷价格与成本 VAR 模型进行估计。

根据公式，运用 Eviews7.2 得到稻谷价格与成本 VAR 估计值，式 (5.18) 之间的相关系数 R^2 为 0.981390，调整后的相关系数为 0.978823，说明式 (5.18) 高度相关；式 (5.19) 之间的相关系数 R^2 为 0.989553，调整后的相关系数为 0.988112。式 (5.18)、式 (5.19) 与其动态因素之一都高度相关，说明 VAR 模型建立较为合理，可以准备预测未来十年粮食价格。

经过预测可得未来十年稻谷价格的公式为：

$$y = 1.059429 * y(-1) - 0.267987 * y(-2) + 0.798812 * x(-1) -$$
$$0.616173 * x(-2) + 106.8542 \tag{5.20}$$
$$x = 0.285378 * y(-1) - 0.209643 * y(-2) + 1.131895 * x(-1) -$$
$$0.199151 * x(-2) + 11.96125 \tag{5.21}$$

通过计算得未来十年稻谷的预测价格为：2855.212 元/吨、2980.877 元/吨、3082.562 元/吨、3168.512 元/吨、3245.053 元/吨、3316.071 元/吨、3384.009 元/吨、3450.339 元/吨、3515.921 元/吨、3581.229 元/吨。

5.2.5 VAR 模型预测结果

通过三种运用 VAR 模型对小麦、玉米和稻谷未来十年的价格进行预测，得到我国未来十年三大主粮预测结果，见表 5.9。

表 5.9　我国 2021~2030 年三大主粮预测价格　　　　　单位：元/吨

时间	小麦	玉米	稻谷	时间	小麦	玉米	稻谷
2021	2375.212	2459.208	2855.212	2026	2426.762	2655.614	3316.071
2022	2404.635	2538.886	2980.877	2027	2436.036	2700.803	3384.009
2023	2408.837	2570.685	3082.562	2028	2445.490	2752.514	3450.339
2024	2411.410	2592.288	3168.512	2029	2454.821	2808.490	3515.921
2025	2418.2240	2619.203	3245.053	2030	2463.878	2867.003	3581.229

从表 5.9 可见，运用 VAR 模型预测，我国未来十年小麦价格虽然有所上升，但上升空间较小，价格上涨主要是近两年受国际市场价格的影响，以后受消费下降的影响，价格不会发生较大变化，小麦价格变化不会对国民经济和人民生活产生任何不良影响；我国稻谷市场与小麦市场一样，也是近两年受到国际市场的影响，涨幅较大，但以后上涨幅度主要受生产成本的影响，平均每年上涨 2.00% 左右，也不会对人民生活产生较大影响。

我国玉米价格则一直处于高位，这也比较符合实际情况。我国玉米供给过剩，2015 年农业部发布通告，要求"镰刀弯"地区减少玉米种植 5000 万亩，并且国家取消了玉米的托市最低收购价格。同时，由于国民经济发展，人民生活水平大幅提高，国内养殖业也随之大幅度发展，玉米饲料需求旺盛，国内市场供不应求，造成国内玉米价格的大幅度上涨，养殖成本大幅度增加，人民生活消费肉食类上涨 62.5%，对国民经济和人民生活产生较大影响。

5.3 蛛网模型预测

5.3.1 蛛网模型理论及数理分析

蛛网理论（Cobweb Theorem），又称蛛网模型，是一种分析市场均衡状态的理论工具，它主要根据弹性理论来考察市场价格在外力干扰条件下出现变化后，商品下一周期产量的变化，是 20 世纪 30 年代出现的一种动态均衡分析工具。

在商品市场中，很多商品尤其是某些生产周期较长的商品（如农产品、畜产品等），它们的产量、市场价格会随着时间的推移而发生变化，呈现出忽高忽低、时涨时跌的交替发展趋势。1930 年美国的舒尔茨、荷兰的丁伯根和意大利的里奇各自独立分析了价格与产量连续变动的市场均衡关系。由于其图形犹如蛛网，1933 年英国的卡尔多将其命名为蛛网理论。由于它在一定程度上阐明了市场经济的发展规律，对社会实践具有一定的指导意义，蛛网理论已成为在经济社会中分析价格、供给与需求中应用较多的动态理论模型。

由于商品的需求弹性和供给弹性不尽相关，蛛网模型分成三种类型：收敛型蛛网（需求弹性大于供给弹性）、发散型蛛网（需求弹性小于供给弹性）和封闭型蛛网（需求弹性等于供给弹性）。近年来，学者们在对传统蛛网模型进行研究的基础上，根据当今经济社会的实际情况，对蛛网模型进行了部分改进，建立了更符合当今社会实际情况的蛛网模型。

在一般研究中，主要是利用单一商品市场来对蛛网模型进行基本的条件假设，根据差分方程、离散化时间，利用分析蛛网模型维护稳定的条件，研究模型衡量点的稳定性，从而达到获得蛛网模型稳定性条件的目的。但是在实际经济社会发展过程中，价格只是商品供给量和需求量的一个影响因素，人们对商品的需求量不仅和价格相关，还与人们在当期的实际收入水平、社会总的价格水平等相关；另外，由于市场信息的不完全性和滞后性，商品生产者在向社会提供商品量的供应的预测上，会根据市场的情况，考虑前一期或前几期的市场价格，甚至会考虑更长一段时间商品价格的综合发展趋势，因此时滞效应在蛛网模型中具有一定的现实意义。

蛛网模型的数理分析。传统的蛛网模型为线性函数，其假设是在简单市场经济条件下的单一商品市场中，在离散化时间条件下，商品的供给量与需求量只与商品的价格相关，在供给量与需求量相等的条件下，方程为均衡方程，此时方程的解为均衡解，即为均衡条件下的价格。

基本的蛛网模型假设条件为，商品的需求量 Q_t^d 是由当期（t）的商品价格决定的，而商品的供给量 Q_t^s 是由上一期（t−1）商品的价格决定的，则商品的需求量公式为：$Q_t^d = \alpha - \beta \cdot P_t$；而商品的供给量公式为：$Q_t^s = -\delta + \gamma \cdot P_{t-1}$；$\alpha$、$\beta$、$\delta$、$\gamma$ 且均为大于零的常数。由于均衡时商品的供给量 Q_t^s 等于商品的需求量 Q_t^d，则可以建立以下联立方程：

$$Q_t^d = \alpha - \beta \cdot P_t \tag{5.22}$$

$$Q_t^s = -\delta + \gamma \cdot P_{t-1} \tag{5.23}$$

$$Q_t^d = Q_t^s \tag{5.24}$$

将式（5.22）、式（5.23）代入式（5.24），得到公式：

$$\alpha - \beta \cdot P_t = -\delta + \gamma \cdot P_{t-1} \tag{5.25}$$

由式（5.25）得到第 t 期商品的价格为：

$$
\begin{aligned}
P_t &= \left(-\frac{\gamma}{\beta}\right) P_{t-1} + \frac{\alpha+\delta}{\beta} = \left(-\frac{\gamma}{\beta}\right) \left[\left(-\frac{\gamma}{\beta}\right) P_{t-2} + \frac{\alpha+\delta}{\beta}\right] + \frac{\alpha+\delta}{\beta} \\
&= \left(\frac{\gamma}{\beta}\right)^2 P_{t-2} + \frac{\alpha+\delta}{\beta}\left[1 + \left(-\frac{\gamma}{\beta}\right)\right] \\
&= \left(-\frac{\gamma}{\beta}\right)^3 + \frac{\alpha+\delta}{\beta}\left[1 + \left(-\frac{\gamma}{\beta}\right) + \left(-\frac{\gamma}{\beta}\right)^2\right] \\
&= \cdots \\
&= \left(-\frac{\gamma}{\beta}\right)^t P_0 + \left(\frac{\alpha+\delta}{\beta}\right)\left[1 + \left(-\frac{\gamma}{\beta}\right) + \left(-\frac{\gamma}{\beta}\right)^2 + \cdots + \left(-\frac{\gamma}{\beta}\right)^{t-1}\right]
\end{aligned}
$$

$$= \left(-\frac{r}{\beta}\right)^{t} P_0 + \left(\frac{\alpha+\delta}{\beta+\gamma}\right) \frac{1-\left(-\frac{\gamma}{\beta}\right)^{t}}{1+\frac{\gamma}{\beta}}$$

$$= \left(-\frac{\gamma}{\beta}\right)^{t} P_0 + \left(\frac{\alpha+\delta}{\beta+\gamma}\right) \left[1-\left(-\frac{\gamma}{\beta}\right)^{t}\right] \tag{5.26}$$

设市场均衡时的价格为 P_ε，当市场均衡时，则 $P_\varepsilon = P_t = P_{t-1}$，根据式（5.25）均衡价格为：

$$P_\varepsilon = \frac{\alpha+\delta}{\beta+\gamma} \tag{5.27}$$

均衡的市场状态只是一种理想状态，在此种均衡条件下，市场达到了一种理想状况，消费者达到了效用最大化，生产者达到了利润最大化，商品市场得到出清。将式（5.27）代入式（5.26）中，可以得到 t 期的商品价格 P_t 与产品最初价格 P_0 和均衡价格 P_ε 之间的关系为：

$$P_t = \left(-\frac{\gamma}{\beta}\right)^{t} P_0 + P_\varepsilon \left[1-\left(-\frac{\gamma}{\beta}\right)^{t}\right]$$

$$= (P_0 - P_\varepsilon)\left(-\frac{\gamma}{\beta}\right)^{t} + P_\varepsilon \tag{5.28}$$

式（5.28）具有三种可能：

第一，如果 $\frac{\gamma}{\beta}<1$，当 $t\to\infty$ 时，$\left(-\frac{\gamma}{\beta}\right)^{t}\to 0$，则 $P_t\to P_\varepsilon$。即价格 P_t 的变化会随着时间 t 的向前推移而不断趋向均衡价格 P_ε。商品的需求弹性为 $e_d = \frac{\beta P}{\alpha-\beta P}$，供给弹性为 $e_s = \frac{\gamma P}{-\delta+\gamma P}$。当 $\frac{\gamma}{\beta}<1$ 时，商品的需求弹性的绝对值大于商品供给弹性的绝对值（商品需求曲线的斜率的绝对值小于供给曲线斜率的绝对值），即 $e_d > e_s$。此时，蛛网模型为收敛型蛛网模型。在收敛型蛛网模型中，由于价格的变动引起需求量的变动大于其引起供给量的变动，因此较小的价格变化便会对供给量或需求量产生较大影响。由于价格的变动对下一期供给量的变动影响较小，从而使得超额需求或超额供给偏离均衡量的幅度，以及每期成交价格偏离均衡价格的程度，随着时间的推移而逐渐减少，并最终走向均衡的商品数量和商品价格。

第二，如果 $\frac{\gamma}{\beta}>1$，当 $t\to\infty$ 时，$\left(-\frac{\gamma}{\beta}\right)^{t}\to\infty$，则 $P_t\to\infty$。这表明，当需求弹性小于供给弹性，或需求曲线斜率的绝对值（β）小于供给曲线斜率的绝对值（γ）时，商品市场的价格震荡幅度越来越大，直至无穷。此时，蛛网模型为发散型蛛网模型。在发散型蛛网模型中,由于价格的较小变化一般会引起市场上供给量的大幅度增加,为了使超额供给商品能够出手,商品的价格就会大幅度下降,从而引起下一期商品供给量的减少,这又使得商品价格由于供给不足而大幅上扬,如此反复,价格的价格和数量越来越偏离商品的均衡价格和均衡产量。

第三,如果 $\frac{\gamma}{\beta}=1$,当 $t\to\infty$ 时,$\left(-\frac{\gamma}{\beta}\right)^t\to1$,则 $P_t\to$ 常数。这说明,当需求曲线斜率的绝对值(β)等于供给曲线斜率的绝对值(γ)时,商品的价格一旦偏离均衡状态,则以后各期的商品的价格和产量变化范围都会围绕均衡时的价格和产量循环往复变动,既不偏离,也不靠近均衡时的产量和价格,这就是封闭型蛛网模型。

要根据 1985~2015 年的粮食价格,对 2016~2025 年粮食价格做蛛网模型预测,需要了解各年粮食的供给与需求,在供给与需求的基础上,根据蛛网模型做出价格预测。假设每年的各粮食品种产量为我国各粮食品种的供给量 Q_t^s,而需求量 Q_t^d 为供给量加上进口量减去出口量。

各粮食品种产量数据来源于国家统计局网站,而粮食进出口数据部分年份来自联合国粮农组织网站,由于 FAO 只统计进出口数量在前 20 位的农产品品种,进出口数据部分年份来自国家统计局和国家海关统计数据。我国各年的粮食供给与需求数量统计如表 5.10 所示。

表 5.10　1985~2020 年粮食供给与需求量　　　　　　　　单位:万吨

时间	小麦		玉米		大米	
	供给量	需求量	供给量	需求量	供给量	需求量
1985	8580.5	9121.5	6382.6	6391.6933	16856.9	16755.9
1986	9004.0	9615.0	7085.6	7144.3871	17222.4	17127.4
1987	8590.2	9910.2	7924.1	8078.2851	17426.2	17324.2
1988	8543.2	9998.2	7735.1	7746.0398	16910.7	16840.7
1989	9080.7	10568.7	7892.8	7899.6003	18013.0	17981
1990	9822.9	11075.9	9681.9	9718.7787	18933.1	18900.1
1991	9595.3	10832.3	9877.3	10379.3	18381.3	18312.3
1992	10158.7	11216.7	9538.3	9664.3	18622.2	18527.2
1993	10639.0	11281.0	10270.4	10561.4	17751.4	17608.4
1994	9929.7	10659.7	9927.5	10545.5	17593.3	17441.3
1995	10220.7	11379.7	11198.6	11716.7023	18522.6	18517.6

续表

时间	小麦		玉米		大米	
	供给量	需求量	供给量	需求量	供给量	需求量
1996	11056.9	11881.9	12747.1	12775.213	19510.27	19559.27
1997	12328.9	12514.9	10430.87	9797.57	20073.48	20012.48
1998	10972.6	11121.6	13295.4	12851.4623	19871.3	19521.3
1999	11388.0	11433.0	12808.63	12384.73	19848.73	19594.73
2000	9963.6	10051.6	10599.98	9561.88	18790.77	18519.77
2001	9387.3	9456.3	11408.77	10812.67	17758.03	17599.03
2002	9029.0	9092.0	12130.76	10966.66	17453.85	17278.85
2003	8648.8	8693.8	11583.02	9944.22	16065.56	15829.56
2004	9195.18	9921.18	13028.71	12796.91	17908.76	17893.76
2005	9744.51	10098.51	13936.54	13078.74	18058.84	18041.84
2006	10846.59	10907.59	15160.3	14851.9	18171.83	18120.83
2007	10929.8	10939.8	15230.05	14742.15	18603.4	18513.4
2008	11246.41	11250.72	16591.4	16569.1	19189.57	19125.54
2009	11511.51	11601.51	16397.36	16513.96	19510.3	19467.3
2010	11518.08	11641.15	17724.51	17868.7494	19576.1	19552.92
2011	11740.09	11865.9	19278.11	19439.7825	20100.09	20108.3
2012	12102.36	12472.46	20561.41	21056.34	20423.59	20632.53
2013	12192.64	12746.15	21848.9	22167.64	20361.22	20540.48
2014	12620.84	12920.84	21564.63	21825.53	20650.74	20866.72
2015	13018.7	13315.7	22458.0	22931.0	20824.5	21159.5
2016	13319.0	13660.0	26361.0	26678.0	21109.0	21069.5
2017	13424.0	13866.0	25907.0	26190.0	21268.0	21148.0
2018	13144.0	13454.0	25717.0	26069.0	21213.0	21004.0
2019	13360.0	13709.0	26078.0	26557.0	20961.0	20686.0
2020	13425.0	14263.0	26067.0	27191.0	21186.0	20956.0

令蛛网模型为：$Q_t^d = a - deltaP_t$；$Q_t^s = -b + gamaP_t$；当 $Q_t^d = Q_t^s$ 时，蛛网模型均衡。根据传统的蛛网模型，运用 Eviews7.2 编制蛛网模型进行预测。

5.3.2 小麦价格的蛛网模型预测

要运用蛛网模型采用 1985～2020 年小麦价格，来预测 2021～2030 年小麦价格，先建立小麦价格的预测函数。

令 $Y_t = \alpha + deltap_t$ 作为需求函数，根据 1985~2020 年小麦价格，用 Eviews7.2 来求出小麦需求函数的截距的斜率。则小麦的需求函数为 $y_t = 9335.1677 + 1.320p_t$，$R^2 = 0.482540$。由于小麦的需求函数的相关系数太小，则需要对供给函数重新进行调整。由于小麦作为一种口粮，在厂商需求时（如面粉厂），一般会考虑上一期已购买的数量，则小麦的需求函数具有滞后因子。通过调整小麦的供给函数为：$Y_t = 2283.624 + 0.755Y_{t-1} + 0.412p_{t-1}$，$R^2 = 0.78296$。由此可见，通过修正，大大提高了小麦的需求函数的相关系数。

令 $Y_t = \beta + gamap_t$ 作为供给函数，根据 1985~2020 年小麦价格，用 Eviews7.2 来求出小麦供给函数的截距的斜率。则小麦的供给函数为 $y_t = 8278.857 + 1.853p_{t-1}$，$R^2 = 0.716267$。由于小麦的供给函数的相关系数太小，则需要对供给函数重新进行调整。由于小麦作为一种口粮，在厂商需求时（如面粉厂），一般会考虑往年的供给，则小麦的供给函数具有滞后因子。通过调整小麦的供给函数为：$Y_t = 3248.110 + 0.612Y_{t-1} + 0.773p_{t-1}$，$R^2 = 0.8180$。由此可见，通过修正，大大提高了小麦的供给函数的相关系数。

经过调整，再把滞后因子加入预测模型，重新进行预测，得到的结果见表 5.11。

表 5.11 2021~2030 年小麦价格预测

预测年度	预测价格（元/吨）	比上年增长（%）
2021	2606.499	16.97
2022	2614.954	0.32
2023	2687.195	2.76
2024	2704.646	0.65
2025	2787.063	3.05
2026	2746.757	-1.45
2027	2796.267	1.80
2028	2807.043	0.38
2029	2826.871	0.71
2030	2846.900	0.71

表 5.11 预测的 2021~2030 年小麦价格表明，未来 10 年小麦最高价格大约在 2846.900 元/吨，最低价格大约在 2606.499 元/吨，平均价格大概在 2742.4 元/

吨；受 2020 年新冠疫情与国际市场的影响，2021 年价格比 2020 年增长 16.97%，之后增长率较为稳定，其中 2026 年负增长，平均年增长率在 1.43% 左右。从预测结果可以看到，未来 10 年小麦的价格较为稳定，增长率在人民生活可接受的范围内，不会影响物价稳定。

5.3.3 玉米价格的蛛网模型预测

要运用蛛网模型采用 1985～2020 年玉米价格，来预测 2021～2030 年玉米价格，先建立稻谷价格的预测函数。

令 $Y_t = \alpha + \text{delta}p_t$ 作为需求函数，根据 1985～2020 年玉米价格，用 Eviews7.2 来求出玉米需求函数的截距的斜率。则玉米的需求函数为 $y_t = 5279.793 + 7.217p_t$，$R^2 = 0.897178$。由于玉米作为一种饲料，往年的产量对当年的消费量对当期具有重要影响，因此为了了解往年产量对当期玉米需求的影响，现对玉米需求函数进行重新调整，通过调整，得到新的玉米需求函数 $y_t = 2150.561 + 0.616Y_{t-1} + 2.975p_t$，$R^2 = 0.931927$。可见，通过调整，玉米需求函数的相关系数大大提高。

令 $Y_t = \beta + \text{gama}p_{t-1}$ 作为供给函数，根据 1985～2020 年玉米价格，用 Eviews7.2 来求出玉米需求函数的截距的斜率。则玉米的供给函数为 $y_t = 5730.677 + 7.297p_{t-1}$，$R^2 = 0.946203$。由于玉米作为一种饲料用粮，农民在决定向市场供给当期的数量时，不仅根据上一期的价格，还与上一期的玉米产量密切相关，因为上一期产量过高，库存过大，必然会影响当期的价格。玉米供给数量也存在滞后因子。通过调整，玉米的供给函数为：$y_t = 3246.069 + 0.460Y_{t-1} + 4.039p_{t-1}$，$R^2 = 0.959797$。可见，上一期玉米的供给量对当期玉米的产量也有一定的影响。

经过调整，增加供给函数滞后一期，再把滞后因子加入预测模型中，重新进行预测，得到的结果见表 5.12。

表 5.12　2021～2030 年玉米价格预测

预测年度	预测价格（元/吨）	比上年增长（%）
2021	2606.499	15.57
2022	2625.226	0.72
2023	2690.4388	2.48
2024	2727.5005	1.38
2025	2775.5656	1.76
2026	2778.2799	0.10

预测年度	预测价格 （元/吨）	比上年增长（%）
2027	2736.4031	−1.51
2028	2753.4763	0.62
2029	2846.5155	3.38
2030	2849.3535	0.10

表 5.12 预测的 2021～2030 年玉米价格表明，未来 10 年玉米最高价格大约在 2849.3535 元/吨，最低价格大约在 2606.499 元/吨，平均价格大概在 2738.926 元/吨；由于国内养殖业需求旺盛，加上国际粮食的影响，2021 年粮食价格比 2020 年增长 15.57%，平均年增长率在 2.46% 左右。从预测结果可以看到，未来 10 年玉米的价格一直处于高位，符合当前玉米生产和需求的实际情况。但价格的增长率在人民生活可接受的范围内，不会影响总体物价稳定。

5.3.4 稻谷价格的蛛网模型预测

要运用蛛网模型采用 1985～2020 年稻谷价格，来预测 2021～2030 年稻谷价格，建立稻谷价格的预测函数。

令 $Y_t = \alpha + delta p_t$ 作为需求函数，根据 1985～2020 年稻谷价格，用 Eviews7.2 来求出稻谷需求函数的截距的斜率。则稻谷的需求函数为 $y_t = 16879.12 + 1.291 p_t$，$R^2 = 0.602637$。由于稻谷作为主食，厂商（碾米厂等）会根据上一期的消费量来决定当期的购买量，这就决定了上一年的产量对当期消费具有重要影响。据此，需要对稻谷的需求函数进行重新调整，通过调整，得到新的稻谷需求函数：$y_t = 6548.130 + 0.610 Y_{t-1} + 0.603 p_t$，$R^2 = 0.772109$。可见，通过调整，稻谷需求函数的相关系数大大提高。这也正说明了稻谷的需求具有滞后性。

令 $Y_t = \beta + gama p_{t-1}$ 作为供给函数，根据 1985～2020 年稻谷价格，用 Eviews7.2 来求出稻谷需求函数的截距的斜率。则稻谷的供给函数为 $y_t = 17056.22 + 1.277 p_{t-1}$，$R^2 = 0.623848$。由于稻谷作为一种口粮，其消费需求弹性并不高，农民在决定向市场提高当期稻谷产量时，不仅需要考虑上一期的价格，也需要考虑前期的供给，因为前一期可能并未完成消费，部分可能作为厂商或国家的库存。如果当期价格过高，厂商或国家则会把库存中的稻谷拿到市场中来出售，以平抑市场价格。因此，稻谷的供给函数存在滞后性，需要进行调整。通过重新调整，得到新的稻谷供给函数：$y_t = 7161.253 + 0.582 Y_{t-1} + 0.580 p_{t-1}$，$R^2 = 0.760158$。调整后稻谷的供给函数的相关系数提高，可见，上一期稻谷的供给量对当期稻谷的产量也有一定的影响。

经过调整，增加供给函数滞后一期，再把滞后因子加入预测模型，重新进行预测，得到的结果见表 5.13。

表 5.13　2021~2030 年稻谷价格预测

预测年度	预测价格（元/吨）	比上年增长（%）
2021	3057.32	13.90
2022	3154.60	3.18
2023	3150.63	−0.01
2024	3257.13	3.38
2025	3360.43	3.17
2026	3476.40	3.45
2027	3518.48	1.21
2028	3646.67	3.64
2029	3734.55	2.41
2030	3828.24	2.51

表 5.13 预测的 2021~2030 年稻谷价格表明，未来 10 年稻谷最高价格大约在 3828.24 元/吨，最低价格大约在 3057.32 元/吨，平均价格大概在 3364.3 元/吨；最高年增长率为 13.90%，平均年增长率在 3.67% 左右。从预测结果可以看到，未来 10 年稻谷的价格一直保持增长态势。前几年稻谷价格过低，农民种粮成本不断增加，使得国内稻谷价格呈上升态势，导致国际低价大米进口增加，这需要政府出台相关政策，减少国际大米涌入国内市场，维护国内稻农的利益。

5.4　小结

根据 Holt-winters、VAR 模型和蛛网模型预测法，得到三种预测的结果分别见表 5.14、表 5.15、表 5.16。

表 5.14　三种方法预测小麦价格

时间	Holt-winters 预测	VAR 模型预测	蛛网模型预测
2021	2398.367	2375.212	2606.499

续表

时间	Holt-winters 预测	VAR 模型预测	蛛网模型预测
2022	2562.077	2404.635	2614.954
2023	2709.596	2408.837	2687.195
2024	2826.891	2411.410	2704.646
2025	2763.925	2418.224	2787.063
2026	2722.654	2426.762	2746.757
2027	2735.028	2436.036	2796.267
2028	2756.297	2445.490	2807.043
2029	2831.086	2454.821	2826.871
2030	2922.794	2463.878	2846.900

表 5.15 三种方法预测玉米价格

时间	Holt-winters 预测	VAR 模型预测	蛛网模型预测
2021	2282.155	2459.208	2606.499
2022	2203.178	2538.889	2625.226
2023	2224.106	2570.685	2690.439
2024	2324.501	2592.288	2727.501
2025	2300.166	2619.203	2775.566
2026	2365.059	2655.614	2778.280
2027	2410.938	2700.803	2736.403
2028	2542.24	2752.514	2753.476
2029	2626.502	2808.490	2846.516
2030	2657.429	2867.003	2849.354

表 5.16 三种方法预测稻谷价格

时间	Holt-winters 预测	VAR 模型预测	蛛网模型预测
2021	2928.067	2855.212	3057.32
2022	3107.922	2980.877	3154.60
2023	3259.568	3082.562	3150.63
2024	3524.426	3168.512	3257.13
2025	3408.226	3245.053	3360.43
2026	3339.34	3316.071	3476.40

时间	Holt-winters 预测	VAR 模型预测	蛛网模型预测
2027	3276.577	3384.009	3518.48
2028	3259.640	3450.339	3646.67
2029	3324.974	3515.921	3734.55
2030	3460.978	3581.229	3828.24

从表 5.14 来看，尽管预测价格各不相同，但是预测的趋势是相同的。Holt-Winters 预测的小麦价格十年上涨率达到 26.61%，平均每年上涨 2.66%；VAR 模型预测十年上涨率只有 10.26%，平均每年上涨只有 1.02%；而蛛网模型预测处于中间位置，预测十年上涨率为 25.91%，平均每年上涨 2.59%。但是除小麦上涨率外，三种预测方法预测的价格数据也各不相同，Holt-Winters 预测小麦价格为 2398.367~2922.794 元/吨；VAR 模型预测为 2375.212~2463.878 元/吨；而蛛网模型预测为 2606.499~2846.900 元/吨。从三种模型的预测结果来看，未来十年小麦价格处于上升趋势。

从表 5.15 来看，尽管预测价格各不相同，但是预测的趋势是相同的。Holt-Winters 预测的玉米价格十年上涨率达到 16.85%，平均每年上涨 1.69%；VAR 模型预测十年上涨率为 24.54%，平均每年上涨只有 2.45%；而蛛网模型预测处于中间位置，预测十年上涨率为 24.61%，平均每年上涨 2.46%。但是除玉米上涨率外，三种预测方法预测的价格数据也各不相同，Holt-Winters 预测玉米价格为 2282.155~2657.429 元/吨；VAR 模型预测为 2459.208~2867.003 元/吨；而蛛网模型预测为 2606.449~2849.354 元/吨。从三种模型的预测结果来看，玉米价格的预测趋势都处于高位。

从表 5.16 来看，尽管预测价格各不相同，但是预测的趋势是相同的。蛛网模型预测处于中间位置，预测十年上涨率为 36.73%，平均每年上涨 3.67%。VAR 模型预测十年上涨率只有 29.34%，平均每年上涨只有 2.93%；而处于中间位置的是 Holt-Winters 预测的趋势稻谷价格，十年上涨率为 26.61%，平均每年上涨 2.66%。但是除稻谷上涨率外，三种预测方法预测的价格数据也各不相同，Holt-Winters 预测稻谷价格为 2928.067~3460.978 元/吨；VAR 模型预测为 2855.212~3581.229 元/吨；而蛛网模型预测为 3057.32~3828.24 元/吨。从三种模型的预测结果来看，Holt-winters 模型预测有抑有扬，而其他两种预测方法处于上扬状态。

预测理论表明，预测不仅是一种科学，还兼具艺术性。在预测过程中，只要预测数据是真实可靠的，所采用的预测工具是科学合理的，并且在预测过程中坚持合理的预测步骤，预测的结果都是合理的。在实际预测过程中，为了操作的方便，会舍弃部分数据，所以预测结论的数据并不是精确的数字，往往只体现未来发展的趋势、范围和方向。并且由于方法、工具的不同，预测的数据也是不同的，但是只要不同预测方法的预测趋势大体相同，则说明预测结果是合理的。

从表5.14、表5.15、表5.16来看，尽管三种预测方法预测的结果不同，但是预测的结果是合理的。在"全面建成小康社会"的指引下，我国2020年将会建成小康社会，2016~2020年GDP以每年6.5%的速度增长，人均收入比2010年翻一番。由于经济社会的发展，收入水平的提高，我国城乡居民的饮食结构将会继续发生变化。在人口刚性增长的条件下，我国主要粮食小麦、大米需求量将不断增加，由于我国耕地、水资源等资源有限，国内小麦、大米产量将继续"紧平衡"（焦建，2013），为了国家粮食安全，保证"中国人的饭碗装的是中国粮"，我国将会继续对小麦、大米实行托市收购，小麦、稻谷的价格可能会继续上涨。

小麦在我国主要用于口粮、饲料工业用粮，虽然由于饮食结构的变化，人均口粮消费有所下降，但是饲料工业用粮却大幅度增加，据统计2010~2012年年均增长幅度达到了24.74%。据朱海燕（2015）证实我国人均GDP与小麦价格之间的相关系数为0.1474，人均GDP与小麦价格呈正相关关系，但由于工业化，人口增长率下降，我国城乡居民消费呈多元化发展，我国小麦消费将保持稳中有降，小麦价格上涨除近两年受国际价格影响变化上涨幅度较大外，未来十年的后几年保持上升态势将并不明显。

玉米主要为食用、饲料和工业的原材料。虽然玉米的食用需求收入弹性为−0.473（冯敏，2011），随着收入的提高，玉米的食用需求量随之下降，但是饲料和工业需求却大幅度提高。改革开放以来，由于经济社会的发展，人均收入不断提高，饮食结构也在不断变化，动物性食品（肉、蛋、奶、水产品）需求量不断提高，据统计1980~2011年我国动物性食品需求量平均每年增长8%以上（贾学文，2014）。由于动物性食品的消费需求，我国饲料用玉米需求量大幅度增加，价格不断上升。随着玉米价格的上升，我国玉米种植面积不断扩大，产量不断提高，玉米成为我国第一大粮食品种。但是由于国内玉米价格上涨，国内饲料厂商开始大量进口玉米的替代品如豆粕、木薯、DDGS、高粱，导致我国国内玉米库存大量增加。为了调控国内过剩的玉米供给，2015年11月农业部发布了《关于"镰刀弯"地区玉米结构调整的指导意见》，要求"镰刀弯"地区减少玉米种植5000万亩，并且让市场因素更多地对玉米价格进行调控，我国玉米价格开始下降。但是随着我国各项调控措施的实施，再加上当前养殖业旺盛的玉米需求量，我国玉米价格最近一直上涨。

大米的消费需求以口粮为主，我国有60%的人以大米为主食，且未来十年我国大米产量较为稳定（吴青劼，2010），但大米需求量主要受人口增长和消费习惯影响，价格变化对大米消费影响较小（秦榕，2012）。另外，"二孩"政策使我国人口继续增加，到2027年我国人口将可能达到15.08亿①，由于人口的增加，我国大米需求量会大幅度增加；又由于我国全面建成小康社会，人均收入大幅度增长，消费需求提高，大米的需求尤其是高端大米的需求量上升，将会导致我国大米价格持续增加。

根据以上三大粮食未来的供给需求分析来看，我国未来十年，小麦无论是食用还是饲料与工业消费都会上升，小麦价格将会持续上升；由于当前国内玉米供给过剩，玉米价格下跌，但是由于我国居民膳食结构的改变，玉米需求旺盛，未来十年玉米价格一定会先抑后扬；大米主要用于口粮，但是由于人口的增加和人均收入的增长，大米需求量尤其是高端大米需求量逐渐增加，使得我国大米价格上升。

---

① 《从单独二孩实践看生育意愿和人口政策2015~2080年中国人口形势展望》[N]．中国发展观察，2015-01-04.

6 我国未来十年主要粮食品种价格的多元回归模型预测

利用经济社会发展的历史数据，按照时间顺序进行排列，选择一定的工具和方法，来对社会经济现象的未来发展趋势进行判断，称为时间序列模型预测。但是社会经济现象往往是由多个复杂的因素交织在一起共同发生作用的，要对社会经济现象的未来发展趋势进行分析和判断，利用诱发社会经济现象发生发展的因变量来对未来发展的长期趋势进行预测，也是经济预测模型中最常见的预测方法。多元回归模型预测是利用经济社会发展过程中两个或两个以上自变量与因变量之间关系的模型。利用多元回归模型进行长期预测和分析是预测方法和工具中最重要的工具之一，是长期预测的有效手段和工具。

多元回归模型预测方法主要是模型的自变量有多个，其表达式为：

$$Y_i = \beta_1 + \beta_2 X_{2i} + \beta_3 X_{3i} + \cdots + \beta_k X_{ki} + \mu_i (i = 1, 2, \cdots, n) \tag{6.1}$$

其中，k 是自变量的个数，$\beta_j (j = 1, 2, \cdots, n)$ 为回归参数（regression coefficient）。在多元回归模型的分析中，一般认为常数项为虚变量，其样本的观测量始终为 1。所以多元回归模型的因变量个数为 k+1。式（6.1）也称为多元回归模型的随机表达形式。多元回归模型的非随机表达式为：

$$E(Y/X_{1i}, X_{2i}, \cdots, X_{ki}) = \beta_1 + \beta_2 X_{2i} + \beta_3 X_{3i} + \cdots + \beta_k X_{ki} \tag{6.2}$$

此时，β_j 也称为偏回归系数，意思是在其他自变量不变的情况下，自变量 X_j 每变化 1 个单位时，Y 的均值 E(Y) 的变化。

多元回归模型的样本回归分析函数为：

$$\hat{Y}_i = \hat{\beta}_0 + \hat{\beta}_1 X_{1i} + \cdots + \hat{\beta}_{ki} X_{ki} \tag{6.3}$$

其随机表达式为：

$$Y_i = \hat{\beta}_0 + \hat{\beta}_1 X_{1i} + \cdots + \hat{\beta}_{ki} X_{ki} + \varepsilon_i \tag{6.4}$$

其中，ε_i 为残差项（residuals），可以当作总体回归模型随机扰动项 μ_i 的替代项。

多元回归模型的成立有以下假设：一是自变量是随机的或固定的，且各自变量 X 之间不相关，即不存在多重共线性。二是随机误差项具有零均值、同方差和序列不相关的特点，即：$E(\mu_i) = 0$，$Var(\mu_i) = E(\mu_i^2) = \sigma^2$，$Cov(\mu_i，\mu_j) = E(\mu_i\mu_j) = 0$。三是自变量与随机项不相关，即：$Cov(X_{ji}，\mu_i) = 0$，$(j = 1，2，\cdots，k)$。四是随机项满足正态分布：$\mu_i \sim N(0，\sigma^2)$。五是样本容量趋于无穷时，各自变量的方差趋于有界常数，即 $n \to \infty$，$\dfrac{1}{n}\sum x_{ij}^2 = \dfrac{1}{n}\sum (X_{ij} - \overline{X}_j)^2 \to Q_j$。六是回归模型的设定是正确的。

6.1　影响我国粮食价格的因素分析与预测

要采用多元回归模型来对我国未来十年的粮食价格进行分析和预测，就必须先对影响粮食价格的因素进行分析和预测，只有数据准确，才能对未来十年粮食价格做出合理的分析和预测。

根据第 4 章，影响我国粮食价格的主要因素为供给、需求、成本、通货膨胀、政府政策、能源价格、气候因素等。

6.1.1　影响粮食价格的因素分析

6.1.1.1　粮食的供给因素分析

影响粮食价格的供给因素主要是我国粮食产量，粮食的需求主要是由粮食的消费量来决定的（苗珊珊，2011）。粮食供给量对粮食价格有重要影响。粮食产量只是市场粮食供给的一个重要方面。粮食库存量发挥着调节市场余缺、保证市场供给的重要作用，期末库存增加，则减少了当期市场粮食供给，增加了下一期粮食供给，因此当期库存量的变化为期初库存量减去期末库存量；国际粮食贸易也是解决国内粮食需求的重要方面，出口是减少国内市场的供应，而进口则是增加市场供应。因此，粮食的供给量包括三个方面：一是国内粮食产量；二是国内库存量的变化；三是净进口量。我国 1985~2020 年国内粮食供给量见表 6.1。

表 6.1　1985~2020 年国内粮食供给量

时间	小麦（千吨）	玉米（千吨）	稻谷（千吨）	时间	小麦（千吨）	玉米（千吨）	稻谷（千吨）
1985	92405	57800	167969	1987	101222	74948	173985
1986	98850	68657	171352	1988	100808	73343	169835

续表

时间	小麦（千吨）	玉米（千吨）	稻谷（千吨）	时间	小麦（千吨）	玉米（千吨）	稻谷（千吨）
1989	103599	76265	179861	2005	97177.1	135700.4	180026.4
1990	107630	89939	188710	2006	106070.9	146350	180850.3
1991	111806	88799	182973	2007	106512	151792.5	1859413
1992	108131	83920	185003	2008	112222.1	165789	191349.7
1993	110079	91110	176964	2009	115617.1	165118.6	194841
1994	109142	102229	177899	2010	115166.8	178113.1	195801
1995	114242	113305	185813	2011	119355.9	197921.1	202349.9
1996	112305	123654	194486.7	2012	123014.6	208235.1	207044.9
1997	124043	98422.7	197261.8	2013	127810.4	221744	207352.2
1998	110013	129878	196183	2014	127331.4	221149.3	210781.4
1999	114348	118222.3	195823.3	2015	132934	227750	212774
2000	99208	98812.8	186330.7	2016	133190	263610	211090
2001	93453	105515.7	175921.3	2017	134240	259070	212680
2002	88990	106092.6	172213.5	2018	131440	257170	212130
2003	87413	108279.2	160897.6	2019	133600	260780	209610
2004	97527.8	122700.1	179040.6	2020	134250	260670	211860

资料来源：根据中国国家统计局资料整理。

6.1.1.2 粮食的需求因素分析

我国学者在对粮食消费量进行估计时，多采用人口数量、食品消费在总收入中所占比例（王小鲁，2001），由于人每天必须消耗一定量的粮食，人口数量对粮食数量的影响是必然的。随着我国人口数量的增加，对粮食的需求增加也是必然的。粮食的需求弹性较小，如果人口的增长速度超过了粮食供给量的增长速度；同时由于人们的收入增加，引起人们的消费能力增长和消费结构的改变，也会引起粮食需求的大幅度上涨；如果粮食供给无法满足人们对粮食的需求，则会导致粮食价格的大幅度上涨。人口数量对粮食价格的影响是通过人口对粮食的需求和消费结构的变化引起的。由于我国人口基数较大，我国人口的绝对数很大，到 2015 年末，我国人口总数已达 13.68 亿，预计到 2030 年我国人口数将达到 15亿。由于人口数量的增加，我国的粮食需求量也会随之大幅度增加。

居民收入和消费结构的变化。尽管口粮作为人类生存必需品本身需求弹性较低，但居民收入及其消费结构的变化也会对其价格产生较大影响。黄宗智等（2014）认为，改革开放以来，我国居民人均收入提高，人们消费结构也发生了巨大转变，我国居民由原来的8∶1∶1（粮食∶蔬菜∶肉食）朝向4∶3∶3转变，也就是说随着我国居民收入的提高，我国居民的膳食结构也发生了巨大变化，由原来的以粮食为主、蔬菜和肉类食品为辅，转向了粮食、蔬菜和肉食同等重要。具体情况见表6.2。

表6.2 我国城镇居民年均可支配收入及粮食、肉蛋奶消费

年份	可支配收入（万元）	粮食（千克）	猪肉（千克）	牛羊肉（千克）	家禽（千克）	鲜蛋（千克）	水产品（千克）	鲜奶（千克）
1985	685.32	131.2	17.2	3	3.8	8.8	7.8	6.4
1986	827.88	137.9	19	2.6	3.7	7.1	8.2	4.7
1987	915.96	133.9	18.9	3.1	3.4	6.6	7.9	—
1988	1119.36	137.2	16.9	2.8	4	6.9	7.1	—
1989	1260.67	133.9	17.5	2.7	3.7	7.1	7.6	4.2
1990	1387.27	130.7	18.5	3.3	3.4	7.3	7.7	4.6
1991	1544.3	127.9	18.9	3.3	4.4	8.3	8	4.7
1992	1826.07	111.5	17.7	3.7	5.1	9.5	8.2	5.5
1993	2336.54	97.8	17.4	3.4	5.2	8.9	8	5.4
1994	3179.15	101.7	17.1	3.1	4.1	9.7	8.5	5.3
1995	3892.94	97	17.2	2.4	4	9.7	9.2	4.6
1996	4377.15	94.7	17.1	3.3	5.4	9.6	9.3	4.8
1997	5160.32	88.6	15.3	3.7	6.5	11.1	9.3	5.1
1998	5425.05	86.7	15.9	3.3	6.3	10.2	9.8	6.2
1999	5854.02	84.9	16.9	3.1	6.7	10.9	10.3	7.9
2000	6279.98	82.3	16.7	3.3	5.4	11.2	11.7	9.9
2001	6907.08	79.7	16	3.2	7.3	10.4	10.3	11.9
2002	7702.8	78.5	20.3	3	9.2	10.6	13.2	15.7
2003	8472.2	79.5	20.4	3.3	9.2	11.2	13.4	18.6
2004	9421.6	78.2	19.2	3.7	6.4	10.4	12.5	18.8
2005	10493	77	20.2	3.7	9	10.4	12.6	17.9

续表

年份	可支配收入 （万元）	粮食 （千克）	猪肉 （千克）	牛羊肉 （千克）	家禽 （千克）	鲜蛋 （千克）	水产品 （千克）	鲜奶 （千克）
2006	11759.5	75.9	20	3.8	8.3	10.4	13	18.3
2007	13785.8	78.7	18.2	3.9	9.7	10.3	14.2	17.8
2008	15780.8	63.6	19.3	3.4	8.5	10.7	11.9	15.2
2009	17174.7	81.3	20.5	3.7	10.5	10.6	12.2	14.9
2010	19109.4	81.5	20.7	3.8	10.2	10	15.2	14
2011	21809.8	80.7	20.6	4	10.6	10.1	14.6	13.7
2012	24564.7	78.8	21.2	3.7	10.8	10.5	15.2	14
2013	26467.0	121.3	20.4	3.3	8.1	9.4	14.0	17.1
2014	28843.9	117.2	20.8	3.4	9.1	9.8	14.4	18.1
2015	31194.8	112.6	20.7	3.9	9.4	10.5	14.7	17.1
2016	33616.2	111.9	20.4	4.3	10.2	10.7	14.8	16.5
2017	36396.2	109.7	20.6	4.2	9.7	10.8	14.8	16.5
2018	39250.8	110.0	22.7	4.2	9.8	10.8	14.3	16.5
2019	42358.8	110.6	20.3	4.3	11.4	11.5	16.7	16.7
2020	43833.8	120.2	19.0	4.5	13.0	13.5	16.6	17.3

资料来源：《中国统计年鉴》。

从表6.2可见，随着我国居民人均可支配收入的提高，我国城镇居民购买粮食的数量在下降，而消费的肉蛋奶水产品数量在上升。据测算，生产1公斤牛肉需要8公斤粮食，即牛肉和粮食的比例是1:8；猪肉与粮食的比例是1:3；鸡肉的比例最小，是1:2（王淑艳，2013）。同时，由于收入的提高，人们对食品的品种和质量要求也不断提高，为满足人们的要求，食品加工的品种不断增多，质量也不断改进，这也需要消耗更多的粮食。在这种情况下，虽然人们的口粮（直接用粮）有所下降，但是饲料和工业用粮（间接用粮）却大大提高了，从总体来讲，这使得人们的需求量大大提高了。据统计，我国2003年人均消费食品334公斤，到2013年人均粮食需求就增加到425公斤（魏雅华，2014）（农民日报，2015）。

由于人口增加和膳食结构的改变，小麦、大米主要用于口粮消费，而玉米则用于工业和饲料用途，1985~2020年国内粮食消费量具体数据见表6.3。

表 6.3　1985~2020 年国内粮食消费量

时间	小麦（千吨）	玉米（千吨）	稻谷（千吨）	时间	小麦（千吨）	玉米（千吨）	稻谷（千吨）
1985	95155	59700	111894	2003	104500	128400	132100
1986	97265	64100	112685	2004	102000	131000	130300
1987	99040	67300	115939	2005	101500	137000	128000
1988	101826	69000	118605	2006	102000	145000	127200
1989	102367	74200	120822	2007	106000	150000	127450
1990	102598	79850	123911	2008	105500	153000	133000
1991	105429	83200	126827	2009	107000	165000	134320
1992	104281	87800	128135	2010	110500	180000	135000
1993	105343	92900	129340	2011	122500	188000	139600
1994	105355	97000	130117	2012	125000	200000	141000
1995	106499	101200	131237	2013	116500	208000	143000
1996	107615	105750	131954	2014	116500	202000	144500
1997	109056	109500	132700	2015	112000	217500	144000
1998	108250	113920	134100	2016	120450	241260	195910
1999	109340	117300	134200	2017	111750	281040	194360
2000	110278	120240	134300	2018	115370	303540	199490
2001	108742	123100	136500	2019	111190	294070	199940
2002	105200	125900	135700	2020	114870	299300	200090

资料来源：美国农业部 USDA 数据库。

6.1.1.3　粮食的成本因素分析

经济学中，成本是决定供给的重要因素之一。成本包括生产物质与服务成本、人工成本和土地成本。我国农业生产资料费用主要是农药和化肥。农业单产增长最直接的动因是化肥的大量使用。而农药和其他农业生产资料如柴油等则是农业单产稳产的保证。在生产过程中，为了增加亩产单产，稳定农作物生长，农民在生产过程中，一般会大量使用化肥和农药，每亩耕地化肥施用量是发达国家的 3 倍左右，农药使用量是 2.5 倍。近年来，由于农药和化肥价格不断攀升，再加上农民使用量不断增加，农业物质生产资料成本不断上涨。

与美国等发达农业国的高度机械化不同，尽管我国农业生产机械化程度不断提高，但是由于土地细碎化程度较高，人工劳动在我国农业生产中占有重要地位。由于外出打工的机会越来越多，农业劳动的机会成本越来越大，使得我国农业生产中人工成本越来越高。美国的粮食作物人工成本占其总成本的比重不会超过 10%，而中国则高达 30%～35%。

我国人均土地只有世界均值的 1/4，并且由于以家庭联产承包责任制经营为主体，土地按质量和人口平均分配，细碎化程度严重。而土地细碎化耕作方式造成土地缺乏规模报酬，土地产出效率低下，土地生产成本连年上升。我国 1985～2020 年粮食生产总成本具体见表 6.4。

表 6.4　1985～2020 年粮食生产总成本

时间	小麦（元）	玉米（元）	稻谷（元）	时间	小麦（元）	玉米（元）	稻谷（元）
1985	372.0	172.8	186.6	2003	1061.2	896.2	1026.4
1986	267.2	171.0	186.6	2004	1261.0	854.4	981.2
1987	357.6	236.8	253.8	2005	1008.8	893.0	1116.8
1988	374.8	240.0	283.4	2006	1146.6	938.0	1159.8
1989	428.8	281.6	333.6	2007	1109.6	1033.6	1206.4
1990	456.2	271.1	345.8	2008	1175.8	1111.6	1404.8
1991	478.2	276.8	360.6	2009	1244.6	1244.2	1448.8
1992	494.6	318.2	363.6	2010	1460.6	1357.8	1680.8
1993	529.6	333.4	420.2	2011	1631.6	1578.2	1903.0
1994	756.2	479.4	631.8	2012	1783.8	1831.0	2173.0
1995	901.0	645.0	800.0	2013	2112.0	2021.4	2406.8
1996	1107.6	762.4	906.4	2014	2389.6	2077.4	2395.8
1997	1030.0	832.8	864.8	2015	2210.6	2151.0	2409.0
1998	1068.8	693.4	779.2	2016	2210.6	2142.4	2446.8
1999	997.2	668.6	744.0	2017	2025.0	1982.8	2484.8
2000	942.8	693.4	731.2	2018	1602.1	2081.4	2456.2
2001	904.0	655.6	705.6	2019	2096.7	2037.2	2503.4
2002	1061.2	724.4	809.0	2020	2160.8	2101.4	2647.4

资料来源：全国农产品成本价格资料汇编。

6.1.1.4　影响粮食价格的其他分析

由于本书将通货膨胀因素从粮食价格中剔除，采用第 5 章的方式折实为实际粮食价格在多元回归模型预测中，剔除通货膨胀因素；由于国家政策对农业生产的影响是一个长期的过程，不同的国家政策对农产品价格的作用不同，不好用一个标准来衡量，因此将国家政策这一因素剔除；同时气候因素复杂易变，很难量化；国家对三大主粮均有进口配额制度，由于国家"口粮绝对安全、谷物基本自给"的国家粮食安全政策，国际粮食价格对我国国内粮食价格的影响并不十分突出（潘苏等，2011）。因此在多元回归预测过程中，将这些因素定为其他随机影响因素。

6.1.2 多元回归模型的建立

通过上述的分析，本书将多元回归模型的价格定为变量 y_i，影响自变量的因素有粮食的供给量 x_{1i}、粮食的需求 x_{2i} 和粮食的生产成本 x_{3i}，以及其他随机因素 u_t。粮食价格的多元回归模型为：

$$Y_{it} = \alpha + \beta_1 x_{1it} + \beta_2 x_{2it} + \beta_3 x_{3it} + \mu_t \tag{6.5}$$

6.1.2.1 小麦价格多元回归模型

先对小麦价格进行多元回归预测，设小麦的多元回归模型为：

$$Y_t = \alpha + \beta_1 x_{1t} + \beta_2 x_{2t} + \beta_3 x_{3t} + \mu_t$$

整理小麦的实际价格的供给量（见表 6.1）、需求量（见表 6.3）、小麦生产成本（见表 6.4）这些因素，然后根据多元回归模型，在 Eviews7.2 中进行检验。先对多元回归模型进行平稳性检验，由于多元回归模型并不稳定，需要对模型的一阶差分进行检验，具体见图 6.1。

Method	Statistic	Prob.**	Cross-sections	Obs	Method	Statistic	Prob.**	Cross-sections	Obs
Null: Unit root (assumes common unit root process)					Null: Unit root (assumes common unit root process)				
Levin, Lin & Chu t*	-0.05882	0.4765	4	138	Levin, Lin & Chu t*	-7.04194	0.0000	4	133
Null: Unit root (assumes individual unit root process)					Null: Unit root (assumes individual unit root process)				
Im, Pesaran and Shin W-stat	1.00869	0.8434	4	138	Im, Pesaran and Shin W-stat	-7.89637	0.0000	4	133
ADF - Fisher Chi-square	4.52402	0.8070	4	138	ADF - Fisher Chi-square	68.0508	0.0000	4	133
PP - Fisher Chi-square	4.23786	0.8351	4	140	PP - Fisher Chi-square	89.7488	0.0000	4	136

图6.1 小麦多元回归平稳性检验和一阶差分平稳性检验

由图 6.1 可见，小麦多元回归方程的一阶差分，所有统计数值的 P 值均小于 0.00，在 1% 条件下拒绝原假设，说明方程平稳。

则利用最小二乘法（OLS）对多元回归模型进行估计，通过估计得：

$$Y = 83.21098 + 0.005269x_1 - 0.004156x_2 + 0.932013x_3$$
$$(8.819259)(12.86782)(-5.574709)(11.01131) \tag{6.6}$$

其中，$R^2 = 0.93618$，修正后的 $\overline{R}^2 = 0.932864$。

由相关系数 R^2 可见，多元回归方程高度相关，因变量能够很好地解释自变量的变化。

从各因素数值估计值可见，小麦的供给量与成本与小麦价格成正比，而反过来，令人不解的是，小麦的需求量越高，小麦的价格却越低，原因可能是小麦需求量越高，如果国内小麦供给不足，则需从国际市场进口小麦，而国际市场价格远低于国内市场价格。但是这些因素中对小麦价格影响最大的是小麦的生产成本。

6.1.2.2 玉米价格多元回归模型

首先对玉米价格进行多元回归预测，设玉米的多元回归模型为：

$$Y_t = \alpha + \beta_1 x_{1t} + \beta_2 x_{2t} + \beta_3 x_{3t} + \mu_t \tag{6.7}$$

整理玉米的实际价格的供给量、需求量、玉米生产成本这些因素，然后根据多元回归模型，在 Eviews7.2 中进行检验。首先对多元回归模型进行平稳性检验，由于多元回归模型并不稳定，玉米多元回归方程的一阶差分，所有统计数值的 P 值均小于 0.00，在 1% 条件下拒绝原假设，说明方程平稳。

则利用最小二乘法（OLS）对多元回归模型进行估计，通过估计得：

$$Y = 502.6020 - 0.002646 x_1 + 0.001699 x_2 + 1.261539 x_3$$
$$(3.149215)(-3.222221)(1.979415)(3.729731) \tag{6.8}$$

其中，$R^2 = 0.885443$，修正后的 $\overline{R}^2 = 0.874703$。

由相关系数 R^2 可见，多元回归方程高度相关，因变量能够很好地解释自变量的变化。

从各因素数值估计值可见，玉米的供给量 x_1 越高，价格越低；需求量与生产成本越高，玉米价格越高。但是这些因素中对玉米价格影响最大的却是玉米的生产成本。

6.1.2.3 稻谷价格多元回归模型

首先对稻谷价格进行多元回归预测，设稻谷的多元回归模型为：

$$Y_t = \alpha + \beta_1 x_{1t} + \beta_2 x_{2t} + \beta_3 x_{3t} + \beta_4 x_{4t} + \mu_t \tag{6.9}$$

整理稻谷的实际价格的供给量、需求量、稻谷生产成本这些因素，然后根据多元回归模型，在 Eviews7.2 中进行检验。首先对多元回归模型进行平稳性检验，由于多元回归模型并不稳定，需要对模型的一阶差分进行检验，稻谷多元回归方程的一阶差分，所有统计数值的 P 值均小于 0.00，在 1% 条件下拒绝原假设，说明方程平稳。

则利用最小二乘法（OLS）对多元回归模型进行估计，通过估计得：

$$Y = 1005.481 + 0.0000234 x_1 - 0.006633 x_2 + 1.179795 x_3$$
$$(4.924853)(1.214303)(-3.758844)(22.14392) \tag{6.10}$$

其中，$R^2 = 0.971038$，修正后的 $\overline{R}^2 = 0.968322$。

由相关系数 R^2 可见，多元回归方程高度相关，因变量能够很好地解释自变量的变化。

从各因素数值估计值可见,稻谷的供给量 x_1 和生产成本 x_3 越高,稻谷价格越高;需求量 x_2 越高,稻谷价格越低,原因可能与小麦价格相同,主要是稻谷需求量越大,从国际市场进口低价大米越多,从而对国内大米价格冲击越大。但是这些因素中对稻谷价格影响最大的却是稻谷的生产成本。

6.1.3 多元回归模型的变量预测

多元回归模型的预测,需要首先对自变量的未来变化进行预测,并将预测结果代入多元回归模型,由此得到预测的结果。

6.1.3.1 三大主粮供给和需求因素的分析预测

关于我国未来十年的粮食供给与需求的预测很多,但是最权威的还是农业部发布的《中国农业展望报告(2021—2030)》,本书采用我国农业发布的《中国农业展望报告(2021—2030)》中我国未来十年粮食总产量和进出口量来计算我国未来十年粮食供给量,而需求量直接选用报告中的消费量。具体见表6.5。

表 6.5 2021~2030 年我国三大主粮供给量与消费量预测表

时间	小麦		玉米		稻谷	
	供给量(万吨)	消费量(万吨)	供给量(万吨)	消费量(万吨)	供给量(万吨)	消费量(万吨)
2021	13508	14017	27200	29487	14971	15234
2022	13053	13996	28026	29952	15043	15240
2023	13498	13975	28878	30426	15115	15245
2024	13493	13954	29756	30906	15187	15251
2025	13493	13933	30506	31350	15258	15369
2026	13510	13970	31039	31718	15311	15396
2027	13527	14007	31581	32091	15364	15423
2028	13545	14045	32133	32468	15470	15450
2029	13562	14083	32695	32850	15523	15477
2030	13579	14120	33171	33192	15574	15504

6.1.3.2 农业生产成本预测

据农业部预测,未来十年农产品生产成本具有较多的上涨因素。从"十二五"时期来看,我国粮食的价格成本随着经济发展速度的下降增速放缓。由于未来十年世界经济复苏缓慢,中国经济进入"新常态",都会导致能源价格的下降。能源价格下降带来农产品生产资料价格水平的环比下降，并且后续的农业服务成本附加在粮食加工后食品的生产价格上而非粮食本身，当前粮食生产价格成本已经很高，预计未来十年粮食生产成本和当年生产成本相当，不会有太大变化。预测未来十年小麦的生产价格成本每年比上一年增长100.4%左右；稻谷生产价格成本每年比上一年上涨100.4%左右；而玉米的生产价格成本每年比上一年上涨100.3%左右。未来十年我国三大主粮的生产成本预测具体见表6.6。

表 6.6　2021～2030 年我国三大主粮生产成本预测表

时间	小麦（元）	玉米（元）	稻谷（元）	时间	小麦（元）	玉米（元）	稻谷（元）
2021	2494.04	2107.70	2657.99	2026	2544.32	2139.51	2711.58
2022	2504.013	2114.07	2668.62	2027	2554.50	2145.93	2722.42
2023	2514.03	2120.37	2679.30	2028	2564.71	2152.37	2733.31
2024	2524.08	2126.73	2690.01	2029	2574.97	2158.82	2744.25
2025	2534.18	2133.11	2700.77	2030	2585.27	2165.30	2755.22

6.2　多元回归模型预测结果

多元回归模型的预测，需要将自变量的预测结果代入预测模型。根据表6.4、表6.5、表6.6的预测结果，分别代入小麦、玉米、稻谷的预测模型，可得到未来十年小麦、玉米、稻谷的预测结果。具体预测结果见表6.7。

表 6.7　2021～2030 年我国三大主粮价格预测表

时间	小麦（元/吨）	玉米（元/吨）	稻谷（元/吨）	时间	小麦（元/吨）	玉米（元/吨）	稻谷（元/吨）
2021	2536.88	2942.83	3743.76	2026	2585.80	2919.27	3802.79
2022	2523.07	2936.85	3756.16	2027	2594.64	2919.37	3814.89
2023	2556.73	2930.36	3768.64	2028	2603.53	2919.29	3827.05
2024	2566.71	2923.30	3781.14	2029	2612.41	2919.05	3839.25
2025	2576.99	2919.05	3790.74	2030	2621.37	2920.44	3851.50

从表6.7可见，我国未来十年小麦预测价格为2523.07～2621.37元/吨，十

年价格上涨 17.14%，平均每年上涨 1.71%；玉米价格为 2919.05～2942.83 元/吨，十年保持在 2900 元/吨左右的高位；稻谷价格为 3743.76～3851.50 元/吨，十年中价格上涨了 42.31%，平均每年上涨幅度为 4.23%，价格主要是前两年增长，以后价格保持稳定。从预测结果分析来看，未来十年我国粮食价格变化幅度较小，价格年平均变化率主要集中在近两年，主要是受新冠疫情和俄乌战争影响，国际市场粮价高企传导到国内市场，我国粮食产量稳定，供给充足，价格变化较不明显，对城市居民生活没有产生任何的不良影响。由于未来十年城乡居民收入水平也会比 2010 年翻一番，由于收入水平的提高，人均口粮消费会有所下降（黄宗智等，2012；毛学峰等，2014）。

由表 6.1、表 6.3 可见，我国主粮供给一直十分充足，能够满足城乡居民的消费需求。再加上我国政府十分重视粮食生产，为了农业种粮的积极性，出台了一系列强农惠农措施，如粮食"四补贴"政策、农业保险政策、托市收购政策等。为了增加粮食单产产量，国家出台了农业政策支持，农田水利工程建设政策、农土整治政策、农业科技创新与推广政策等。从不同方面、采用不同措施，来支持粮食生产，提高粮食单产产量，从而提高粮食的总产量，增加国内粮食供给，来满足国内粮食需求，从而保证"中国人的饭碗里装着中国粮"。由于国内充足的粮食供给，能够满足国内粮食的消费需求，使得我国粮食供给与需求两个因素对粮食价格的影响并不十分明显。

根据多元回归预测模型可见，我国粮食的供给与需求对粮食价格有一定的影响，但是并不十分显著，对粮食价格影响最大的主要是粮食的生产成本。根据表 5.2 和表 6.4 可见，我国粮食生产总成本 1985 年占总价格的 87.45%，2020 年达到了 111.47%，农民种植小麦竟然会赔钱；玉米生产总成本 1985 年占粮食价格的 62.88%，到了 2020 年由于玉米实际需求旺盛，价格上涨，总成本也达到了价格的 93.18%；而稻谷生产总成本 1985 年占稻谷价格的 50.04%，到了 2020 年也达到了 98.63%。由此可以肯定地讲，在中国是成本推高了粮食价格。

为了实施国家粮食安全战略，国家十分重视粮食生产。为保证中国农业食品的供应，中国农业开始了"隐性革命"：逐渐放弃了低值农产品，开始转向高值农产品的生产和加工，这使得中国农业生产总值迅速提高；在粮食生产方面，中国也逐渐放弃低产杂粮的生产（如大豆），主要生产高产量主粮（黄宗智，2010）。面对有限的耕地和水资源，为保证国家"口粮绝对安全"，只能增加粮食单产产量。为了提高粮食单产产量，中国农民一般施用大量的化肥农药。

我国农村农业劳动是家庭联产承包责任制，农民为自己家庭劳动。改革开放前由于中国实行的是城乡分治的"二元经济社会"，大量农民只能被束缚在土地上进行劳动，劳动成本较低。改革开放后，大量农民进城打工，城市就业机会大量增加，这造成了农民农忙时参与土地劳动的机会成本大大增加；由于我国2003年以后鼓励农地流转，部分土地转向种植大户、家庭农场、专业合作社和农业公司，由于我国劳动力成本日益增加，雇工成本也在不断增加。

我国土地资源有限，由于工业化、城镇化、市场化发展，我国土地价格大幅度上涨。在我国农村，农地仍然具有重要的社会保障功能，我国农村仍然是以家庭联产承包责任制为主的双层经营体制。农地细碎化程度严重影响了我国农业的产出效率，使得我国农地缺乏规模报酬，农业机械化程度较低，人工劳动增加，大大提高了农业的土地成本和劳动力成本。

有限的耕地和水资源，过量使用的化肥农药，细碎化经营的土地和过量的劳动力使用，都增加了我国粮食的生产成本。虽然我国实现了"谷物基本自给、口粮绝对安全"的战略，但是付出了巨大的环境代价，近几年耕地中重度污染达5000万亩，污染超标率为19.4%，超标面积达3.5亿亩，化肥污染中的氨污染是雾霾形成的重要因素。

根据"藏粮于地、藏粮于技"的粮食政策，调整我国粮食种植业结构和种植水平，降低国内粮食价格，提高粮食产量。"藏粮于地"就是严守耕地红线，加快耕地建设和保护，国家财政农林水的投资额主要是用于农田基础设施建设，改造中低产田和农业科技的投入，大力推进高标准农田建设，同步进行高效节水灌溉工程建设，持续改善农田基础设施，根据粮食的总产量和粮食价格来调整粮食生产结构；改进粮食耕作方式，实行土地休耕政策，来调整粮食播种面积，从而调整粮食总产量，维护粮食供求平衡，进而保证粮食价格的稳定。"藏粮于技"就是增加农业的科技投入，依靠农业科技，增加农业科技含量，从而提高粮食单产水平，使农业走内涵式发展道路。推进种业科技创业，搭建种业科技创新平台，加快选育一批高产优质多抗的新品种；提高农业科技应用水平，提高粮食生产效率；改革户籍制度，鼓励农民工留居城市，鼓励土地大规模向专业大户、家庭农场、农业合作组织和农业公司流转；土地采用规模化、市场化、集约化经营方式，提高农地的机械化率和农地的生产利用效率。从根本上改变我国农业现状，给农业插上科技的翅膀，从提高单产的内涵式途径出发，走农业高产、优质、高效、生态、安全的新型化道路。

7　我国未来十年主要粮食品种价格组合预测及影响因素

7.1　我国未来十年主要粮食品种价格的组合预测

由于社会经济现象的复杂性，即使历史数据相同，但采用的预测工具和方法不同，也会产生不同的预测结果；同时由于在不同时期，影响经济现象的不同因素将会产生不同的影响，社会经济现象波动十分频繁，单一的预测工具和方法极难得到符合现实状况的拟合程度和稳定一致的解释。理论与实践都证明，在各个模型预测结果不同的条件下，组合预测模型所得到的预测值会比任何一个单一模型的预测结果更为精确。

为了降低各个粮食价格预测模型的误差，提高预测的精确性，本书决定采用组合预测来减少各个单一模型的预测误差，提高预测的整体效果。

7.1.1　组合预测的含义

组合预测源自国外学者。1969 年美国学者 Bates 和 Granger 将两组航空乘客数据预测加以组合形成一组新的数据，发现组合预期的误差小于两种独立预测的误差，从而开创了组合预测。P. Newbold 和 C. W. J. Granger（1974）将 Box-Jenkins，Holt-Winters and Stepwise Autoregression 前三种模型单独预测和组合预测进行了比较，发现组合预测的结果更为有利。D. W. Bunn（1975）采用贝叶斯方程能够实现预测的结合。R. L. Winkler 和 S. Makridakis（1984）证明了依据加权平均数的权重来进行组合预测比不进行加权平均权重的组合预测更为精确。C. W. J. Granger 和 R. Ramanathan（1984）研究证明以常数项方式来进行线性预测组合更为合理。F. X. Diebold 和 P. Pauly（1987）认为误差方差最小才是预测组合的最优理论。R. T. Clemen（1989）对组合预测进行了综合叙述，并证明简单组合预测方法的预测精度高于复杂的预期组合方法。

我国学者也对组合预测做了许多实质性工作。孙林岩（1990）讲述了几种基本的组合预测方法。唐小我（1991）通过组合预测误差平方和最小来确定组合预测的加权系数，并采用此方法导出了简单平均预测的最优预测条件。唐小我等（1992）通过研究证明最优组合预测的误差平均和可能并不会减少，同时还对最优组预测的误差平均和的取值范围进行了讨论。曾勇等（1995）认为迭代算法在非负权重最优化的二元组合中具有优势。曾勇等（1999）认为当不同模型预测值相差较大时，用简单平均组合预测远比其他预测方式要优越。陈华友（2003）运用 Shapley 值法将单项预测值进行分配，运用对策论的观点，得到了一种新的组合预测权系数的方法。吴祈宗等（2004）采用模糊方法结合概率论中置信区间原理，来求解组合预测的权重系数，结果表明，该方法比单一预测的结果更为精确。王丰效（2013）运用灰色关联度分析来评价组合预测的精度，并用实例予以证明。殷春武（2013）根据残差平方和最小来确定时间序列组合预测的权重，并将此方法推广到非时间序列。

可见，组合预测是在实际预测过程中，对同一经济现象采用两种或两种以上预测方法来进行预测，由于各预测方法的优缺点不同，将不同预测方法的预测结果进行重新组合，得到新的预测结果，能够减少预测的误差，提高预测的精确度。组合预测一般分为等权预测和非等权预测两种方式，并且国内外专家证明了在不同方法预测值相差较大的情况下，采用简单平均法来进行组合预测，结果更为精确。

7.1.2 主要粮食价格组合结果

组合预测需要考虑不同预测方法的权数，而权数的确定方法很多，根据国内外专家的研究，在预测值相差较大的情况下，简单的组合预测方法就可以取得较好的预测效果。

令 W_i 为组合预测的权重系数，$W_i = \dfrac{S-S_i}{S} \cdot \dfrac{1}{n-1}$，其中 $S = \sum\limits_{i}^{n} S_i (i = 1, 2, \cdots, n)$。其中，$S_i$ 为第 i 个预测方法的标准差，n 为预测方法个数。

本书采用了 Holt-Winters 预测法、VAR 模型预测法、蛛网模型预测法和多元回归预测法，对小麦、玉米、稻谷价格进行预测，得出以下结论，具体见表 7.1、表 7.2 以及表 7.3。

表7.1　小麦价格的四种预测方法结果

预测年度	Holt-Winters 法	VAR 预测	蛛网模型	多元回归模型
2021	2398.367	2375.212	2606.499	2536.875
2022	2562.077	2404.635	2614.954	2523.072
2023	2709.596	2408.837	2687.195	2556.727
2024	2826.891	2411.410	2704.646	2566.709
2025	2763.925	2418.224	2787.063	2576.992
2026	2722.654	2426.762	2746.757	2585.797
2027	2735.028	2436.036	2796.267	2594.640
2028	2756.297	2445.490	2807.043	2603.533
2029	2831.086	2454.821	2826.871	2612.411
2030	2922.794	2463.878	2846.900	2621.368

表7.2　玉米价格的四种预测方法结果

预测年度	Holt-Winters 法	VAR 预测	蛛网模型	多元回归模型
2021	2282.155	2459.208	2606.499	2942.825
2022	2203.178	2538.889	2625.226	2936.846
2023	2224.106	2570.685	2690.439	2930.357
2024	2324.501	2592.288	2727.501	2923.305
2025	2300.166	2619.203	2775.566	2919.052
2026	2365.059	2655.614	2778.28	2919.274
2027	2410.938	2700.803	2736.403	2919.367
2028	2542.240	2752.514	2753.476	2919.288
2029	2626.502	2808.49	2846.516	2919.054
2030	2657.429	2867.003	2849.354	2920.440

表7.3　稻谷价格的四种预测方法结果

预测年度	Holt-Winters 法	VAR 预测	蛛网模型	多元回归模型
2021	2928.067	2855.212	3057.32	3743.756
2022	3107.922	2980.877	3154.60	3756.158
2023	3259.568	3082.562	3150.63	3768.637
2024	3524.426	3168.512	3257.13	3781.140
2025	3408.226	3245.053	3360.43	3790.744
2026	3339.340	3316.071	3476.40	3802.791
2027	3276.577	3384.009	3518.48	3814.889

预测年度	Holt-Winters 法	VAR 预测	蛛网模型	多元回归模型
2028	3259.64	3450.339	3646.67	3827.051
2029	3324.974	3515.921	3734.55	3839.251
2030	3460.978	3581.229	3828.24	3851.503

根据四种预测方法结果，令小麦的权重系数为 W_{wi}，玉米的权重系数为 W_{mi}，稻谷的权重系数为 W_{ri}。

经过计算得小麦四种预测方法的标准差分别为：$S_{w1} = 147.87$，$S_{w2} = 26.52$，$S_{w3} = 85.85$，$S_{w4} = 32.22$；标准差为：$S_w = 292.46$，则小麦的权重系数为：$W_{w1} = \dfrac{S_w - S_{w1}}{S_w} \cdot \dfrac{1}{4-1} 0.165$，$W_{w2} = 0.303$，$W_{w3} = 0.235$，$W_{w4} = 0.297$。

玉米四种预测方法的标准差分别为：$S_{m1} = 162.61$，$S_{m2} = 126.59$，$S_{m3} = 81.53$，$S_{m4} = 8.68$；标准差为：$S_m = 379.41$，则玉米的权重系数为：$W_{m1} = 0.190$，$W_{m2} = 0.222$，$W_{m3} = 0.262$，$W_{m4} = 0.326$。

稻谷四种预测方法的标准差分别为：$S_{r1} = 172.56$，$S_{r2} = 236.92$，$S_{r3} = 274.21$，$S_{r4} = 35.91$；标准差为：$S_r = 719.11$，则稻谷的权重系数为：$W_{r1} = 0.253$，$W_{r2} = 0.224$，$W_{r3} = 0.206$，$W_{r4} = 0.317$。

根据预测方法结果与标准差方法计算出的权重系数，来进行组合预测的计算，得到小麦、玉米、稻谷三种粮食价格的预测结果，见表 7.4。

表 7.4 小麦、玉米、稻谷组合预测结果

预测年度	小麦组合预测（元/吨）	玉米组合预测（元/吨）	稻谷组合预测（元/吨）
2021	2481.44	2621.55	3196.77
2022	2515.24	2626.16	3294.44
2023	2567.82	2653.16	3358.74
2024	2595.00	2684.48	3471.00
2025	2609.14	2697.02	3483.03
2026	2598.05	2718.25	3509.19
2027	2617.18	2726.10	3520.99
2028	2628.73	2767.03	3561.83
2029	2651.18	2819.79	3615.04
2030	2676.41	2839.87	3677.31

由表 7.4 可见，我国小麦价格逐步上升，由 2481.44 元/吨上升到 2676.41元/吨，十年间上升了 18.97%，平均每年上升 1.20%；相对于 2020 年我国小麦实际价格 2228.3 元/吨，十年间小麦价格一直上升，但是价格上升幅度较小。目前我国小麦种植面积较大，供给较为宽松，受国际粮食价格的影响，小麦的价格有所上升。但是从长期来看，由于小麦种植面积稳定，小麦单产将继续提高，据测算到 2025 年和 2030 年我国小麦种植面积分别为 2337.7 万公顷和 2334.4 万公顷，小麦单产将达到 5772 千克/公顷和 5817 千克/公顷。口粮消费保持增长趋势，首先是人口增长的推动作用，虽然随着居民生活水平的提升，人均口粮消费呈现稳中有降的态势，但人口增长将带动口粮消费量保持增长趋势；其次，经济恢复的带动作用，随着新冠疫情常态化防控，生产生活秩序逐步恢复，中国经济将加快恢复性增长，这对面粉消费有一定提振作用；最后，消费升级促进品质加速提升，中国居民对粮食的数量和质量提出了更高的要求，未来小麦产品的绿色、营养、健康需要进一步提升，功能性食品将具有更为广阔的发展空间。饲料用粮高位回落，由于生猪势头良好，规模养殖企业补栏积极性较高，玉米消费需求上升推动价格不断上涨，导致小麦玉米价格倒挂，饲料加工企业直接用小麦替代玉米的数量明显增加。未来十年，随着玉米产量的恢复，小麦玉米比价有望逐步正常，饲用消费量也基本恢复常年正常水平。工业用粮稳中有升，随着中国食品工业的加速发展，小麦工业消费需求将日趋旺盛，行业发展前景良好。

由表 7.4 可见，我国未来十年玉米价格持续上升。玉米价格为 2621.55～2839.87 元/吨，玉米价格十年上涨 25.92%，年平均上涨 2.59%，价格上涨主要集中在前两年，之后价格小幅上升，较为稳定。玉米主要用于畜牧养殖业饲料消费和工业深加工消费。2020 年，国内玉米饲料用消费出现恢复性增长，深加工消费稳中有增，国内玉米消费呈增长态势，全年消费量约为 2.88 亿吨，比上年增长 2.1%。玉米价格高企的原因主要包括：首先，玉米生产连年调减，产需出现较明显缺口，叠加国家临储玉米去库存进程基本结束，市场认为玉米中长期供求关系紧张，而国家调控能力减弱，各方主体对价格上涨预期比较一致；其次新冠疫情全球蔓延引起国际对粮食安全问题的担忧，一些国家采取了限制粮食出口等措施引发资本炒作，推动了国际粮价上涨，并传导到国内；生猪生产快速恢复，刺激了玉米饲用消费恢复增长，拉动了玉米价格上涨，并一直保持高位。虽然玉米国内需求旺盛，供给不足，并且有进口配额限制，但是玉米价格较为稳定，主要是玉米替代品较多，如小麦、大麦、高粱、木薯、玉米酒糟等，并且大麦、高粱、木薯、玉米酒糟没有进口配额。

由表 7.4 可见，我国稻谷价格逐年提高。这与我国稻谷的需求状况相适应。从预测结果来看，我国未来十年稻谷价格最高为 3677.31 元/吨，十年上涨了

33.53%，平均每年上涨3.35%。从这个上涨速度来看，我国未来十年稻谷价格的上涨速度较快。据农业部估算，稻谷播种面积将有所扩大，从中长期来看，中央提高粮食供给保障能力的方向不会变，坚决遏制耕地"非粮化"等措施不会减弱，在政策持续支撑下预计稻谷面积将继续扩大，优质稻谷播种面积将继续增加。由于大米的消费主要受到人口和消费偏好的影响，城镇化的快速发展以及人口增长的因素影响，我国未来十年稻谷需求稳步增长。受收入水平提高的影响，我国大米消费尤其是高端大米的消费需求增加，使得大米价格出现分化，这也无形中提高了我国大米的价格。

根据以上分析，我国未来十年小麦、大米需求较为稳定，但是玉米由于养殖业态势良好而需求旺盛，价格高企。国内小麦价格主要受玉米价格带动，未来短期内国内玉米供需形势仍将是影响小麦价格的主要因素，但从长期看，小麦价格主要受国内供需格局和价格政策的影响，从产销形势来看，国内小麦供需将持续呈紧平稳特征，推动国内价格逐渐走强，小麦品种间、区域间因供需形势差异，价格走势可能出现分化，市场优质的特征会持续强化。稻谷价格稳中略涨，从中长期来看，在粮食稳产保供措施的支撑下，预计稻米产需保持平衡，同时受成本上升等因素拉动，价格将保持稳中略涨趋势。未来十年玉米价格高位波动，一方面，国内玉米供求关系趋紧、成本上升、生猪产能较快恢复等，将对玉米价格保持高位形成支撑，玉米生产成本较高对价格形成支撑；另一方面，玉米价格市场程度越来越高，国内外市场联动性明显增强，国内玉米价格波动越来越频繁，波动幅度加大。

7.2 影响我国未来十年粮食价格其他因素说明

通过组合预测，本书得到了未来十年的粮食价格预测结果，并且通过分析预测结果，本书认为组合预测未来十年的三种粮食价格较为合理。粮食作为一种商品，受到市场因素的影响；但是粮食由于生产全程受自然力的影响，周期长，变化较大，人工无法控制；而粮食是人类生存的必需品，无法替代，从这个方面来讲，粮食是一种公共产品，政府必须满足国内粮食需求，因此粮食生产除受到自然力的影响外，政府重视国家粮食生产，政府政策对粮食生产有着重要促进作用，当国内无法满足国内市场需求时，就需要向国际市场进口粮食；粮食生产本身受能源因素的影响，但也可以作为生产生物能源的材料使用。

7.2.1 政府政策对粮食价格的影响

农业是国民经济发展的基础，"民以食为天""食为政首"，保障国内粮食的充足供应，有利于维持国内经济持续、健康、稳定发展。政府的农业政策主要有农业土地政策、农业价格政策、农业税收与补贴政策、农业基础设施政策、农业科技政策、粮食政策等，这些政策的实施对粮食的生产供给和价格有着重要的影响。

7.2.1.1 土地政策对粮食价格的影响

由于土地是粮食种植的直接承载体，没有土地就无法种植粮食。土地管理政策通过影响粮食产量间接影响粮食价格。好的土地管理政策通过激发农民的种粮积极性和增加粮食产量而使得粮食价格下降。

第一个阶段是农民土地所有制（1949~1955年）。1947年中国共产党在河北西柏坡通过并公布了《中国土地法大纲》，宣布废除封建地主阶级土地所有制，实行农民土地所有制。1949年全国解放后，国内开始了大规模的土地改革运动，并于1950年公布《中国土地改革法》，以正式法律条文的形式确立"废除地主阶级土所有制，实行农民土地所有制"。土地改革结束了我国长达2000多年的封建剥削阶级土地制度，使我国3亿多无地少地农民无偿分得7亿多亩土地及其他生产工具，极大地激发了农民参与社会主义建设的积极性。由于落后的生产力和生产条件，为了更大程度地进行生产，农民根据"自愿、互惠"原则走上了合作化道路，相互使用对方的犁、牛等生产工具及农田水利灌溉等。

农民土地所有制在当时国内生产条件非常落后，缺乏农药、化肥、良种及大型农业生产机械的情况下，极大地激发了农民生产的极积性，并取得了巨大的成绩，据廖洪乐（2008）估计1952~1955年我国粮、棉、油的产量分别增长39%、119%、62%。粮棉油产量的大幅度增长，极大地丰富了当时匮乏的物资，稳定了当时混乱的物价。

第二个阶段是农村集体土地所有制（1956~1978年）。1956年10月中共中央七届六中全会通过《关于农业合作化问题的决议》，要求农民尽快组织加入合作社，"采取共同劳动、集体经营的方式"。会后，我国农业合作化运动迅速开展起来，全国87.8%的农民加入高级社，人民的劳动成果变为集体所有。到1958年中央开始了"小社并大社"运动，之后开始了"人民公社化"运动。农民的土地转变为"三级所有，队为基础"。农民失去了土地的所有权。林毅夫（1990）认为人民公社条件下，由于社员缺乏退社的自由，再加上农业生产监督高昂的成本，致使生产队社会缺乏有效的监督机制，合作社就陷入了"囚徒困境"。我国人民公社劳动生产率较低，粮食生产量无法满足快速增长的人口需求，我国一直处于粮食缺乏状态。但是由于是国家实行强制性的统销统购政策，粮食价格由国家制定，并不能反映真实的粮食市场价值。

中国人口、农业总产值、粮食产出与农民人均纯收入见表7.5。

表7.5 中国人口、农业总产值、粮食产出与农民人均纯收入

年份	人口（百万）	农业总产值（1952=100）	粮食产出（百万吨）	农民人均纯收入（元）
1978	962.6	191.3	304.8	133.6
1979	975.4	204.2	332.1	160.2
1980	987.1	203.6	320.5	191.3
1981	1000.7	217.4	325.0	223.4
1982	1015.4	241.2	354.5	270.1
1983	1025.0	261.7	387.3	309.8
1984	1034.8	291.7	407.3	355.3
1985	1045.3	291.2	379.1	397.6
1986	1057.2	299.1	391.5	423.8
1987	1093.00	318.3	402.98	462.6
1988	1110.26	322.4	394.08	544.9
1989	1127.04	330.4	407.55	601.5
1990	1143.33	356.7	446.24	686.3
1991	1158.23	360.1	435.29	708.6
1992	1171.71	375.3	442.66	784.0
1993	1185.17	394.9	456.49	921.6
1994	1198.50	407.5	445.10	1221.0
1995	1211.21	439.7	466.62	1577.7
1996	1223.89	474.0	504.53	1926.1
1997	1236.26	495.2	494.17	2090.1
1998	1247.61	519.6	512.29	2162.0
1999	1257.86	542.0	508.38	2210.3
2000	1267.43	549.6	462.17	2253.4
2001	1276.27	569.4	452.64	2366.4
2002	1284.53	591.6	457.06	2475.6
2003	1292.27	591.6	430.69	2622.2
2004	1299.88	641.9	469.47	2936.4
2005	1307.56	668.2	484.02	3254.9

续表

年份	人口（百万）	农业总产值（1952=100）	粮食产出（百万吨）	农民人均纯收入（元）
2006	1314.48	704.2	498.04	3587.0
2007	1321.29	731.7	504.14	4140.4
2008	1328.02	766.7	534.34	4760.6
2009	1334.50	796.0	539.41	5153.2
2010	1340.91	828.3	559.11	5919.0
2011	1349.16	875.0	588.49	6977.3
2012	1359.22	913.5	612.23	7916.6
2013	1367.26	953.5	630.48	8895.9
2014	1376.46	995.3	639.65	10488.9
2015	1383.26	1040.5	660.60	11422
2016	1392.32	1068.4	660.44	12363
2017	1400.11	1114.5	661.61	13432
2018	1405.41	1179.6	657.89	14617
2019	1410.08	1268.2	663.84	16021
2020	1412.12	1377.2	669.49	17131

资料来源：国家统计局网站，http：//data. stats. gov. cn/easyquery. htm？cn＝C01。

　　第三个阶段是家庭联产承包责任制（1978~2003 年）。一是家庭联产承包责任制的形成时期（1978~1984 年）。1978 年由安徽小岗村 18 户农民开始发起的"大包干"拉开了我国农村土地改革的序幕。1983 年中央一号文件高度评价了家庭联产承包责任制，认为"这是在党的领导下我国农民的伟大创造，是马克思主义农业合作化理论在我国实践的新发展"。同时要改革我国人民公社制度。家庭联产承包责任制使农民获得了土地的使用权。林毅夫（1988）认为"一个在家庭责任制下的劳动者的激励最高，这不仅是因为他获取了他努力的边际报酬的全部份额，而且还因为他节约了监督费用"①。不仅如此，家庭联产承包责任制能够使劳动者自主决定生产和独立地分配劳动时间，保证家庭成员之间合理的分工协作（樊万权，2008），从而促进农业和农村经济的发展。1978~1984 年农业以不变价格计算，年均增长 7.5%。林毅夫运用生产函数和反生产函数两种方法研究发现：在运用生产函数估算中，以不变价计算，42.30% 的农作物总产值的增

---

　　① 林毅夫. 制度、技术与中国农业发展 [M]. 上海：格致出版社，上海三联书店，上海人民出版社，2008.

加值中，家庭联产承包责任的贡献率达到了 46.89%；在运用反生产函数估算中，由家庭联产承包责任制使生产率提高达到了 42.20%，而农产品提价的贡献率只有 15.89%。

　　二是家庭联产承包责任制的完善和发展时期（1984~1999 年）。经过几年的发展，家庭联产承包责任改革产生的激励机制释放殆尽，农业进一步增长回归正常途径，即物质投入进一步增加和农业技术进步。1984 年我国粮食产量进入历史最高水平，我国农民开始了第一次"卖粮难"。1985 年我国开始了新一轮的粮食价格及粮食流通体制改革。政府用合同定购代替了向农民强制收购，用合同价格替代了定购价及超过强制定购之外的超购价，这一价格上的变化使得农民的粮食边际价格下降了 9.2%。①

　　由于家庭联产承包责任制，农民只拥有承包期内土地的使用权，而没有土地的所有权。在市场经济中，产权是影响投资的关键因素，经济主体会根据自身的产权状况来选择其投资行为。Besley（1995）以加纳为例，论证了稳定的产权是促进经济增长的有利因素，只有产权稳定，投资回报才能确定，投资主体才愿意进行投资。Alchian 和 Demsetz（1972）认为如果没有确切的产权制度保护，投资主体不会进行长期投资。樊万权（2008）认为农地产权制度对农民努力的激励程度，取决于这一制度所内含的农民努力与收益报酬的一致性。有保障的农地产权制度，可以促进农民将资源和努力用于生产性活动，从而促进农业经济的增长。有效的农户投资，不仅能够提高农户收益率，增加农户收入和福利水平，还可以促进农村经济增长（朱喜等，2010；舒尔茨，1978），甚至促进经济增长方式的转变，实现经济的可持续增长（Zhu and Yang，2007）。

　　而我国家庭联产承包责任初期农民土地承包期短，农村土地频繁调动，致使农民不愿对土地进行投资，造成土壤肥力下降等问题；同时农村被分割成不同条块，土地细碎化程度十分严重，不利于大型机械耕作。在最初的农业快速增长期过后，1985~1989 年我国农业停滞不前，粮食生产下降。林毅夫（1992）、姚洋（1998）都认为，土地制度的稳定性对农业投资及农业产出都具有正向的促进作用。

　　第四个阶段是支持土地承包权流动时期（2003 年至今）。虽然清晰的产权界定、长期稳定的土地承包权能够鼓励农民投资的积极性，但农户之间的异质性或中国农村的异质性限制了土地效率的真正发挥。土地使用权的自由流转打破了农户之间的异质性限制，能够真正促进农地资源的优化配置，从而提高粮食产量，促进农民收入增长，促进农村经济的增长。

---

　　① 林毅夫.制度、技术与中国农业发展［M］.上海：格致出版社，上海三联书店，上海人民出版社，2008.

由于 20 世纪 90 年代我国粮食大丰年整体上来年供大于需，粮食价格大跌，严重打击了农民种粮的积极性，我国粮食产量 2000 年起开始下降，农民收入增长缓慢。为了提高农民收入，鼓励农民种粮的积极性，国家一方面实行了粮食最低价收购价政策，另一方面开始规范和支持土地流转，以使土地能够流入种粮大户、农业合作组织及农业公司手中，从而促进农业资源取得最优配置，农地利用效率最大化，从而维护国家粮食安全。

2002 年 8 月《中华人民共和国农村土地承包法》规定土地承包方可以"依法、自愿、有偿地进行土地承包经营权流转"，2005 年农业部发布了《农村土地承包经营权流转管理办法》鼓励农村土地流转。2006～2010 年几个中央一号文件纷纷对农地承包权的依法、自愿、有偿转让做了一定指示，并鼓励农民将土地有偿转让出去。

农户土地承包权的流转给我国农户和农村经济带来了巨大的变化。北京天则经济研究所《中国土地问题》（2010）研究了六个土地流转的案例，土地流转的方向有专业大户、专业合作组织及农业企业；农地流转是传统农业经营面临危机的必然选择，细碎化的土地分配及一家一户的小农户经营无法满足现代农业所需的社会化生产和专业分工的需要，无法适应现代农业标准化和产业化需求，也不利于农业的生态化发展。薛凤蕊等（2011）利用 DID 模型对内蒙古鄂尔多斯参与及未参与农地流转的农户调查发现，参与农地流转的农户收入明显高于未参与农地流转的农户，并且此收入还具有一定的持续性。闫小欢等（2013）指出农地的社会保障功能与农民的非农就业机会不稳定，使得大多数农户的土地流转意愿不强。陈园园等（2015）通过晋西北 296 户的调查数据，经研究发现，土地转入的农户，由于土地规模的增加，增加了对土地的物质投资、劳动力投入，提高了农民的劳动生产率，并提高了土地产出水平。

从以上研究发现，农地流向专业大户、合作组织、种粮能手及农业公司，能够促进农业资源向土地流入，增加对土地的投资，促进农业分工和专业化程度，使得土地获得规模报酬，从而提高农民收入和促进农村经济的发展。这一点也可以从我国粮食产量连续"12 连增"得到证实。粮食的"12 连增"，使得我国粮食满足了经济发展和人口增长对粮食需求的刚性增长，维护了国家粮食安全，纵然国家实行粮食托市收购政策，但是 2014 年、2021 年小麦和水稻名义价格没有增加，玉米价格下降，是粮食"18 连增"的结果。

土地是粮食生产的承载物，国家未来十年定会继续稳定家庭联产承包责任双层经营的体制，并在此基础上，稳定农户土地的承包权、使用权、收益权，从而鼓励农户土地流转，使土地资源在农业市场上得到最优配置，从而实行土地产能的最大化，粮食产量也会逐年提高，价格可能会随着产量的提高而下降。

7.2.1.2　农业价格政策

在市场经济中，价格是通过引导消费者和供给者的行为，从而促进整个社会达到资源的最优配置状态。但是由于粮食的不可替代性，当外面冲击过大时，价格波动幅度过大且过于频繁时，会出现"米贵伤民"和"谷贱伤民"现象，在此情况下，政府会进入市场，干预粮食价格，从而减少粮食价格的波动频率和波动幅度，提高农业资源的配置效率，提升整个社会的福利水平。

我国农业价格政策大体经历了五个阶段，每一个阶段都有其特定的历史原因，都对我国经济社会发展做出了一定的贡献。

第一个是统销统购阶段（1949~1978 年）。新中国刚刚成立，为了保证国家物资供应，为社会主义建设积累资金，采取了"以农补工"的"计划经济制度"。这一制度主要是通过提高工业品价格、压低农产品价格即工农产品"剪刀差"的形式来进行。就粮食而言，国家实行的是统销统购制度。国家以规定的价格每年对农村下达粮食定购任务，由人民公社来分配给每个生产大队。国务院于1955 年 8 月公布了《农村粮食统销统购暂行办法》和《市镇粮食定量暂行供应》，这两份文件对粮食统销统购做了政策性的规定。当然人民公社制度安排，不是为了农业资源与产量最大化，而是为了获取剩余最大化。当然为了鼓励农民交粮的积极性，1957 年、1961 年、1966 年我国曾提高粮食统购价格，但并没有从根本上改变粮食价格极低的情况。据统计，1953~1978 年仍然从农业中索取超过 8000 亿元[①]剩余资金用于城市建设。

我国"以农补工"制度设计在当时的条件下，确实起到了缓解国内建设资金紧张和粮食供应匮乏的作用，从而使得我国在当时"一穷二白"的情况下，建立相对独立的工业体系和国民经济体系。但是这种"抽血机"似的制度安排，把大量农业剩余从农村转移到城市，去支持城市建设，农业缺乏积累，严重破坏了农业的自我发展能力。农业的综合生产能力被人民公社制度安排持续弱化，农业在国民经济中的基础地位得不到发挥，制约了国民经济的进一步发展。

第二个是粮食价格提高阶段（1979~1984 年）。由于农产品价格极低，再加上人民公社制度，我国 1950~1977 年 27 年间农业劳动生产率仅增长 3.5%。到了1978 年农民人均纯收入只有 134 元，农民生活举步维艰，极端贫困，极有可能引发农业危机，在这种情况下，提高农民收入，改善农民生活成为社会的重中之重。1979 年国家粮食统购价提高了 20%，超购加价 30%~50%。1980 年小粮价格又提高了 4.6%。1982 年国家对地方粮食实行征购、销售、调拨包干，合同一定三年不变，农民完成国家征购任务后，有权自主处理家庭余粮。由于国家政策

---

①　发展研究所综合课题组．改革面临制度创新［M］．上海：上海三联书店，1988.

有力，到了 1984 年，粮食总体收购价格上涨了 98.1%，农民收入迅速提高，为我国农业经济的繁荣奠定了坚实的基础。

第三个是粮食价格"双轨制"阶段（1985~1997 年）。1985 年中央一号文件提出粮食价格按照"倒三七"比例来执行（当年定购的粮食，三成按原购销价，七成按超购价）。"双轨制"即在粮食购买方面，国家强制低价收购与市场收购价格并存；在粮食销售方面，国家低价销售与市场价格销售并存。1992 年国家决定在全国范围内实行"购销同价"，1993 年国家正式提出粮食流通体制改革，全国 98% 的地方取消了城镇人口的低价定量口粮供应。1994 年国家决定对定购的全部粮食实施"保量放价"政策，即保留一定的收购数量，但是政府收购价格随行就市。1995 年开始实行"米袋子"省长负责制。这一阶段是从计划到市场的转型阶段，粮食是计划和市场并存的双轨制并存，由于购买价格与销售数量的倒挂，造成国家财政补贴不断加大，国家财政不堪重负。

第四个是保护价格敞开收购农民余粮阶段（1998~2003 年）。1993~1998 年连续几年农业大丰年，粮食供大于求，粮食价格下降。为了保护农民种粮的积极性，解决农民"卖粮难"问题，1998 年国家决定按照保护价格，敞开收购农民余粮。1998~2002 年，国家平均每年收购农民余粮 2270 亿斤，保护了农民的利益。粮食供给过剩阶段过去。

第五个是最低收购价格制度的建立阶段（2004 年至今）。90 年代中期农民收入尤其是粮食主产区增长缓慢，城乡收入差距扩大。由于粮食价格不断下跌，严重影响了农民种粮的积极性，部分农民甚至抛荒，2003 年全国粮食产量大幅度减少。从 2004 年起，国家对稻谷实行最低收购价格制度，2006 年扩大到小麦，2007 年扩大到东北玉米。

粮食最低收购价政策与粮食保护价格政策有所不同：①粮食最低收购价政策是一种托市收购市场，是依托市场粮食市场化改革而来的，如果粮食市场价格低于最低收购价格才执行；而粮食保护价是根据粮食定购政策来执行的。②粮食最低收购价政策是针对粮食主产区的政策，收购有一定的时间限制；而粮食保护价政策却是针对全国所有地区的，收购是全年都在执行。③粮食最低收购价政策是在收购主体多元，而粮食保护价收购主体只有垄断的国有粮食部门。

2004~2007 年，我国的最低收购价并没有发生变化。但是自 2008 年国际金融危机后，面对国内农业生产成本连年上涨的状况，为了维护农民种粮的积极性，我国 2008~2014 年连续 7 年上调粮食最低收购价。2008~2014 年小麦价格提高了 63.9%；水稻价格提高了 90% 以上，而 2007~2014 年玉米价格也提高了 60%。①

---

① 陈锡文谈粮食安全：着力提升"中国粮"竞争力 [N]．中华粮网，2016-08-05．

最低收购价和粮食收储制度设计之初的目的为在粮食市场化过程中，粮食市场购销多元化过程中，保护种粮农民利益，防止农民"丰产不丰富""谷贱伤农"。但是在执行过程中，由于连年提价，粮食最低收购价却偏离了最初的目的，干扰了粮食市场正常的粮食价格形成规律，使得我国粮食价格连年上升，远远超过了当期国际粮食市场价格。

　　最低收购价格政策，极大地激发了农民种粮的积极性，使我国粮食产量"12连增"。马增林等（2011）、江喜林（2013）、张玉周（2013）都对最低收购价政策的作用进行了实证，发现最低收购价政策有效提高了农民种粮的积极性。

7.2.1.3　农业税收与补贴政策

　　农业税是国家依照一定的法律规定向从事农业生产并取得农业收入的单位和个人征收的一种税。我国从1949年后农民面临国家税；国税之后还有"村提留乡统筹"，村提留包括公积金、公益金、管理费，乡统筹包括乡村两办学支出、计划生育支出、优抚支出、民兵训练支出、乡村道路修建费等；还有其他乱收费、乱摊派、乱罚款。这些税费严重干扰了农民的生活，加重了农民的负担。到20世纪90年代，农民负担过多，城乡差距过大，城乡矛盾尖锐。农民不愿种地，农村土地撂荒严重，粮食产量连年下降。国家虽然出台了不少文件，要求降低农民负担，但是效果并不明显。政府从2004年起，开始减少农业税，到2006年全面废除农业税。

表 7.6　粮食最低收购价格执行预案情况表

年份＼品种	早稻（元/斤）	中晚稻（元/斤）	粳稻（元/斤）	白麦（元/斤）	混小麦（元/斤）	玉米（元/斤）		
						内蒙古、辽宁	吉林	黑龙江
2004	0.70	0.72	0.75					
2005	0.70	0.72	0.75					
2006	0.70	0.72	0.75	0.72	0.69			
2007	0.70	0.72	0.75	0.72	0.69	0.70	0.69	0.68
2008	0.77	0.79	0.82	0.77	0.72	0.76	0.75	0.74
2009	0.90	0.92	0.95	0.87	0.83	0.76	0.75	0.74
2010	0.93	0.97	1.05	0.90	0.86			
2011	1.02	1.07	1.28	0.95	0.93	1.00	0.99	0.98
2012	1.20	1.25	1.40		1.02	1.07	1.06	1.05
2013	1.32	1.35	1.50		1.12	1.13	1.12	1.11
2014	1.35	1.38	1.55		1.18	1.13	1.12	1.11

续表

年份 \ 品种	早稻（元/斤）	中晚稻（元/斤）	粳稻（元/斤）	白麦（元/斤）	混小麦（元/斤）	玉米（元/斤）		
						内蒙古、辽宁	吉林	黑龙江
2015	1.35	1.38	1.55		1.18	1.00		
2016	1.33	1.38	1.55	1.18	1.18			
2017	1.30	1.36	1.50	1.18	1.18			
2018	1.20	1.26	1.30	1.15	1.15			
2019	1.20	1.26	1.30	1.15	1.15			
2020	1.21	1.27	1.30	1.12	1.12			
2021	1.22	1.28	1.30	1.13	1.13			

资料来源：各年最低收购价格执行预案。

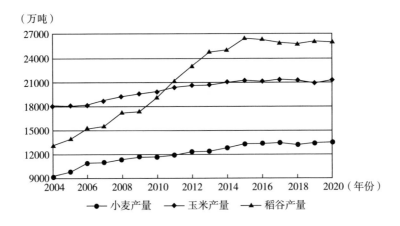

图 7.1　2004~2020 年我国三大主粮产量

　　为了维护国家粮食安全，支持粮食生产，保证国内粮食供应，我国政府实行了粮食生产补贴政策：一是农民种粮直接补贴和农资购买补贴，属于收入型补贴，直接发放到种粮农民手中，防止农业物资上涨造成农民种粮生产成本上升；二是良种补贴、农机购买补贴和农机报废补贴，属于生产型补贴，鼓励农民采用农业新技术，提高农作物产量，提高劳动生产率；三是最低收购价政策和农业保险政策，属于保障型政策，给种粮农民以"定心丸"，鼓励农民种粮，减少种粮农民的损失。

　　减税使得农民负担大幅度减轻，据郑有贵等（2008）测算，农民负担与减税前的 1999 年相比,共减轻 1355 亿元,人均 140 多元。[①] 农业补贴体系不断健全,种类不断扩大,粮食产量不断增长,农民种粮收益也有所增加,农业机械化水平大幅度提高。

但农业补贴也存在不少问题。王小龙(2009)认为我国的农业补贴政策在促进农民收入和保障国家粮食安全方面发挥了很好的作用,但是成本效应不成比例,国家为此付出的成本太大。占金刚(2009)认为农业补贴金额较小,补贴结构不合理,并没有发挥应有的作用。有学者认为粮食直补和农资综合补贴属于"普惠性"制度,对粮食生产并没有明显的刺激作用(张继承,2011)。江喜林(2013)也对粮食收入型补贴进行了批评,认为对农业生产没有起到相应的作用,但作者认为生产型补贴和最低收购价格政策较好地鼓励了农民种粮的积极性,起到了相应的政策效果(马增林等,2011;张玉周,2013)。张宇青等(2015)通过 2004~2012 年的省际面板数据检验,发现种植面积与补贴呈负相关,工业化水平对补贴影响不显著,但是农业经济的比重、补贴的发放方式、对农业收入的依赖程度和补贴力度与我国粮食政策有显著的相关性。

通过学者们的研究发现,由于农民外出务工的机会增多,非农收入较高,我国粮食补贴政策中的直接补贴方式由于金额过少,并没有对我国粮食生产产生多大影响。农业收入比重较大,对农业收入依赖程度较高的地区和个人,受农业补贴政策的影响较大。因此我国政府应该改革农业补贴的发放方式,对经济较为发达的地区,土地达不到一定的规模,不再发放农业补贴,以此来促进农地流转,提高农业生产效率。

7.2.1.4 农业科技政策对粮食价格的影响

农业生产领域发展规律性的知识体系及其在农业生产中应用成果的总称为农业科技(钟甫宁,2012)。农业政策一般指为达到某种农业目标所采取的措施。政府的农业政策目标一般有维护国家粮食安全、提高农业劳动生产率、促进农民收入增长、保护环境,提高一国农业在国际上的竞争力等。提高农业科技投入,对增强农业科技创新能力,推广农业科技有着重要作用。赵其国等(2012)认为我国用占世界 1/5 的土地养活占世界 1/5 的人口,由于人口消费需求旺盛,到 2020 年我国国内粮食自给率将降到 87%(包括豆类、薯类、谷物类),为维护国家粮食安全,农业科研需要取得重大突破的领域有现代育种、精准农业、资源节约型农业等。吴林海等(2013)根据 1986~2011 年我国农业科技投入与农业经济增长的数据,运用 VAR 模型,证明农业科技投入对农业经济增长的促进作用为 0.6823。杜娟(2013)运用 DEA 模型对我国粮食主产区和非粮食主产区进行

---

① 郑有贵,李成贵. 一号文件与农村改革[M]. 合肥:安徽人民出版社,2008.

农业资金投入与产出的评价，结果显示我国农业资金投入力度较小，造成产出过小，我国需要加大农业资金的投资力度，以提高农业产出效率。

根据学者的研究来看，我国"十三五"期间由于人口增长，膳食结构改善，粮食需求旺盛，而国内农业资源有限，需要在农业科技方面有重大突破才能解决我国粮食问题。而农业科技资金的投入对农业产出的增加有极大的促进作用，当前，由于农业科技资金投入量过小，许多地区的农业科技作用并未完成显现。

7.2.1.5 农业基础设施政策

农业是国民经济的基础，而农业基础设施则是农业的基础，对农业的持续稳定发展具有重要意义。发达的农业基础设备能够降低农业生产的成本，防范和化解农业风险（如农田水利基础设施），提高农业生产劳动生产率。

改革开放40多年来，我国农业基础设施建设取得了重大成果，为农业发展奠定了坚定的基础。第一，突出农产品生产基地建设（1978~1997年）。改革开放后，我国牲畜产品和经济作物供给短缺严重，这一时期的农产品生产基地建设突出经济作物和牲畜产品以及工业原材料基础的建设，主要建设农产品生产基础和农田水利。第二，农业综合生产能力建设（1997年至今）。重点加强农田水利建设，提高农产品综合生产能力，建立农业支持保护体系。我国农业基础设施建设取得显著成果，农田水利设施总量大幅增加，2011~2000年年增长3.8%；农田有效灌溉2011年达到了11.76%，面积达到了61682千公顷；防洪抗旱减灾能力明显增强。

7.2.1.6 我国农产品关税政策对粮食价格的影响

关税是商品经过主权国家的海关关口，由主权国家根据商品的价值征收的强制无偿的税收。关税有进口税和出口税两种。本书所讲的关税是进口关税。不可否认，关税无论高低，都阻碍了自由贸易的发展，但却是对主权国家国内产品的一种保护。

第一，计划经济体制下我国农产品进口关税政策对粮食价格的影响（1949~1992年）。

我国于1950年发布了《关于关税和海关工作的决定》，据此在1951年6月发布了《海关税则》和《中华人民共和国海关进出口税则暂行实施细则》（以下简称《细则》），《细则》把所有商品分为四类：必需品、需要品、非必需品、奢侈品，根据这四种类型进行海关关税的划分。其中大米为必需品，关税税率为17.5%；小麦为需要品，关税税率为25%；农产品关税平均税率为97.2%。在计划经济体制下，粮食价格由国家制定并在全国范围内执行，虽然20世纪80年代改革后，海关关税多次调整，1985年农产品平均关税税率降为43.6%，在国内粮食价格远低于国际粮食价格的情况下，进口仍无法对国内粮食价格构成影响。

第二，经济体制改革下我国农产品进口关税政策对粮食价格的影响（1992~2000 年）。

自 1992 年以来，随着中国市场经济体制改革的确立，为了参与国际社会化大分工和融入世界经济大熔炉，中国积极"复关"，决定"入世"。在这种情况下，1992 年中国为"复关""入世"做准备，开始根据世界贸易组织（WTO）规则积极调整关税，农产品关税平均税率为 42.5%。1996 年再次大幅度降低农产品关税，调整后农产品平均关税税率为 23.4%，但是粮食品种税率并没有太大变化。这一时期，我国农产品由原来的保护政策转变为重点保护。这一时期，我国国内粮食价格远低于国际粮食市场价格，国内粮食供应充足，并出现区域性和结构性过剩，国际粮食市场对中国国内粮食市场价格没有影响。

第三，加入世界贸易组织后我国农产品进口关税政策对粮食价格的影响（2001 年至今）。2001 年我国加入世界贸易组织，作为世界贸易组织的成员，必须遵守世贸组织的"游戏规则"，对于农业的扶持政策也是如此。根据对世界贸易组织所做的承诺，我国每年会对小麦、大米和玉米制定进口配额，对进口配额以内的进口粮食征收 1% 的关税，但对进口配额以外的进口粮食征收 65% 的关税。由于我国国内粮食价格低于国际粮食市场价格，进口粮食价格高于国内市场价格，我国粮食进口并没有超过国内粮食进口配额。由于粮食进口配额在我国粮食市场占有较小份额，对国内粮食价格没有太大影响。

但是 2009 年以来，由于我国上调这三种粮食的收购价，使得我国国内粮食价格远高于国际粮食市场价格。国际进口粮食即使征收 65% 的超配额关税后，进口粮食价格仍然低于国内价格，使得我国超配额关税失去对国内粮食的保护作用。即便如此，我国三大主粮进口仍然没有超过国内配额。

但是随着国内经济的发展，人民生活水平的提高，肉鸡奶消费的增加，饲料用玉米的需求量逐渐加大，饲料用玉米可以被大麦、木薯、高粱、酒糟蛋白饲料（DDGS）等替代，并且替代物进口没有配额限制，关税只有 3%。由于国内玉米价格的大幅度上涨，再加上超配额玉米进口量的关税限制，我国玉米的替代物（大麦、木薯、高粱、DDGS）大量增加。据海关统计数据显示，2015 年我国大麦进口 1070 万吨，高粱进口 1069 万吨，DDGS 进口达到创纪录的 682 万吨，木薯进口 937 万吨。玉米替代物的大量进口，直接导致我国玉米库存大量增加，国内玉米产量过剩。农业部不得不在 2015 年 11 月发布《关于"镰刀弯"地区玉米结构调整的指导意见》，调整我国部分地区作物种植结构，减少玉米种植面积 5000 万亩。同时国家决定放开玉米市场价格，不再制定玉米最低收储价格，这些措施的实施，使得我国 2015 年 8 月以后玉米价格大幅度下跌。

可以肯定的是，我国未来十年仍不会放弃口粮（小麦、大米）最低收购价制度，不会放弃对我国小麦和稻谷的保护，以保证"谷物基本自给、口粮绝对安全"，让"中国人的饭碗里装中国粮"。中国小麦和稻谷的价格仍然决定于国内粮食市场，粮食托市收购制度仍然在国内粮食市场起重要作用。由于国家放开了玉米价格，让玉米价格随着市场的需求按照价值规律自由波动，我国玉米价格在当前供给过剩的条件下，会出现一段时间的大幅度下滑。随着国家粮食供给侧改革，对玉米种植和供给进行宏观调控，玉米价格下滑一段时间后，会再次出现一定幅度的上涨。

7.2.2 气候变化对粮食价格的影响

气候变化是一个长期的过程，科学研究和实践观察都证明，近 100 年来，全球气温一直处于缓慢的上升过程，即气候变暖。这是由于自工业革命以来，特别是石化能源的使用，导致了大量温室气体排放入大气层中，这是气候变暖的主要因素。由于气候全球变暖，冰川和积雪融化加速，冰雹、干旱、暴雨、雨季的变化、飓风等极端天气频发，对不同区域的农业生产产生不同的影响，但总的趋势是弊大于利，据预测未来全球气候变化的不利影响还将进一步增大。

关于气候变化对农业的影响，国外学者较早开展了研究。Robert Mendelsohn 等（1994）采用美国 3000 个县的面板数据分析，认为即使没有施用氮肥，气候变暖对农业也可能产生有利影响。Cynthia Rosenzweig 等（1994）分析了全球气候变暖对农业的影响，认为气候变暖对农业的影响并不大，但气候变暖的冲击往往被发展中国家的农民承担了，同时无论是发达国家还是发展中国家，根据气候变化调整种植结构，气候变暖对农业的影响都将会大幅减少。Barry Smit 等（2002）认为加拿大农业应对气候变化政策受到四个方面的影响：一是技术的发展；二是政府政策与保险；三是农业生产实践；四是农场财务管理。为了更好地执行气候变化应对措施，就要理解气候未来变化与现代农业耕作水平、政府决定程序和风险管理框架。P. Kurukulasuriya 等（2003）认为气候变化对热带和贫困国家影响最大，其绝大多数影响是有害的，特别是对农业生产、土地和水的影响很大，由于气候变化严重影响了贫困国家农业生产率，加重了其贫困程度，世界应该联合起来，采用新的技术，改变农作物的种植类型和种植位置等，以应对气候变化。Jouni Paavola（2004）通过对坦桑尼亚 Morogoro 地区调查发现，气候变化使农户生活过度依赖森林，造成水土流失和森林砍伐，进一步加剧了气候变化给农户带来损害的不确定性，应该让农户进一步进入市场，减少对森林的依赖程度，生活多样化，降低农业损失对农民造成的损失程度。Hallie Eakin（2005）根据人种学对三个社会的调查数据，采用多种衡量标准来判断全球化、市场化以及气候变化对墨西哥小农户的影响，发现小农户应对气候变化的能力较低，需要政府介入来支持小农户应对气候变化。2007 年世界气候变化非洲报告突出了非洲国家农业和农民对气候变化应对较少，据预测 2020 年非洲国家粮食将减产 50%，2100 年非洲国家粮食将减产 90%，到 2080 年非洲干旱和半干旱地区将以每年 5% ~ 8% 的速度增加，有 25% ~ 40% 的哺乳动物面临灭绝。J. Schmidhuber 等（2007）认为根据世界粮食组织的定义，粮食安全包括四个方面的内容：充足性、稳定性、利用性、可获得，气候变化在这四个方面都对粮食安全产生了威胁，到 2080 年世界将新增 5 百万~170 百万饥饿人口。Rashid Hassan 等（2008）对非洲不同国家 8000 个农户的调查数据显示，单一农作物种植方式尤其是在夏季炎热的天气中最易受到气候变化的冲击，而采用多种作物种植结合饲养牲畜，能有效降低夏季灌溉的概率，降低气候变化给农户带来的风险，政府应加强投资，采用教育、市场、信贷等方式向农民提供气候变化信息方式，尤其是科技支撑和农业基础设施建设等来保证农户应对气候变化带来的影响（Elizabeth Bryan et al.，2009）。Wolfram Schlenker 等（2010）认为气候变化对撒哈拉以南非洲地区农业损害越来越严重，到 21 世纪中叶，气候变化将会使该地区玉米、高粱、谷子、花生、木薯分别减产 -22%、- 17%、- 17%、- 18%、- 8%。C. H. Matarira 等（2013）根据津巴布韦 Lesotho 三个地区任取两个村 120 个农户进行调查，研究气候变化对农户的影响，发现粮食生产受气候变化影响最大，其次是土壤和牲畜，粮食减产的主要原因是气候变化引起冰雹、干旱和干旱期。

我国区域广大，易受气候变化的不利影响。近一个世纪以来，我国区域降水波动增大，西北地区降水有所增加，华北、东北地区降水减少，但是东南地区和长江中下游洪涝概率增加，导致海岸侵蚀和咸潮入侵等海岸灾害加重（翟盘茂等，2005）。全球气候变化对我国自然天气影响很大，自 20 世纪 50 年代以来，我国冰川面积缩小了 10% 以上，并自 20 世纪 90 年代开始加速退缩。极端天气气候事件发生频率增加，北方水资源短缺和南方季节性干旱加剧，洪涝等灾害频发，登陆台风强度和破坏度增强，农业生产灾害损失加大。吴绍洪等（2014）从总体上讲述了气候变化对我国的影响，认为气候变化总体上导致西北降水增加，华北、东北地区降水减少，南方降水增加；而由于不同区域热量资源不同，对植物生长所起的作用不同。在西北地区，热量增加，天然植被生产力增加，而由于干旱区冷冻、热胀等交替，极端天气增加，农业生产很不稳定。东北地区热量资源增加，使我国农作物北移。把统计 1980 ~ 2008 年气候变化导致我国小麦、玉米、大豆分别减产 1.27%、1.73%、0.43%，而水稻产量却增加了 0.56%。气候变化总体上使我国农业热量资源增加，辐射资源减少，降水量变化不大，但区域差别明显，同时农作物生长期变短，有利于喜热和晚熟品种的种植（郭建平，2015）。未来 20~100 年中国气候上升仍然十分明显，并且北方大于南方，内陆大于沿海，降水量年度变化较小，但是呈增加趋势（汤绪等，2011）。

据统计，如果全球气温比工业化之前上升 2℃，世界经济每年将损失收入的 0.2%~2.0%（秦大河，2014），并造成无法避免的影响，导致死亡、疾病、粮食安全等世界性难题，影响全人类的安全。为了应对气候变化，我国政府发布了《国家应对气候变化规划（2014—2020 年）》，要求到 2020 年我国比 2005 年减少 40%~50% 温室气体排放，初步建立农业适应技术标准体系，将农田灌溉水利用系数的有效程度提高到 0.55 以上；同时治理 50% 以上沙化土地。并根据气候变化趋势调整作物品种布局和种植制度，适度提高复种指数；培育高光效、耐高温和耐旱作物品种。

7.2.3　国际商品价格变化对我国国内粮食价格的影响

在经济全球化的今天，由于网络技术的发展，信息能够迅速传递到世界各地，世界大宗商品的价格变化也会通过贸易和信息传递方式传导到世界各地，影响世界各地商品价格。而粮食和能源作为国际市场大宗商品，其价格变化对我国国内粮食市场是否具有影响？我国学者对此也多有研究。

7.2.3.1　国际粮食价格变化对我国国内粮食价格的影响

Lele（1967）认为在完全竞争的两个市场中，一个市场的价格会影响另一个市场，由于竞争和套利的存在，两个市场之间的价格不应超过运输成本，他将此称为市场整合（Market Integration）。市场的整合程度是两个市场价格波动变化之间的反应程度。Lele 和 Jones（1968）运用双变量相关系数法，分别判断印度高粱市场和尼日利亚大米市场的整合程度，研究表明，市场之间是存在相关关系的。Ravallion（1986）采用孟加拉国各地大米市场的数据，根据"一价定律"假设，把市场整合分为长期整合关系和短期整合关系，根据差分方程进行检验来判断市场间的整合程度。Alexander 和 Wyeth（1994）运用 E-G 两步法来研究印度尼西亚不同大米市场之间大米价格的长期整合关系检验以克服 Ravallion 模型的局限性。Decon（1995）运用误差修正模型，来研究埃塞俄比亚粮食市场之间的整合关系，并且弥补了 Alexander 和 Wyeth 方法不能检验短期整合关系的缺陷，使得该方法得到广泛运用。Goodwin（1992）、Mohanty 等（1996）、Asche 等（1999）运用 Johansen 检验替了 E-G 两步法，并接着用 VEC 模型分别检验了国际不同小麦市场之间的整合程度，检验了美国与加拿大两国小麦市场以及世界鲑鱼市场价格之间的整合程度，得出了不同市场之间价格具有长期整合关系的结论。Abidoye 等（2014）对南非玉米与国际玉米市场之间运用了阈值协整模型进行整合关系的检验，得出南非玉米价格与国际玉米市场价格存在着长期整合关系的结论。

我国国内粮食市场是否受到国际粮食市场的影响，不同专家的研究结果各不同。对于国际市场与国内市场整合程度的研究始于张巨勇等（1999）。武拉平

(2000)、潘苏等（2011）分析了国内外粮食价格的整合程度，得出不同农产品整合程度不同，但国内外粮食总体整合程度不高。丁守海（2009）、王孝松等（2012）以小麦、玉米、大米、大豆为代表，采用 Johansen 检验配合 VEC 模型，检验了国内外农产品的整合程度，通过检验证明，国内外农产品整合程度总体提高了，尤以大豆为甚。张勇（2013）采用 Granger 因果关系检验了小麦和玉米市场。张晶（2014）用 Johansen 检验，来检验我国大米与国际大米市场的国际整合程度，发现国际粮食市场价格能够影响我国粮食市场。

经学者研究发现，虽然我国的主粮供给以国内为主，加上进口配额制度的制约，我国粮食进出口的比例较小，但这并不意味着国际粮食市场价格对我国粮食市场价格没有影响。随着经济全球化的发展，信息传播十分迅速，再加上贸易的影响，国际粮食市场对国内粮食市场的影响是通过国际粮食市场价格信息和国际与国内粮食贸易的双重途径来传播的。国际粮食市场价格变化通过国际产量变化反映到国际粮食市场，再通过我国粮食进口量来影响我国国内粮食市场，从而拉低我国国内粮食市场价格；另外，国际粮食期货市场价格信息会通过我国粮食期货市场交易反映出来，从而使得我国粮食市场价格变化周期随着国际市场价格的变动而变动（见图 7.2）。

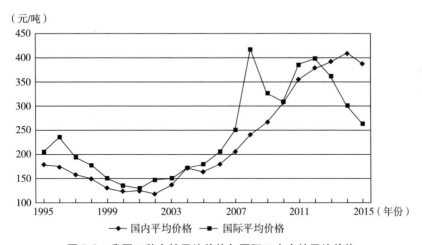

图 7.2　我国三种主粮平均价格与国际三大主粮平均价格

注：粮食零售价格指数来源于中华粮网；谷物类资料来源于世界银行数据库。

7.2.3.2　国际能源价格变化对我国国内粮食价格的影响

社会经济的发展，打破了行业原来的界限，使得社会各行相互联系、相互影响。国际粮食市场也不是独立封闭的市场，也受到其他市场的影响。石油价格上涨，会造成以石油为原材料的农业生产物资（如化肥、农膜等）和燃料价格的上涨，从而导致粮食价格的上涨。

20世纪由于人们对气候变化和能源问题的关注，一些石油消费大国希望减少对石油的依赖，生物燃料行业在这种情况下迅速发展起来。生物燃料的原料是玉米、小麦、黑麦、大豆、甜菜、甘蔗、木薯等农产品。由于生物燃料行业的发展，打破了原有国际粮食市场的平衡，使得石油市场和粮食市场之间的界限模糊，石油市场价格成为影响粮食市场价格的重要因素，甚至是决定性因素，以至于美国小麦协会的农业分析师认为"生物能源将成为影响美国农业最重要的因素"。Amela Ajanovic（2011）认为生物能源的产量对农业产品价格及农业公司的股票价格都有重要影响，甚至包括土地的使用、农产品产量等，即使看起来与生物能源无关的森林和草地也受生活能源的影响。据统计，一个非洲成人的口粮一年仅有200千克玉米，而这只是欧美一辆吉普车的一箱油而已。为了处理剩余粮食，美国从1978年开始发展生物乙醇，2000年石油价格的大幅度上涨更促进了美国发展生物燃料。2009年美国用其国内30%的玉米生产了世界90%的生物乙醇。美国、欧盟及巴西消耗了全世界5亿人的口粮用于生物燃料的生产，人类历史上第一次发生了机器与人的口粮争夺大战，从而使粮食价格随能源价格上涨而不断上涨。

2005年以前，粮食市场和石油市场关系不大，彼此独立（Abbott, Hurt et al., 2008），2006年之后石油价格与粮食价格关系逐渐强化，2006~2008年6月，石油价格和玉米价格同步上涨，2008年之后，石油价格暴跌，同时玉米价格也迅速下降。之后石油价格同玉米价格同步变化，具体见图7.3。

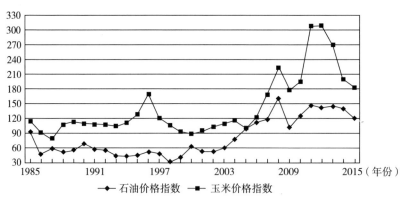

图7.3 玉米价格指数与石油价格指数关系图（2005＝100）

注：石油价格来源于美国西得克萨斯中级轻质原油（WTI）年均价（2005年不变价）；玉米价格来源于国际货币基金组织（IMF）数据库。

资料来源：包湘海，李思敏，顾海兵．国际原油价格长期趋势预测［J］．价格理论与实践，2014（12）．

7.2.4 通货膨胀对粮食价格的影响

粮食价格是百价之基，而通货膨胀是社会所有商品价格都有不同程度的上涨。是粮食价格上引起了通货膨胀，还是通货膨胀导致了粮食价格上涨，不同学者有不同的看法。乔纳森·安德森（2009）认为是食品价格上涨导致了通货膨胀，而食品主要包括粮和油，正是粮和油价格的上涨，导致了通货膨胀的产生。张潮（2010）认为以粮价为基础的食品价格在 CPI 中占 36.3%，粮价上涨引起通货膨胀，粮价每上涨 1%，拉动 CPI 上涨 0.028%。张娉研等（2011）通过1979～2008 年的统计资料证明我国每一次通货膨胀都伴随着粮食价格大幅度上涨，是粮食价格上涨引起了通货膨胀，粮食价格与通货膨胀之间存在着显著的正相关关系，通货膨胀与粮食价格存在着双向格兰杰因果关系。

卢峰等（2002）认为是长期的通货膨胀拉动了粮食价格的增长（李敬辉等，2005）。周明华（2013）运用 1997 年以来的月度数据进行分析，认为我国存在着货币供给—通货膨胀—粮食价格的传导机制，通货膨胀对粮食价格有显著的影响，且通货膨胀存在惯性，通过控制粮价来抑制通胀政策无效。魏君英等（2013）认为短期内粮食价格受自身的影响，长期来看受通货膨胀的影响，通货膨胀与粮食之间存在着单向的格兰杰因果关系。

赵国庆等（2008）认为政府的干预导致了中国通货膨胀与粮食价格之间存在着双向的格兰杰因果关系。朱信凯等（2011）认为通货膨胀与粮食价格有双向格兰杰因果关系，但二者发生的作用不同，通货膨胀对粮食价格的时滞作用有 6 个月，而粮食价格对通货膨胀的时滞作用仅有 1 个月。朱亭霖（2014）运用 2002～2012 年粮食价格指数、食品价格指数、消费者预期指数等数据，研究农产品价格、通货膨胀及通胀预期三者之间的关系，发现三者互为格兰杰因果关系。

从以上学者的研究来看，关于通货膨胀与粮食价格之间的关系，学者们有三种不同的观点：①部分学者认为是粮食价格上涨引起了通货膨胀；②部分学者持相反观点，认为是通货膨胀拉动了粮食价格的上涨；③还有部分学者认为，粮食价格上涨引起了通货膨胀，而通货膨胀又反过来拉动粮价继续上涨，二者互为因果关系。

7.3 小 结

根据表 7.4 组合预测结果，2021～2030 年我国小麦价格为 2481.44～2676.41

元/吨，从年度预测价格来看，小麦 2021 年实际预测价格是 2015 年的 11.36%，十年价格增长 18.97%，年均增长 1.90%。从预测结果可见，未来十年小麦价格上涨，由于受疫情和国际粮食价格的影响主要集中在近两年，但是十年内其他年份小麦价格上涨幅度较小，价格较为稳定。

玉米价格十年上涨了 24.29%，年均上涨 2.43%，上涨主要集中在近两年内，主要受国内养殖业需求和国际市场价格上涨的影响，之后价格较为稳定，上涨并不十分明显。虽然国内需求旺盛，供给不足，但玉米替代品较多，且进口没有配额限制，国内养殖企业进口玉米替代品（如大麦、高粱、木薯、DDGS 等）来替代玉米，导致玉米价格后期上涨并不十分明显。

相对于 2020 年，稻谷价格自 2021 年起，上涨 19.10%；最高上涨到 3687.31 元/吨，比 2020 年上涨了 35.53%，年平均上涨 3.35%。

从预测结果来看，我国未来十年粮食价格波动幅度较小，即使是稻谷的价格上涨幅度较大，年均上涨幅度也只有 3.4%，玉米上涨幅度在 2.43%，小麦低于 2%。这说明未来十年我国粮食价格变动幅度较小，不会影响城乡居民生活水平。

这主要是因为我国政府的农业政策较为合理，我国政府的农业政策有农业土地政策、农产品价格政策、农业税收与补贴政策、农业基础设施政策、农业科技政策、农产品关税政策。通过土地确权，农地"三权分立"，政府鼓励农地向种粮大户、家庭农场、专业合作组织流转，提高农地的集中经营程度，提高农地机械化程度，农业科技推广程度较高，农地产出效率提高，报酬率提高，粮食生产产量提高。政府对小麦、稻谷实行的最低收购价格政策，极大地激发了农民种粮的积极性，粮食产量一路升高。农业补贴政策提高了农民的收入，鼓励农民购买农业机械，提高了农业机械化程度，而农机报废补贴，则鼓励农民采用先进的农业机械，鼓励农业科技推广，提高了农业的产出效率。农业基础设施的建设，解决了农业的洪涝旱灾出现的大规模减产问题，从而降低了农业灾害发生时农民的损失，从根本上保证了农民种粮的收益。传统农业向现代农业的过渡，需要农业科技作支撑，没有农业科技，农业生产无法克服产量少、质量低、环境差的问题，从农作物育种到农业节水技术的应用、农业环境的保护，都需要农业科技的创新和推广应用。我国国内由于土地细碎化程度严重，机械化程度较低，农业生产成本较高，国内农产品价格远高于国际市场价格，为了保护国内粮食市场，保障国内种粮农民的利益，在遵守 WTO 农业关税条款的原则下，我国对小麦、大米、玉米实现进口配额制度，配额内的进口关税为 1%，超过配额部分关税为 65%，通过进口配额制度，有效地保护了国内粮食市场，保证了国内种粮农民的利益。

由于气候变暖，异常天气出现的频率大幅度上升，对粮食生产产生不利影响。据统计，气候变化造成异常天气频发、多发，将使我国粮食每年平均减产500万吨。但是农业环境学家认为只要因地制宜，根据气候变化来改变粮食的种植，气候变化所造成的粮食损失是可以弥补的。

国际大宗商品价格如粮食、石油价格的变化，会通过不同途径影响国内市场。国际和国内学者证实，国际粮食价格的变化会通过信息传递和贸易两种途径影响国内粮食市场价格。而国际石油价格的变化也是通过两种途径影响国内粮食市场价格：一是国际石油价格上涨，影响国内石油化工行业的成本价格，如我国化肥价格随之上涨，农用柴油价格也会随之上涨，粮食生产成本的上涨，进而拉动粮食价格上涨；二是由于国际石油价格上涨，生物乙醇需求量就会上升，美国、欧盟、巴西等国及地区就会用粮食来生产生物燃料，而粮食消费数量随之上升，拉动粮食价格上涨。

从通货膨胀与粮食价格的关系来看，学者们持三种观点：有些学者认为是粮食价格上涨引起通货膨胀，而部分学者则相反，认为是通货膨胀引起了粮食价格上涨，当然也有学者认为粮食价格与通货膨胀互为因果关系。

综上所述，粮食价格并非单纯地由供给、需求、成本等传统因素来决定，而是由多种因素交织在一起，每一种因素都会或多或少地对粮食价格产生影响，而非一种因素影响和决定粮食价格。当然，在未来十年中，由于某种因素出现突发性变化，粮食价格也可能发生变化，价格预测只是一种趋势，但总体上由于我国农业政策的有效性，未来我国粮食价格不会发生大的变化，能够保证国家粮食安全。

8 粮食主产区主要粮食品种未来价格预测及对比

为了检验我国未来十年粮食价格预测的合理性，需要在一定程度上进行对比验证。我国当前主要分成粮食主产区、粮食平衡区和粮食主销区。由于不同的粮食品种适宜不同的气候，粮食种植存在着区域差异。粮食主产区的粮食生产占全国的75%以上，销售量占全国的95%，粮食主产区的粮食价格在一定程度上代表国家的粮食价格。预测未来十年我国不同粮食主产区具有代表性的粮食生产品种价格，并将预测价格与我国未来十年预测组合粮食价格进行对比，能在一定程度上验证我国未来十年粮食价格预测的合理程度。

8.1 我国粮食种植区域间的差异

我国位于亚欧大陆东部，东临大海，西部则深入亚欧大陆腹地，受东部季风气候和西部大陆气候影响，形成了独特的季风性大陆气候，雨热同季。由于植物生长需要一定的热量和水资源，而我国雨热同季的气候为农业生产提供了有利条件。

8.1.1 我国不同区域间的气候差异

由于农作物的种植需要一定的温度和降水作为保障。以一定的温度、降水量为依据，我国不同地带又被分为不同的温度带和干湿地区，二者交汇，形成了我国各地独特的气候划分和种植特色。

淡水是生物生存不可或缺的重要资源。根据降雨量与蒸发量的对比关系，自南向北我国划分为四类干湿地区，每一种地区的植被生长和农业特点不同，具体见表8.1。

表 8.1　我国干湿地区分布及植被

干湿区	干湿状况	分布地区	植被	农牧业
湿润地区	>800 毫米 降水量>蒸发量	秦岭—淮河以南地区、东北三省东部和青藏高原东南边缘	森林	水田耕作业为主
半湿润地区	400~800 毫米 降水量>蒸发量	东北平原、华北平原、黄土高原南部和青藏高原东南部	森林草原	旱作农业为主
半干旱地区	200~400 毫米 降水量<蒸发量	内蒙古高原、黄土高原和青藏高原大部分	草原	畜牧业、灌溉农业
干旱地区	<200 毫米 降水量<蒸发量	新疆、内蒙古高原西部和青藏高原西北部	多荒漠	畜牧业为主，绿洲农业、灌溉农业

资料来源：高中区域地理。

由于日平均气温稳定上升到 10℃ 以上时，大多数农作物才能活跃生长。而≥10℃持续期内的日平均气温累加起来的温度总和称为活动积温。自南向北，以年度积温多少为依据，将中国划分为五个温度带。五个温度带的地理位置、种植作物及其熟制见表 8.2。

表 8.2　温度划分和作物熟制划分

温度带	范围	年积温	作物熟制
寒温带	黑龙江省北部、内蒙古东北部	<1600℃	一年一熟，早熟的春小麦，大麦、马铃薯等
中温带	东北和内蒙古大部分、新疆北部	1600~3400℃	一年一熟，春小麦、大豆、玉米、谷子、高粱等
暖温带	黄河中下游大部分地区和新疆南部	3400~4500℃	两年三熟或一年两熟，冬小麦复种早熟糜子、荞麦，后冬小麦复种玉米，谷子、甘薯
亚热带	秦岭—淮河以南，青藏高原以东	4500~8000℃	一年两熟到三熟，稻麦两熟或双季稻，双季稻加冬油菜或冬小麦
热带	滇、粤、台的南部和海南省	>8000℃	水稻一年三熟

资料来源：高中区域地理。

8.1.2 三大主粮特点及种植区域

8.1.2.1 水稻

作为三大粮食品种之一的稻谷在我国有着悠久的种植历史，3000 年前大米就是我国人民的主要口粮。当前我国大约有 60%的人口以大米为主食，我国现在仍是世界上稻谷产量最多的国家。由于稻谷性喜高温多雨、主要生长在水中，又称"水

· 157 ·

稻"，多分布在较为湿润的平原地区。稻谷又分为早籼稻、中晚籼稻和粳稻。稻谷虽然在全国多个地方均有种植，但以秦岭—淮河以南为主（热带、亚热带地区即北纬34°以南的区域）。以秦岭—淮河为分界线，我国稻谷的种植划分为两大部分：

第一，以籼稻种植为主的秦岭—淮河以南、青藏高原以东的广大南方地区，主要是因为籼稻耐高温、喜多雨，喜日光。按地区和气候，又分为三个不同的产区：第一个产区是位于华南的热带、亚热带湿润地区，地域包括南岭以南的广东、广西、福建、海南和中国台湾五省区，这里长年湿热，适宜水稻生长，以种植籼稻为主，一年两熟，并且复种指数较大，海南部分地区有三种稻的种植；第二个产区是长江流域的亚热带湿润半湿润地区，区域包括华东地区的江苏、浙江、安徽、上海四省市，华中地区的江西、湖北、湖南以及河南南部地区，西南地区的四川、重庆两省市，以及陕南地区，该地区土地肥沃，气候湿热、降雨量大，区内江河湖泊较为密集，灌溉方便，是我国最大的稻谷产区，种植面积和产量均占全国稻谷产量的2/3左右，其中长江以南地区以双季稻为主，长江以北地区大多则以单季稻与其他粮食作物轮作，籼稻和粳稻均有分布；第三个产区是位于我国西南部的云贵高原，这里地势较高，平均海拔在1000～2000米，"四季温暖如春"，以种植单季稻为主，由于地形复杂，气候随海拔变化明显，籼稻、粳稻的种植也根据海拔不同而不同。整个南方地区种植水稻占我国种植总面积的95%。

第二，秦岭—淮河以北的广大北方单季粳稻种植分散区。主要是因为粳稻生长期较长，耐寒冷，无须较长日照。北方稻谷的种植具有大分散、小集中的特点，约占全国种植面积的5%左右。由于北方广大地区只能在夏季种植一季水稻，一般以粳稻为主。北方水稻种植一般集中在水源较为充足的地区：华北主要集中于河北、山东、河南三省及安徽北部的河流两岸及低洼地区；东北地区水稻主要集中在三江平原、松嫩平原和辽河平原的部分地区；西北主要分布在汾渭平原、河套平原、银川平原和河西走廊、新疆的一些绿洲地区。

8.1.2.2 小麦

小麦在我国有着约4500年的种植历史，我国北方居民以面食为主。小麦耐寒耐旱、适应性强，对水热要求不高，非常适合我国北方的温带大陆性气候。根据小麦生长对温度（3500℃积温线）的要求不同，我国小麦的种植又分为春小麦（春种夏收）和冬小麦（秋种夏收）。根据积温不同，我国小麦的种植划分为三大区域：

第一，春小麦种植区（3500℃积温线以北），主要分布在长城以北，岷山、大雪山以西包括黑龙江、内蒙古、甘肃和新疆等省区，气候严寒，无霜期短，只能春种秋收，一年一熟，种植面积大概占全国总面积的10%左右。

第二，北方冬小麦种植区（3500℃积温线以南），主要分布在长城以南，六盘山以东，秦岭—淮河以北广大地区，主要包括山东、河南、河北、山西、陕西等省。产量和种植面积均占全国的 2/3 以上，是我国最大的小麦生产区，该地区人们以面食为主，也是我国小麦的主要消费区。

第三，南方冬小麦区，主要集中在秦岭—淮河以南、横断山以东的地区，包括安徽、江苏、四川和湖北等省区，由于气候湿润，该地区主要是一年两熟，主要实行麦棉或稻麦两熟制，由于南方居民以大米为主食，该区小麦一般用于出售。

8.1.2.3　玉米

玉米虽性喜高温多雨，但总体而言，对气候条件要求并不是很高，一般地方均可种植。因此，当前在我国玉米种植面积和产量都居第一位，尤其是吉林、山东、河北、辽宁、四川产量最多。

8.1.3　我国主要粮食产区及其优势

在 2011 年 3 月公布的《中国国民经济和社会发展第十二个五年规划纲要》中，划分出"七区二十三带"及每个地域的主要粮食生产品种。这七个区域是：①东北平原主产区，在这个区域生产的粮食主要有优质粳稻、玉米、大豆等；②黄淮海平原主产区，主要的粮食品种有优质小麦、玉米、大豆等；③长江流域主产区，主要的粮食品种有小麦和水稻；④汾渭平原主产区，主要的粮食品种是小麦和玉米；⑤河套灌区主产区，主要的粮食品种是小麦；⑥华南主产区，主要的粮食品种是水稻；⑦甘肃新疆主产区，主要的粮食品种是小麦。

但是自改革开放以来，我国东南沿海的工业化、城镇化加速发展，与之相伴的是粮食种植面积迅速减少及粮食生产中心迅速北移。我国近年来粮食越来越集中在东北平原主产区、黄淮海平原主产区、长江流域主产区的黑龙江、辽宁、吉林、内蒙古、河北、江苏、安徽、江西、山东、河南、湖北、湖南、四川 13 个省（区），国家统计局 2022 年的数据表明这 13 个省份生产的粮食占全国粮食总产量的 78% 以上，销售粮食约占全国总销售量的 95%。在小麦、玉米、稻谷的价格预测过程中，本书根据我国"七区十三带"划分及 13 个粮食主产区选择具有代表性的省区来进行省区粮食价格预测。

8.2　我国不同粮食主产区及其优势

8.2.1　我国小麦主产区及其优势

根据我国"七区十三带"粮食生产划分，在甘肃新疆主产区、河套灌区主产区、汾渭平原主产区建设优质强筋、中筋专用小麦生产带；在黄淮海平原主产区建设优质强筋、中强筋和中筋小麦产业带；在长江流域主产区建设优质弱筋和中筋小麦专用小麦产业带。由此可见，小麦主产区分为三个主要部分，一是长江流域主产区，二是黄淮海平原主产区，三是甘肃新疆、河套灌区、汾渭平原主产区。

根据表 8.3，我国强筋、中筋专用小麦生产带的三个主产区（甘肃新疆主产区、河套灌区主产区和汾渭平原主产区）小麦种植面积超千万亩的主要是新疆和陕西两省区，产量较大的也是这两个省区。西北地区，日照充足，但是气候干旱，降雨较少，经常因干旱而使粮食减产。由于国家重视兴修小型水利工程，鼓励并补助西部地区农民个人修建水窖等储水设施，使得西部地区粮食产量能够维持本省区的需求平衡。再加上北部与西部人民一般以面食为主食，生产的小麦一般用于本省区内消费，较少用于销售。这三个主产区六个省区的小麦价格就不再选取具有代表性的省区进行预测。

表 8.3　2020 年粮食小麦主产区小麦产量、种植面积

代表区	主产区	省份	小麦	
			产量（万吨）	种植面积（千公顷）
强筋、中筋专用小麦生产带	甘肃新疆主产区	甘肃	268.88	708.72
		新疆	582.09	1069.02
	河套灌区主产区	内蒙古	170.78	478.96
		宁夏	27.79	92.92
	汾渭平原主产区	山西	236.50	673.87
		陕西	413.25	964.19
强筋、中强筋和中筋专用小麦产业带	黄淮海平原主产区	河南	3753.13	5673.67
		山东	2568.85	3934.43
		河北	1439.30	2216.92
弱筋和中筋小麦专用小麦产业带	长江流域主产区	江苏	1333.87	2338.89
		安徽	1671.73	2825.20
		浙江	40.79	93.36
		湖南	7.77	23.25
		湖北	400.66	1031.38
		四川	246.74	596.82
		重庆	6.09	18.52
		江西	3.30	14.40

资料来源：各省统计年鉴（2021）。

弱筋和中筋小麦专用小麦产业带共有 8 个省区，这 8 个省区有种植小麦的传统，但主要以大米为主食，小麦主要用于出售，小麦商品率较高。在这 8 个省区中小麦种植面积超过千公顷的有安徽、江苏、湖北三省，其中安徽省产量和种植面积最大。

黄淮海平原主产区是我国"十二五"规划"七区十三带"重要的强筋、中强筋和中筋专用小麦产业带，黄淮海平原主产区包括河南省、山东省和河北省，这三个省份是我国 13 个粮食主产区的重要组成部分。这三个省份无论是粮食的产量还是质量都在全国居于领先地位。这三个省份平原面积较大，有较好的光、热、水资源，特别是河南省，无论是小麦的种植面积还是产量，无论是在黄淮海平原主产区还是在全国都居于首位。河南省小麦价格无疑最能代表黄淮海平原的小麦价格。

8.2.1.1　河南省小麦种植优势

河南省地处北纬 31°23′~36°22′，东经 110°21′~116°39′，属于北亚热带向暖温带过渡的大陆性季风气候：日照充足、无霜期较长、四季分明、雨热同期，十分有利于植物的生长与发育，并且境内平原占绝大部分，从东到西是由平原到丘陵逐渐过渡的地势。河南省的土地土壤较为肥沃，以潮土为主，十分有利于耕作，并且境内以黄河、海河、淮河为主的大小河流纵横交错，为河南农业提供了充足的水资源。丰富的光、热、水资源，再加上肥沃的土地资源，奠定了河南农业的良好物质基础，使得河南成为全国重要的优质农产品基础，粮棉油产量居全国前列，小麦产量更是连续多年超过全国产量的 1/4，居全国首位。

河南的小麦种植具有悠久的历史，1949 年后河南小麦种植面积和产量一直居于全国各省首位，特别是 2010 年以来，河南省小麦的产量每年都占全国产量的 26% 以上，为河南农业的发展提供了良好的物质基础。再加上政府的大力扶持，成功奠定了河南农业大省的地位。河南北部处于暖温带地区，光热条件以生产优质强筋、中筋小麦为主；而南部则处于暖温带向亚热带过渡地区，光热条件以生产优质中筋、弱筋小麦为主。由于河南的地理环境和气候条件，小麦质量较好，可满足食品厂强、中、弱三种小麦需求，再加上河南省小麦生产的重要地位，1990 年国务院和商务部共同批准成立郑州粮食批发市场，主要经营小麦批发业务，1993 年由现货业务推广到期货业务；直到现在郑州商品市场仍是全国最大的小麦现货及期货市场。

8.2.1.2　安徽省小麦生产优势

安徽省地处北纬 29°41′~34°38′，东经 114°54′~119°37′，气候以淮河流域为分界，淮河以北属于暖温带半湿润季风气候，淮河以南属于亚热带湿润季风气候。全省在淮河平原区、江淮丘陵区、皖西丘陵山地区、沿江平原区、皖南丘陵山地五个部分之间，全省总面积中平原部分占 45%，丘陵区占 55%。

安徽省小麦种植主要集中于淮河以北的平原地区，这一区域年降水量一般在 920 毫米左右，全年无霜期在 200 天以上，这里属于黄淮海平原，地理气候条件优越，光热水资源丰富，土壤肥沃。淮河流域农业种植面积占全国耕地总面积的 17%；而淮河流域安徽段农业占整个淮河流域的 21.34%[①]，由此可见，淮河流域安徽段是安徽省重要的农业基地，在整个安徽农业中占有重要地位。淮河以北地区以冬小麦为主，是安徽冬小麦的重要种植基地。

8.2.2 我国玉米主产区及其优势

我国经济发展对玉米的需求量迅速扩大，致使我国 31 个省份均有玉米种植，玉米成为我国第一大粮食产品，产品超过我国粮食总产量的 1/3。我国"十二五""七区十三带"农业战略格局中，我国玉米生产种植区域主要划分为三个区域：汾渭平原主产区、黄淮海平原主产区和东北平原主产区。

由于我国经济处于"三期叠加"时期，产业结构调整缓慢，玉米产量出现结构性过剩。为了缓解我国玉米的结构性过剩，2015 年 11 月农业部出台了《关于"镰刀弯"地区玉米结构调整的指导意见》，指出将"镰刀弯"地区即东北、西北、西南等 13 个省市区的玉米种植减少 5000 万亩以上，国家不再制定玉米的最低收储价格，玉米价格完全由市场决定等。汾渭平原主产区、东北平原主产区都处于调整之列。特别是玉米产量居全国首位的东北平原主产区，是生产优质强筋红小麦的理想产地，在此次调整过程中，国家希望把东北平原主产区建成我国优质强筋红小麦生产区，从而减少对美国硬冬红麦的进口依赖。这样本书预测地方玉米价格时就剔除了汾渭平原主产区、东北主产区，而是选取黄淮海主产区、长江流域主产区作为具有代表性的省市区。但是玉米种植面积调整后，玉米种植面积大幅度下降，且由于养殖业的迅速发展，我国玉米需求大幅度增加，玉米价格上扬，并一直在高位波动，我国玉米种植面积恢复发展，面积保持增长态势，产量也在增长。

由表 8.4 来看，在黄淮海平原主产区中，虽然河南省的玉米种植面积较大，但是产量还是山东省较高，因此在黄淮海平原主产区，玉米价格预测选择山东省作为代表。

8.2.2.1 山东省玉米种植优势

山东省位于北半球中纬度地带，地处北纬 34°22.9′~38°24′，东经 114° 47.5′~122°42.3′，面积 15.7 万平方千米，受黄河入海口泥沙淤积的影响，山东省总面积具有不断扩大的趋势。山东省属于暖温带季风气候，全省年日照时数为

表8.4 2020年粮食玉米主产区小麦产量、种植面积

主产区	省份	玉米	
		产量（万吨）	种植面积（千公顷）
汾渭平原主产区	山西	979.95	1742.22
	陕西	620.16	1179.44
黄淮海平原主产区	河南	2342.37	3818.01
	山东	2595.40	3871.09
	河北	2051.82	3417.10
东北平原主产区	辽宁	1884.43	2699.31
	吉林	2973.44	4287.24
	黑龙江	3646.61	5480.67
长江流域主产区	江苏	308.30	509.76
	安徽	663.25	1234.76
	浙江	25.91	63.28
	湖南	223.25	384.38
	湖北	311.54	751.99
	四川	1064.99	1839.36
	重庆	251.13	440.93
	江西	20.66	47.60

资料来源：各省统计年鉴（2021）。

2200~2900小时，无霜期年平均为170~250天，降水量主要集中在夏季，年均为550~950毫米，并且自东南向西北逐渐减弱。山东省境内河流密布，主要有黄河横贯东西、大运河穿越南北，可以保证绝大多数土地得到有效灌溉。山东省境内平原面积较大，占总面积的55%，其他则是山地、丘陵、洼地等，土壤以较为肥沃的潮土、棕壤和褐土为主。

由于山东省气候温和、四季分明、光照充足、热量丰富、雨热同期、土壤肥沃，适宜多种旱地农作物生长，成为我国重要的农业生产基地。山东省冬季以生产优质冬小麦为主，而夏季则以种植优质玉米为主，玉米产量居于黄淮海平原主产区首位。

8.2.2.2 四川省玉米种植优势

四川省位于北纬26°03′~34°19′，东经97°21′~108°31′，全省总面积48.5万多平方千米，气候属于亚热带季风性湿润气候，但大部分区域是温带海洋性气候性质，冬暖夏热，无霜期长达230~340天，年均降水量1000~1300毫米，且降雨大部分集中在6~10月。盆地土壤是紫红色砂岩和页岩通过风化形成的紫色

土，紫色土含有丰富的钙、磷、钾等营养元素，是中国最肥沃的自然土壤。良好的自然条件和温暖湿润的气候环境成就了四川"天府之国"的美誉，四川成为我国长江流域主产区小麦、水稻和玉米的重要产区，同时还是我国最大的生猪、猪肉生产基地，饲料用玉米需求量在全国处于领先水平。

8.2.3 我国稻谷主产区及其优势

虽然水稻在我国分布范围很广，几乎遍布全国各地，但是近年来我国水稻越来越向长江流域主产区和黑龙江主产区集中。根据 2011 年我国"十二五"规划中"七区十三带"对于稻谷种植区域的划分，我国水稻种植区域分为华南主产区、长江流域主产区和东北平原主产区。据统计，长江流域主产区集中了全国67.5%的水稻种植。当然由于稻谷分为早籼稻、中晚籼稻和粳稻，要预测我国不同地方的稻谷价格，需选择早籼稻、中晚籼稻和粳稻具有代表性的省份。表 8.5 是我国 13 个主要水稻产区水稻的产量和种植面积统计。

表 8.5　2020 年粮食稻谷主产区稻谷产量、种植面积

主产区	省份	早籼稻		中晚籼稻		粳稻	
		产量（万吨）	种植面积（千公顷）	产量（万吨）	种植面积（千公顷）	产量（万吨）	种植面积（千公顷）
华南主产区	广东	518.52	1303.70	581.06	1447.95		
	广西	476.75	805.18	443.19	821.20		
	福建	62.16	97.70	329.58	504.02		
	云南	524.91	818.93				
长江流域主产区	重庆			489.19	657.27		
	四川			1475.33	1866.32		
	江西	646.70	1217.53	1404.5	2224.3		
	湖南	718.7	1453	1920.2	2768.1		
	湖北			1796.04	2158.3		
	江苏			1965.70	2202.84	283.74	332.27
	安徽	128.3	225.33	15.18	23.40		
	浙江	62.78	101.22	745.17	980.01		
东北平原主产区	辽宁					446.53	520.41
	吉林					665.43	837.14
	黑龙江					2896.15	3872.03

资料来源：各省统计年鉴（2021）。

从表 8.5 可见, 虽然华南主产区几个省早稻和中晚稻的种植较多, 特别是广东省中晚稻种植了上百万公顷, 但是华南主产区几个省份中, 广东、福建两省是我国粮食的主销区, 生产的粮食不够本省消费, 需要购买其他省份或进口粮食; 而广西和云南两省区是我国粮食的平衡区, 生产的粮食仅够本省消费。在粮食价格的省区预测中, 就不再考虑华南主产区几个省区了。

根据表 8.5 可知, 在长江流域主产区, 早稻种植较多的省份有江西和湖南两省, 特别是湖南省, 无论是种植面积还是产量, 都居于首位, 但是湖南省的中晚季稻产量和种植面积也是最多的, 江西省的早稻种植面积和产量接近湖南省, 远高于其他省市区, 早稻的价格预测就以江西省为代表。而中晚季稻的种植则以四川、江西、湖南、浙江四省为最, 但是无论从产量还是种植面积来讲, 湖南省为最, 中晚稻的价格预测以湖南为代表; 粳稻的种植在我国长江流域以江苏省为代表, 而东北平原中黑龙江省是我国最大的优质粳稻生产基地, 粳稻的价格预测以黑龙江为代表。

8.2.3.1 江西省早稻价格预测

江西位于北纬 24°7′~29°9′, 东经 114°02′~118°28′, 属于亚热带湿润气候, 年均降水量 1341~1940 毫米; 无霜期长, 面积 16.69 万平方千米, 土壤主要是水稻土、红壤等, 境内河网密布, 水资源十分丰富。由于全省气候温暖、日照充足、雨量充沛、无霜期长, 十分有利于水稻等农作物的生长和发育, 使江西省成为我国重要的水稻供应基地。

江西省水稻种植分蘖早、生长发育期较长, 雨水充沛、光热充足、病虫害少、灾害性天气较少, 质量较好, 并且与其接壤的福建、浙江、广东三省都是缺粮区, 这样一来, 江西省作为粮食的主要供应省份, 粮食产量就显得尤为重要了。

8.2.3.2 湖南省中晚稻价格预测

湖南省是我国著名的 "鱼米之乡", 自古以来就有 "湖广熟、天下足" 之说。湖南地处北纬 24°38′~30°08′, 东经 108°47′~114°15′, 属于亚热带季风性湿润气候, 土地总面积约为 31774.35 万亩, 其中大部分土地为山地, 土壤为水稻土和潮土, 境内河网密布, 有利于水稻的灌溉。湖南气候温暖、四季分明、雨热同期, 年无霜期长达 260~310 天, 有利于农作物的生长和发育。

湖南省由于光热资源丰富, 能够完全满足双季稻种植的需要, 早稻和中晚稻种植面积都较大, 粮食产量较高。

8.2.3.3 黑龙江省粳稻价格预测

黑龙江省位于我国东北部, 地处北纬 47°40′~53°34′, 东经 121°28′~141°20′, 属温带、寒温带大陆性季风气候, 虽然冬季气温低, 气候寒冷, 无霜期短,但是日照时数长、太阳辐射资源较为丰富,降水充足,并且日照时数、太阳辐射和降水一般都集中在植物生长季。黑龙江省农用土地资源丰富,占全省土地总面积的83.69%,并且是世界三大黑土地之一,土地的有机质含量平均为3%~5%,有的地区甚至高达10%以上。丰富的光热资源、肥沃的土壤,极有利于农作物的生长发育,一般作物均可在这里种植,但以优质水稻、玉米和大豆为主。松花江流域和三江平原有优质水稻生产基地。

　　根据以上分析可见,本书选择"七区十三带"中具有代表性的粮食主产区,小麦选择黄淮海平原主产区的河南省、长江流域主产区的安徽省作为代表;玉米选择黄淮海平原主产区的山东省、长江流域主产区的四川省作为代表;而稻谷选择了长江流域主产区的江西省、湖南省,东北平原主产区的黑龙江省作为代表。这些粮食主产区的粮食品种产量和质量在全国名列前茅,代表性较强。各主产区价格来自全国各年农产品成本收益资料汇编。为了将不同区域间的预测结果与全国的预测结果进行比较,不能直接采用各省价格进行直接预测,需要和全国预测一样,剔除CPI对价格的影响,即将各区域价格除以CPI数据,得到各区域的真实价格。2002~2015年全国CPI为-0.08%、1.20%、3.90%、1.80%、1.50%、4.80%、5.90%、-0.07%、3.30%、5.40%、2.60%、2.60%、2.00%、1.40%。经过折实后,我国各代表区域的粮食价格具体参见表8.6。

表8.6　我国各主要代表区域粮食价格　　单位:元/百斤

时间	江西早稻	湖南中晚稻	黑龙江粳稻	山东玉米	四川玉米	河南小麦	安徽小麦
2002	44.82	47.24	48.90	49.62	43.68	49.10	47.57
2003	48.96	55.47	56.39	55.88	55.01	63.67	52.93
2004	71.29	74.25	78.49	59.65	69.46	70.62	68.25
2005	67.96	69.72	80.78	57.26	66.44	65.43	61.94
2006	70.08	74.99	89.30	67.35	70.43	71.07	69.36
2007	75.36	78.95	75.74	77.38	74.17	71.37	68.01
2008	87.58	89.73	85.69	67.46	83.46	77.12	72.11
2009	92.14	94.97	109.20	87.52	85.90	93.35	86.63
2010	95.83	112.92	132.12	93.33	101.44	93.66	90.72
2011	108.62	126.33	135.61	105.47	107.84	100.66	92.85
2012	123.36	130.04	142.24	105.18	125.31	96.72	101.78
2013	124.98	124.16	144.42	105.54	121.01	120.45	110.07

续表

时间	江西早稻	湖南中晚稻	黑龙江粳稻	山东玉米	四川玉米	河南小麦	安徽小麦
2014	125.78	130.61	151.94	107.69	121.12	121.31	112.59
2015	128.21	132.00	153.71	100.97	118.30	122.29	112.87
2016	120.84	130.44	151.41	80.07	102.61	105.72	103.62
2017	122.68	132.83	147.17	81.36	100.81	110.01	112.24
2018	111.68	123.23	132.75	88.84	103.95	103.96	103.28
2019	109.26	121.13	131.85	90.37	100.93	109.22	109.42
2020	113.96	137.28	141.56	117.13	118.57	109.43	112.87

资料来源：全国各年农产品成本收益资料汇编与各年 CPI 数据。

8.3　我国未来十年粮食主产区粮食价格预测

本书计划用移动平均法、VAR 模型法、专家调查法来预测区域粮食价格，以便从不同的角度来对预测进行比较，观察我国具有代表性的产粮大省的粮食价格的发展趋势。

8.3.1　我国主要代表区域粮食价格移动平均预测

移动平均法是一种根据时间序列数据进行逐项推移，依次推算含有几个数据的序时平均数，从而反映更长期发展趋势的一种较为简单的时间序列预测方法。由于移动平均法是根据序列内几个数据依次进行平均得到的数列，当时间序列数据受周期性的影响，波动幅度较大时，采用移动平均法可以使数列免受这些因素的影响，能够反映长期发展的趋势，从而对事物未来发展的方向进行预测。

8.3.1.1　移动平均的基本原理

设时间序列为：y_1，y_2，…，y_t，选择 N 个数，根据数列顺序来进行逐次推移，求出数列的平均数。即为数列的一次平均数：

$$M_t^{(1)} = \frac{y_t + y_{t-1} + \cdots + y_{t-N-1}}{N} = M_{t-1}^{(1)} + \frac{y_t + y_{t-N}}{N}, \quad t \geq N \tag{8.1}$$

其中，$M_t^{(1)}$ 为第 t 期的一次平均值；y_t 为第 t 期的时间序列的观测量；N 为每次移动平均时使用数列观测值的个数。

由于移动平均可以消除数列中随机变动和周期性因素的影响，体现事物长期发展的趋势，是一种常见的预测方法。在进行预测时可以用第 t 期的移动平均数来作为第 t+1 期的预测值。其公式为：$\hat{y}_{t+1} = M_t^{(1)}$。

当时间序列变化趋势不明显时，可以采用一次移动平均法。但是当时间序列变化较为明显时，需要在一次平均的基础上，进行二次平均来对一次平均出现的偏差进行修正。利用二次移动平均的滞后偏差，找出时间数列的发展趋势，再据此进行预测。这种预测方法称为趋势移动平均法：

设一次移动平均数为 $M_t^{(1)}$，二次移动平均数为 $M_t^{(2)}$ 的公式为：

$$M_t^{(2)} = \frac{M_t^{(1)} + M_{t-1}^{(1)} + \cdots + M_{t-N-1}^{(1)}}{N} = M_{t-1}^{(2)} + \frac{M_t^{(1)} - M_{t-N}^{(1)}}{N} \tag{8.2}$$

另设时间数列 y_1，y_2，$\cdots$，y_t 具有直线发展趋势，且认为未来也按此趋势发展，则设此趋势发展模型为：$\hat{y}_{t+T} = a_t + b_t T$，其中，t 为时间数列的时期数；T 为从 t 期到预测期的时期数；a_t 为截距；b_t 为斜率；$\hat{y}_{t+T}$ 为第 t+T 期的预测值。则可根据一次和二次移动平均数来求出截距 a_t 和斜率 b_t：

$$a_t = 2M_t^{(1)} - M_t^{(2)}; \quad b_t = \frac{2}{N-1}(M_t^{(1)} - M_t^{(2)}) \tag{8.3}$$

8.3.1.2 河南省小麦价格的移动平均的预测

根据表 8.6 中河南省小麦的价格，运用 Excel 中工具菜单中的数据分析命令进行移动平均法的操作。在分析工具列表框中，选择移动平均工具，选择 N＝3 进行两次移动平均操作。根据河南省小麦价格的一次和二次移动平均图发现河南省小麦价格具有直线发展趋势，则 t＝19 时：

$$a_t = 2M_{19}^{(1)} - M_{19}^{(2)} = 2 \times 109.325 - 107.9575 = 110.6925$$

$$b_t = \frac{2}{3-1}(M_{19}^{(1)} - M_{19}^{(2)}) = 2.735 \tag{8.4}$$

直线预测模型为：$\hat{y}_{t+T} = 110.6925 + 2.735T$；T＝1，2，$\cdots$，10。

8.3.1.3 安徽省小麦价格的移动平均的预测

根据表 8.6 中安徽省小麦的价格，运用 Excel 中工具菜单中的数据分析命令进行移动平均法的操作。在分析工具列表框中，选择移动平均工具，选择 N＝3 进行两次移动平均操作。根据安徽省小麦价格的一次和二次移动平均图发现安徽省小麦价格具有直线发展趋势，则 t＝19 时：

$$a_t = 2M_{19}^{(1)} - M_{19}^{(2)} = 2 \times 111.145 - 108.7475 = 113.5425$$

$$b_t = \frac{2}{3-1}(M_{19}^{(1)} - M_{19}^{(2)}) = 2.3975 \tag{8.5}$$

直线预测模型为：$\hat{y}_{t+T} = 113.5425 + 2.3975T$；T＝1，2，$\cdots$，10。

8.3.1.4　山东省玉米价格的移动平均的预测

根据表 8.6 中山东省玉米的价格，运用 Excel 中工具菜单中的数据分析命令进行移动平均法的操作。在分析工具列表框中，选择移动平均工具，选择 N＝3 进行两次移动平均操作，根据山东省玉米价格的一次和二次移动平均图发现山东省玉米价格具有直线发展趋势，则 t＝19 时：

$$a_t = 2M_{19}^{(1)} - M_{19}^{(2)} = 2 \times 103.75 - 96.6775 = 107.8225$$

$$b_t = \frac{2}{3-1}(M_{19}^{(1)} - M_{19}^{(2)}) = 7.0725 \tag{8.6}$$

直线预测模型为：$\hat{y}_{t+T} = 107.8225 + 7.0725T$；T＝1，2，…，10。

8.3.1.5　四川省玉米价格的移动平均的预测

根据表 8.6 中四川省玉米的价格，运用 Excel 中工具菜单中的数据分析命令进行移动平均法的操作。在分析工具列表框中，选择移动平均工具，选择 N＝3 进行两次移动平均操作。根据四川省玉米价格的一次和二次移动平均图发现四川省玉米价格具有直线发展趋势，则 t＝19 时：

$$a_t = 2M_{19}^{(1)} - M_{19}^{(2)} = 2 \times 109.75 - 106.095 = 113.405$$

$$b_t = \frac{2}{3-1}(M_{19}^{(1)} - M_{19}^{(2)}) = 3.655 \tag{8.7}$$

直线预测模型为：$\hat{y}_{t+T} = 113.405 + 3.655T$；T＝1，2，…，10。

8.3.1.6　江西省早籼稻价格的移动平均的预测

根据表 8.6 中江西省早籼稻的价格，运用 Excel 中工具菜单中的数据分析命令进行移动平均法的操作。在分析工具列表框中，选择移动平均工具，选择 N＝3 进行两次移动平均操作。根据江西省早籼稻价格的一次和二次移动平均图发现江西省早籼稻价格具有直线发展趋势，则 t＝19 时：

$$a_t = 2M_{19}^{(1)} - M_{19}^{(2)} = 2 \times 111.61 - 111.04 = 112.18$$

$$b_t = \frac{2}{3-1}(M_{19}^{(1)} - M_{19}^{(2)}) = 1.14 \tag{8.8}$$

直线预测模型为：$\hat{y}_{t+T} = 112.18 + 1.14T$；T＝1，2，…，10。

8.3.1.7　湖南省中晚籼稻价格的移动平均的预测

根据表 8.6 中湖南省中晚籼稻的价格，运用 Excel 中工具菜单中的数据分析命令进行移动平均法的操作。在分析工具列表框中，选择移动平均工具，选择 N＝3 进行两次移动平均操作。根据湖南省中晚籼稻价格的一次和二次移动平均图发现湖南省中晚籼稻价格具有直线发展趋势，则 t＝19 时：

$$a_t = 2M_{19}^{(1)} - M_{19}^{(2)} = 2 \times 129.205 - 125.6925 = 132.7175$$

$$b_t = \frac{2}{3-1}\left(M_{19}^{(1)} - M_{19}^{(2)}\right) = 7.025 \tag{8.9}$$

直线预测模型为：$\hat{y}_{t+T} = 132.7175 + 7.025T$；$T = 1, 2, \cdots, 10$。

8.3.1.8　黑龙江省粳稻价格的移动平均的预测

根据表 8.6 中黑龙江省粳稻的价格，运用 Excel 中工具菜单中的数据分析命令进行移动平均法的操作。在分析工具列表框中，选择移动平均工具，选择 N = 2 进行两次移动平均操作。根据黑龙江省粳稻价格的一次和二次移动平均图发现黑龙江省粳稻价格具有直线发展趋势，则 t = 19 时：

$$a_t = 2M_{19}^{(1)} - M_{19}^{(2)} = 2 \times 142.4325 - 139.570625 = 138.9075$$

$$b_t = \frac{2}{3-1}\left(M_{19}^{(1)} - M_{19}^{(2)}\right) = 4.405 \tag{8.10}$$

直线预测模型为：$\hat{y}_{t+T} = 138.9075 + 4.405T$；$T = 1, 2, \cdots, 10$。

8.3.1.9　移动平均预测的结果

根据移动平均预测的结果，在 $T = 1, 2, \cdots, 10$ 的情况下，得到未来十年河南、安徽两省区小麦价格；山东、四川两省区玉米价格以及江西、湖北、黑龙江三省区的水稻价格如下，参见表 8.7。

表 8.7　未来十年粮食价格移动平均预测　　　　单位：元/百斤

时间	河南小麦	安徽小麦	山东玉米	四川玉米	江西早稻	湖南中晚稻	黑龙江粳稻
2021	113.4275	115.94	117.895	117.06	113.32	139.7425	143.3125
2022	116.1625	118.3375	124.9675	120.715	114.46	146.7675	147.7175
2023	118.8975	120.735	132.04	124.37	115.60	153.7925	152.1225
2024	121.6325	123.1325	139.1125	128.025	116.74	160.8175	156.5275
2025	124.3675	125.53	146.185	131.68	117.88	167.8425	160.9325
2026	127.1025	127.9275	153.2575	135.335	119.02	174.8675	165.3375
2027	129.8375	130.325	160.33	138.99	120.16	181.8925	169.7425
2028	132.5725	132.7225	167.4025	142.645	121.30	188.9175	174.1475
2029	135.3075	135.12	174.475	146.3	122.44	195.9425	178.5525
2030	138.0425	137.5175	181.5475	149.955	123.58	202.9675	182.9575

采用移动平均法对各代表区域未来十年的粮食价格进行预测，为了对比方便，将移动平均价格换算成元/吨，得出表 8.8。

表8.8　未来十年粮食价格移动平均预测表　　　　单位：元/吨

时间	河南小麦	安徽小麦	山东玉米	四川玉米	江西早稻	湖南中晚稻	黑龙江粳稻
2021	2268.55	2318.80	2357.90	2341.20	2266.4	2594.85	2866.25
2022	2323.25	2336.75	2499.35	2414.30	2289.2	2935.35	2954.35
2023	2377.95	2414.70	2640.80	2487.40	2312.0	3075.85	3042.45
2024	2432.65	2462.65	2782.25	2560.50	2334.8	3216.35	3130.55
2025	2487.35	2510.60	2923.70	2633.60	2357.6	3356.85	3218.65
2026	2542.05	2558.55	3065.15	2706.70	2380.4	3497.35	3306.75
2027	2596.75	2606.50	3206.60	2779.80	2406.0	3637.85	3394.85
2028	2651.45	2654.45	3348.05	2852.90	2426.0	3778.35	3482.95
2029	2706.15	2702.40	3489.50	2920.60	2448.8	3918.35	3571.05
2030	2760.85	2750.35	3630.95	2999.10	2471.6	4059.35	3659.15

表8.8清楚地显示了未来十年中国具有代表性的产粮大省的粮食价格，河南省小麦价格为2260~2770元/吨；安徽省小麦价格为2300~2760元/吨；山东省玉米价格为2350~3650元/吨；四川省玉米价格为2340~3000元/吨；江西省早籼稻价格为2260~2500元/吨；湖南省中晚籼稻价格为2500~4100元/吨；而黑龙江省粳稻的价格则为2860~3700元/吨。

8.3.2　我国主要代表区域粮食价格 VAR 模型预测

由于变量之间的复杂性，时间序列变量之间可能是动态变化的，进行预测时甚至会出现伪回归等严重问题，由于20世纪五六十年代的联立方程出现了这些问题，1980年西姆斯（C. A. Sims，1980）提出VAR（Vector Autoregression）模型，用来修正联立方程出现的问题。VAR模型一经问世，就受到普遍欢迎，成为当前世界应用最广泛的模型之一。

完整的VAR模型为：设 $Y_t = (y_{1t} y_{2t} \cdots y_{Nt})^T$ 是 N×1 时间序列的列向量，则 p 阶 VAR 模型（记为 VAR（p））：

$$Y_t = \sum_{i=1}^{p} \prod_i Y_{t-i} + U_i = \prod_1 Y_{t-1} + \prod_2 Y_{t-2} + \cdots + \prod_p Y_{t-p} + U_t \qquad (8.11)$$

其中，$\prod_i$ 是参数向量，U_t 是随机列向量，p 为最大滞后阶数。

由于数据收集原因，本书只运用各具有代表性省份的粮食生产总成本来研究其与粮食价格之间的关系。各省的粮食总成本剔除了通货膨胀后，具体参见表8.9。

表 8.9　我国各主要代表区域粮食总成本　　　　单位：元/百斤

时间	江西早稻	湖南中晚稻	黑龙江粳稻	山东玉米	四川玉米	河南小麦	安徽小麦
2002	43.13	36.65	42.97	38.26	41.63	43.39	43.38
2003	41.81	36.70	36.64	32.00	54.72	42.77	47.24
2004	48.56	40.46	43.49	34.23	46.96	34.48	42.45
2005	53.22	50.85	53.53	39.38	49.83	49.40	47.56
2006	56.24	52.95	57.89	41.11	58.50	44.88	43.67
2007	56.35	51.93	58.89	41.10	61.82	46.31	42.90
2008	66.02	62.62	73.07	45.50	55.81	50.01	46.11
2009	70.37	72.31	83.51	49.10	78.05	68.52	62.36
2010	85.07	79.19	87.73	57.46	77.37	71.67	61.46
2011	88.37	89.15	97.89	67.36	86.91	71.23	78.75
2012	110.05	99.43	113.87	78.72	113.15	97.88	83.00
2013	106.59	122.58	123.84	91.62	119.70	112.80	93.83
2014	109.67	111.64	121.78	84.83	131.07	99.69	83.44
2015	113.04	112.98	123.38	86.33	118.79	104.26	85.24
2016	112.29	116.04	125.81	93.35	132.64	119.57	105.50
2017	110.22	114.68	127.86	87.57	133.42	111.20	94.28
2018	115.87	110.05	132.40	94.39	143.34	139.61	123.76
2019	123.82	118.76	142.96	95.60	140.43	104.66	89.90
2020	136.51	159.04	148.11	86.35	157.88	114.67	103.28

资料来源：全国各年农产品成本收益资料汇编与各年 CPI 指数。

只通过粮食总成本来对粮食价格进行预测，VAR 模型方程为：

$$Y_t = \sum_{i=1}^{p} \prod_i Y_{t-i} + \rho_i x_{t-i} + U_t \qquad (8.12)$$

8.3.2.1　未来十年河南省小麦价格的 VAR 模型预测

根据表 8.6 和表 8.9 中河南省小麦的价格和总成本，为了合理做出预测，本书将表 8.6 和表 8.9 的数据单位处理为元/吨，对河南省小麦价格进行对数处理，处理之后令价格为 y，总成本为 x，运用 Eviews7.2 来对河南省小麦的价格与总成本之间的关系进行 VAR 预测。

为了检验河南省小麦价格 y 与总成本 x 之间关系是否平稳，先进行单位根检验和一阶差分检验，得到的结果是在一阶差分条件下，原单位根检验，所有统计数值的 P 值均小于 0.000，在 10%、1%、5%条件下拒绝原假设，说明方程平稳，可以建立 VAR 模型。

为了检验 VAR 模型的平稳性，用 AR 根图进行检验。AR 根图中，如果点都落在单位圆里，则说明 VAR 模型有效。检验结果见图 8.1。

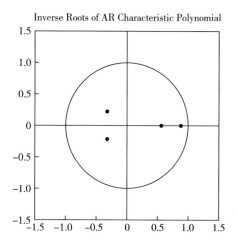

Inverse Roots of AR Characteristic Polynomial

图 8.1   河南省小麦价格与总成本 AR 根检验

AR 根全部在单位圆的范围内，说明 VAR 模型平稳。需要对河南省小麦价格 y 与总成本 x 进行格兰杰因果检验，结果河南省小麦价格 y 不是总成本 x 的格兰杰原因，河南省小麦总成本 x 不是价格 y 的格兰杰原因，说明河南省小麦价格 y 与总成本 x 之间存在着双向的因果关系，可以对模型进行 VAR 预测。

根据 Eviews7.2 对河南省小麦价格 y 与总成本 x 做 VAR 模型预测，得到如下结果：

$$Y = 0.640437 * y(-1) + 0.042606 * y(-2) + 0.270463 * x(-1) -$$
$$0.151319x(-2) + 22.47134 \tag{8.13}$$

其中，$R^2 = 0.851692$，修正后的 $\overline{R}^2 = 0.802256$。

$$X = 0.439656 * y(-1) + 0.4414884 * y(-2) + 0.176237 * x(-1) +$$
$$0.219141x(-2) - 25.08369 \tag{8.14}$$

其中，$R^2 = 0.870985$，修正后的 $\overline{R}^2 = 0.827980$。

8.3.2.2   未来十年安徽省小麦价格的 VAR 模型预测

根据表 8.6 和表 8.9 中安徽省小麦的价格和总成本，为了合理预测，本书将表 8.6 和表 8.9 的数据单位处理为元/吨，对安徽省小麦价格进行对数处理，处理之后令价格为 y，总成本为 x，运用 Eviews7.2 来对安徽省小麦的价格与总成本之间的关系进行 VAR 预测。

为了检验安徽省小麦价格 y 与总成本 x 之间关系是否平稳，先进行单位根检验和一阶差分检验，在一阶差分条件下，原单位根检验，所有统计数值的 P 值均小于 0.05，在 10%、1%、5%条件下拒绝原假设，说明方程平稳，可以建立 VAR 模型。

为了检验 VAR 模型的平稳性，用 AR 根图进行检验。AR 根图中，如果点都落在单位圆里，则说明 VAR 模型有效。所有值均在圆形范围内，VAR 模型合理，需要对安徽省小麦价格 y 与总成本 x 进行格兰杰因果检验，结果安徽省小麦价格 y 不是总成本 x 的格兰杰原因，安徽省小麦总成本 x 不是价格 y 的格兰杰原因，说明安徽省小麦价格 y 与总成本 x 之间存在着双向的因果关系，可以对模型进行 VAR 预测。

根据 Eviews7.2，则安徽省小麦价格 y 与总成本 x 之间的 VAR 预测方程如下：

$$y = 0.580225 * y(-1) + 0.117653 * y(-2) + 0.219181 * x(-1) - $$
$$0.065929 * x(-2) + 19.83952 \qquad (8.15)$$

其中，$R^2 = 0.908161$，修正后的 $\overline{R}^2 = 0.877548$。

$$x = 0.792261 * y(-1) - 0.014350 * y(-2) + 0.048468 * x(-1) + $$
$$0.289695 * x(-2) - 17.97190 \qquad (8.16)$$

其中，$R^2 = 0.880395$，修正后的 $\overline{R}^2 = 0.840527$。

8.3.2.3 未来十年山东省玉米价格的 VAR 模型预测

根据表 8.6 和表 8.9 中山东省玉米的价格和总成本，为了合理预测，本书将表 8.6 和表 8.9 的数据单位处理为元/吨，对山东省玉米价格进行对数处理，处理之后令价格为 y，总成本为 x，运用 Eviews7.2 来对山东省玉米的价格与总成本之间的关系进行 VAR 预测。

为了检验山东省玉米价格 y 与总成本 x 之间关系是否平稳，先进行单位根检验和一阶差分检验，得到的结果是方程在一阶差分条件下，原单位根检验，所有统计数值的 P 值均小于 0.05，在 10%、1%、5%条件下拒绝原假设，说明方程平稳，可以建立 VAR 模型。

为了检验 VAR 模型的平稳性，用 AR 根图进行检验。AR 根图中，如果点都落在单位圆里，则说明 VAR 模型有效。AR 根所有的点都在圆形范围内，山东省玉米的价格与总成本的 VAR 模型完全合理。需要对山东省玉米价格 y 与总成本 x 进行格兰杰因果检验，结果山东省玉米价格 y 不是总成本 x 的格兰杰原因；山东省玉米总成本 y 不是价格 x 的格兰杰原因，说明山东省玉米价格 y 与总成本 x 之间存在着双向的因果关系，可以对模型进行 VAR 预测。

根据 Eviews7.2，则山东省玉米价格 y 与总成本 x 之间的 VAR 预测方程如下：

$$y = 0.819876 * y(-1) - 0.324135 * y(-2) + 0.812446 * x(-1) -$$
$$0.564552 * x(-2) + 27.05213 \qquad (8.17)$$

其中，$R^2 = 0.706426$，修正后的 $\overline{R}^2 = 0.608568$。

$$x = 0.278257 * y(-1) + 0.013641 * y(-2) + 0.711618 * x(-1) +$$
$$0.051282 * x(-2) - 5.557816 \qquad (8.18)$$

其中，$R^2 = 0.956353$，修正后的 $\overline{R}^2 = 0.941804$。

8.3.2.4 未来十年四川省玉米价格的 VAR 模型预测

根据表 8.6 和表 8.9 中四川省玉米的价格和总成本，为了合理预测，本书将表 8.6 和表 8.9 的数据单位处理为元/吨，对四川省玉米价格进行对数处理，处理之后令价格为 y，总成本为 x，运用 Eviews7.2 来对四川省玉米的价格与总成本之间的关系进行 VAR 预测。

为了检验四川省玉米价格 y 与总成本 x 之间关系是否平稳，先进行单位根检验和一阶差分检验，在一阶差分条件下，原单位根检验，所有统计数值的 P 值均小于 0.05，在 10%、1%、5%条件下拒绝原假设，说明方程平稳，可以建立 VAR 模型。

为了检验 VAR 模型的平稳性，用 AR 根图进行检验。AR 根所有的点都在圆形范围内，四川省玉米的价格与总成本的 VAR 模型完全合理，需要对四川省玉米价格 y 与总成本 x 进行格兰杰因果检验，结果四川省玉米价格 y 不是总成本 x 的格兰杰原因，四川省玉米总成本 x 不是价格 y 的格兰杰原因，说明四川省玉米价格 y 与总成本 x 之间存在着双向的因果关系，可以对模型进行 VAR 预测。

根据 Eviews7.2，则四川省玉米价格 y 与总成本 x 之间的 VAR 预测方程如下：

$$y = 0.839799 * y(-1) - 0.047392 * y(-2) + 0.293915 * x(-1) -$$
$$0.256999 * x(-2) + 20.06855 \qquad (8.19)$$

其中，$R^2 = 0.847854$，修正后的 $\overline{R}^2 = 0.797139$。

$$x = 0.235021 * y(-1) + 0.114748 * y(-2) + 0.391418 * x(-1) +$$
$$0.445485 * x(-2) - 8.669743 \qquad (8.20)$$

其中，$R^2 = 0.948760$，修正后的 $\overline{R}^2 = 0.931680$。

8.3.2.5 未来十年江西省早籼稻价格的 VAR 模型预测

根据表 8.6 和表 8.9 中江西省早籼稻的价格和总成本，为了合理预测，本书将表 8.6 和表 8.9 的数据单位处理为元/吨，对江西省早籼稻价格进行对数处理，处理之后令价格为 y，总成本为 x，运用 Eviews7.2 来对江西省早籼稻的价格与总成本之间的关系进行 VAR 预测。

为了检验江西省早籼稻价格 y 与总成本 x 之间关系是否平稳，先进行单位根检验和一阶差分检验，得到的结果在一阶差分条件下，原单位根检验，所有统计数值的 P 值均小于 0.05，在 10%、1%、5% 条件下拒绝原假设，说明方程平稳，可以建立 VAR 模型。

为了检验 VAR 模型的平稳性，用 AR 根图进行检验。AR 根图中，如果点都落在单位圆里，则说明 VAR 模型有效。AR 根所有的点都在圆形范围内，江西省早籼稻的价格与总成本的 VAR 模型完全合理。需要对江西省早籼稻价格 y 与总成本 x 进行格兰杰因果检验，结果江西省早籼稻价格 y 不是总成本 x 的格兰杰原因，江西省早籼稻总成本 x 不是价格 y 的格兰杰原因，说明江西省早籼稻价格 y 与总成本 x 之间存在着双向的因果关系，可以对模型进行 VAR 预测。

则江西省早籼稻价格 y 与总成本 x 之间的 VAR 方程如下：

$$y = 0.775348 * y(-1) - 0.070919 * y(-2) + 0.153674 * x(-1) -$$
$$0.039995 * x(-2) + 22.84073 \tag{8.21}$$

其中，$R^2 = 0.902398$，修正后的 $\overline{R}^2 = 0.869864$。

$$x = 0.101134 * y(-1) - 0.375627 * y(-2) + 0.843249 * x(-1) +$$
$$0.415413 * x(-2) + 10.98976 \tag{8.22}$$

其中，$R^2 = 0.956979$，修正后的 $\overline{R}^2 = 0.942639$。

8.3.2.6 未来十年湖南省中晚籼稻价格的 VAR 模型预测

根据表 8.6 和表 8.9 中湖南省中晚籼稻的价格和总成本，为了合理预测，本书将表 8.6 和表 8.9 的数据单位处理为元/吨，对湖南省中晚籼稻价格进行对数处理，处理之后令价格为 y，总成本为 x，运用 Eviews7.2 来对湖南省中晚籼稻的价格与总成本之间的关系进行 VAR 预测。

为了检验湖南省中晚籼稻价格 y 与总成本 x 之间关系是否平稳，先进行单位根检验和一阶差分检验，在一阶差分条件下，原单位根检验，所有统计数值的 P 值均小于 0.05，在 10%、1%、5% 条件下拒绝原假设，说明方程平稳，可以建立 VAR 模型。

为了检验 VAR 模型的平稳性，用 AR 根图进行检验。AR 根图中，如果点都落在单位圆里，则说明 VAR 模型有效。AR 根所有的点都在圆形范围内，湖南省中晚籼稻的价格与总成本的 VAR 模型完全合理。需要对湖南省中晚籼稻价格 y 与总成本 x 进行格兰杰因果检验，以检验 y 与 x 是否具有因果关系。结果湖南省中晚籼稻价格 y 说明不是总成本 x 的格兰杰原因，总成本 x 不是中晚籼稻价格 y 的格兰杰原因，说明湖南省中晚籼稻价格 y 与总成本 x 存在因果关系。则湖南省中晚籼稻价格 y 与总成本 x 之间的 VAR 方程如下：

$$y = 0.853472 * y(-1) - 0.524248 * y(-2) + 0.734576 * (-1) -$$
$$0.200818 * (-2) + 27.37165 \tag{8.23}$$

其中，$R^2 = 0.926470$，修正后的 $\overline{R}^2 = 0.901960$。

$$x = 0.248181 * y(-1) - 0.205700 * y(-2) + 1.100207 * x(-1) -$$
$$0.102000 * x(-2) + 1.459525 \tag{8.24}$$

其中，$R^2 = 0.882278$，修正后的 $\overline{R}^2 = 0.843038$。

8.3.2.7 未来十年黑龙江省粳稻价格的 VAR 模型预测

根据表 8.6 和表 8.9 中黑龙江省粳稻的价格和总成本，为了合理预测，本书将表 8.6 和表 8.9 的数据单位处理为元/吨，对黑龙江省粳稻价格进行对数处理，处理之后令价格为 y，总成本为 x，运用 Eviews7.2 来对黑龙江省粳稻的价格与总成本之间的关系进行 VAR 预测。

为了检验黑龙江省粳稻价格 y 与总成本 x 之间关系是否平稳，先进行单位根检验和一阶差分检验，得到的结果在一阶差分条件下，原单位根检验，所有统计数值的 P 值均小于 0.05，在 1%、5% 条件下拒绝原假设，说明方程平稳，可以建立 VAR 模型。

为了检验 VAR 模型的平稳性，用 AR 根图进行检验。AR 根图中，如果点都落在单位圆里，则说明 VAR 模型有效。AR 根的所有点都在圆形范围内，黑龙江省粳稻的价格与总成本的 VAR 模型完全合理。需要对黑龙江省粳稻价格 y 与总成本 x 进行格兰杰因果检验，以检验 y 与 x 是否具有因果关系。结果黑龙江省粳稻价格 y 不是总成本 x 的格兰杰原因，总成本 x 不是黑龙江省粳稻价格 y 的格兰杰原因，说明黑龙江省粳稻价格 y 与总成本 x 存在因果关系。则黑龙江省粳稻价格 y 与总成本 x 之间的 VAR 方程如下：

$$y = 0.949557 * y(-1) - 0.435637 * y(-2) + 0.590012 * x(-1) -$$
$$0.238513 * x(-2) + 25.45716 \tag{8.25}$$

其中，$R^2 = 0.918062$，修正后的 $\overline{R}^2 = 0.890749$。

$$x = -0.122041 * y(-1) + 0.166756 * y(-2) + 1.168148 * x(-1) -$$
$$0.273842 * x(-2) + 10.47753 \tag{8.26}$$

其中，$R^2 = 0.982815$，修正后的 $\overline{R}^2 = 0.977087$。

8.3.2.8 未来十年价格的 VAR 模型预测

根据以上预测结果，得到 VAR 模型各主产区粮食预测价格，具体见表 8.10。

表 8.10　未来十年粮食价格 VAR 预测表　　　　单位：元/吨

时间	河南小麦	安徽小麦	山东玉米	四川玉米	江西早稻	湖南中晚稻	黑龙江粳稻
2021	2247.69	2298.26	2199.51	2503.46	2389.53	3480.24	3114.64
2022	2238.20	2302.14	2147.51	2491.82	2493.61	3988.24	3285.78
2023	2260.60	2335.67	2119.38	2550.29	2599.58	4236.77	3315.37
2024	2270.02	2347.25	2107.75	2567.24	2708.95	4355.97	3270.19
2025	2280.41	2370.82	2104.17	2599.55	2826.03	4471.34	3250.19
2026	2289.82	2384.23	2104.36	2619.41	2953.70	4640.75	3262.59
2027	2297.71	2401.92	2106.16	2641.38	3095.20	4864.34	3302.31
2028	2304.93	2414.68	2108.53	2658.69	3253.67	5188.82	3344.33
2029	2311.23	2428.62	2111.02	2675.17	3432.42	5383.81	3373.71
2030	2316.82	2439.94	2113.41	2689.30	3635.02	5651.01	3390.12

由表 8.10 可见，VAR 模型预测条件下我国未来十年粮食主产区粮食价格，河南省小麦价格为 2238.20 ~ 2316.82 元/吨；安徽省小麦价格为 2298.26 ~ 2439.94 元/吨；山东省玉米价格为 2104.17 ~ 2199.51 元/吨；四川省玉米价格为 2491.82 ~ 2689.30 元/吨；江西省早籼稻价格为 2389.53 ~ 3635.02 元/吨；湖南省中晚籼稻价格为 3480.24 ~ 5651.01 元/吨；黑龙江省粳稻价格为 3114.64 ~ 3390.12 元/吨。

8.3.3　我国主要代表区域粮食价格专家调查法预测

专家调查法是美国兰德公司提出的，可用于社会政策、经济、工程、技术等许多领域内发展趋势的预测。在预测过程中，主要是通过邀请对某一领域较为熟悉的人员来进行，通过这些人员对自身熟知领域发展趋势的判断，总结该领域未来发展趋势的方法。

专家调查法是选取某一行业中对行业发展情况极为熟悉的专家和学者进行咨询，采取的方式有两种，本校专家通过访谈法进行、外地专家通过邮件发送问卷调查法来进行。本次共选取了 17 位农业方面的专家来进行调查，其中有农业"985"高校西北农林科技大学长期从事农业与农村经济研究的教授（博士）博士生导师 3 人，讲师（博士）1 人，博士 3 人；从事农业与农村工作研究的"211"高校南京农业大学副教授（博士）1 人；从事粮食价格与粮食福利研究的河南理工大学应急管理学院副教授（博士）1 人；从事农村经济研究的西安财经学院副教授（博士）1 人；从事农村农业与农村经济研究的河北大学副教授（博

士）1人；从事农业与农村工作研究的国家发改委宏观院助理研究员（博士）1
人；从事农业与农村经济研究的中国人民大学农业与农村发展学院博士生5人。
这17位专家虽然来自不同区域，但都是长期从事农业与农村经济方面的研究，
非常熟悉粮食安全与粮食价格的关系，并且他们都是经过非常慎重的考虑，根据
1985~2015年全国小麦的实际价格（扣除通货膨胀之后的价格），并结合自己的
长期研究经验，做出了自己对不同区域粮食价格的判断。

8.3.3.1　未来我国小麦主产区河南省小麦价格专家预测

专家经过认真的调查研究，结合自己在这一行业的长期实践，对我国小麦具
有代表性的河南省2021~2030年小麦价格趋势进行了预测。

表 8.11　专家对 2021~2030 年全国、河南、安徽小麦最高及最低价预测

专家	全国		河南省		安徽省	
	最高价（元/吨）	最低价（元/吨）	最高价（元/吨）	最低价（元/吨）	最高价（元/吨）	最低价（元/吨）
1	3500	2500	3200	2300	3200	2300
2	3600	2400	3200	2200	3200	2200
3	3600	2200	3300	2200	3200	2200
4	3600	2300	3400	2400	3200	2400
5	3800	2300	3300	2200	3200	2000
6	3500	2200	3200	2200	3200	2200
7	3600	2200	3400	2200	3300	2200
8	3800	2200	3500	2400	3300	2200
9	3900	2300	3500	2300	3300	2300
10	3800	2400	3500	2400	3200	2400
11	3800	2300	3500	2300	3500	2200
12	3600	2200	3400	2200	3500	2200
13	3700	2300	3500	2300	3300	2300
14	3500	2200	3500	2300	3400	2200
15	3800	2400	3500	2400	3500	2400
16	4000	2400	3300	2300	3200	2200
17	3600	2400	3600	2400	3500	2400
平均	3690	2305	3405	2290	3305	2250

从专家预测的结果来看，我国2021~2030年小麦实际价格为2305~3690元/

吨,其中河南省小麦实际价格为 2290~3405 元/吨,而安徽省小麦价格为 2250~
3305 元/吨。从专家预测的结果来看,我国未来十年小麦实际价格有涨有落,但
总体涨幅较大。尤其是河南省小麦主要产自黄河流域。

8.3.3.2　我国玉米主产区未来十年玉米专家价格预测

专家对我国未来十年全国、主要玉米产区山东、四川的玉米价格预测结果见
表 8.12。

表 8.12　专家对 2021~2030 年全国、山东、四川最高及最低价预测

专家	全国		山东省		四川省	
	最高价 (元/吨)	最低价 (元/吨)	最高价 (元/吨)	最低价 (元/吨)	最高价 (元/吨)	最低价 (元/吨)
1	3600	2300	3100	2000	3600	2500
2	3700	2400	3200	2000	3500	2400
3	3500	2000	3400	2200	3400	2500
4	3500	2000	3200	2100	3300	2500
5	3600	2000	3500	2000	3500	2500
6	3500	2100	3200	2000	3500	2500
7	3500	2000	3300	2000	3400	2300
8	3600	2200	3000	2000	3400	2300
9	3700	2200	3200	2200	3200	2400
10	3600	2400	3200	2000	3500	2500
11	3500	2100	3200	2000	3200	2400
12	3600	2300	3000	2000	3500	2400
13	3700	2200	3200	2100	3500	2300
14	3500	2200	3400	2200	3400	2300
15	3500	2200	3100	2000	3700	2400
16	3500	2000	3200	2000	3600	2400
17	3500	2100	3000	2000	3600	2500
平均	3570	2160	3200	2050	3460	2420

从专家预测的结果来看,我国 2021~2030 年玉米实际价格为 2160~3570 元/
吨,其中山东省玉米实际价格为 2050~3200 元/吨,四川省玉米实际价格为
2420~3460 元/吨。

8.3.3.3　我国稻谷主产区未来十年稻谷专家调查法价格预测

专家对我国具有代表性稻谷主产区江西、湖南、黑龙江三省稻谷价格预测结

果见表8.13。

表8.13 专家对2021~2030年江西、湖南、黑龙江稻谷最高及最低价预测

专家	全国		江西省		湖南省		黑龙江省	
	最高价 （元/吨）	最低价 （元/吨）	最高价 （元/吨）	最低价 （元/吨）	最高价 （元/吨）	最低价 （元/吨）	最高价 （元/吨）	最低价 （元/吨）
1	4200	2000	2800	2000	3800	2200	4800	3200
2	4500	2000	3000	2000	3800	2200	4800	3200
3	4600	2000	2800	2000	3600	2200	4800	3200
4	4500	2000	2800	2000	3600	2500	4800	3200
5	4000	2000	3000	2100	3800	2400	4500	3000
6	4500	2000	2800	2000	3800	2500	4800	3200
7	4200	1900	2900	2000	3800	2400	4500	3500
8	4500	2000	3000	2000	3900	2300	4800	3200
9	4800	2000	2800	2000	3800	2200	4800	3200
10	4600	2000	2800	1900	3900	2200	5000	3200
11	4500	2000	2900	2000	3800	2400	4800	3200
12	4500	1900	2800	2000	3800	2500	5000	3000
13	4800	2000	3000	1900	3800	2500	5000	3200
14	4600	2000	3200	2000	3800	2200	4500	3200
15	4800	2000	3200	2000	3800	2500	4800	3000
16	4800	2000	3000	1900	4000	2200	4800	3000
17	4800	2000	3000	2000	4000	2200	5000	3000
平均	4550	1980	2930	1980	3800	2330	4800	3150

从专家预测的结果来看，2021~2030年我国全国稻谷价格为1980~4550元/吨，江西省早稻实际价格为1980~2930元/吨，湖南省中晚稻实际价格为2330~3800元/吨，黑龙江省粳稻实际价格为3150~4800元/吨。从专家预测结果来看，未来十年我国稻谷由于品种不同，价格各不相同。

8.3.4 未来我国粮食主产区预测结果

在实际预测过程中，对同一经济现象如果采用了两种或两种以上预测方法，由于预测方法各有优点及不足，将不同预测方法的预测结果用一定的方式重新组合，得到新的预测结果，能够提高预测的精确度，从而减少预测的误差。组合预

测一般分为等权预测和非等权预测两种。组合预测主要需要确定不同预测结果的权重，而权重的确定有很多方法，本书采用最简单的等权数法。

等权数法的确定方法是：

$$\hat{Y}_{i+j} = \sum_{i=1}^{n} \hat{Y}_{i(i+j)} W_i \left(\sum W_i = 1 \right) \diamond W_1 = W_2 = \cdots = W_n = \frac{1}{n} \qquad (8.27)$$

由于专家调查法只预测了未来十年粮食价格的变化范围，并没有给出具体的年度数值，所以本书也采取预测范围的方式来观察我国未来十年主产区粮食价格。根据等权组合预测法，取权数为1/3，再对移动平均和VAR预测方法取最高值和最低值，将三种预测方法的最大值和最小值进行平均组合，得到的结果见表8.14~表8.20。

表8.14 河南2021~2030年小麦组合预测范围

移动平均（元/吨）	VAR模型（元/吨）	专家调查（元/吨）	组合预测（元/吨）
2270~2700	2240~2450	2290~3405	2270~2850

表8.15 安徽2021~2030年小麦组合预测范围

移动平均（元/吨）	VAR模型（元/吨）	专家调查（元/吨）	组合预测（元/吨）
2240~2750	2290~2440	2250~3305	2250~2800

表8.16 山东2021~2030年玉米组合预测范围

移动平均（元/吨）	VAR模型（元/吨）	专家调查（元/吨）	组合预测（元/吨）
2400~3550	2100~2200	2050~3165	2200~3000

表8.17 四川2021~2030年玉米组合预测范围

移动平均（元/吨）	VAR模型（元/吨）	专家调查（元/吨）	组合预测（元/吨）
2340~3000	2530~2690	2420~3460	2430~3050

表8.18 江西2021~2030年早籼稻组合预测范围

移动平均（元/吨）	VAR模型（元/吨）	专家调查（元/吨）	组合预测（元/吨）
2270~2500	2380~3635	2100~2800	2250~3000

表8.19 湖南2021~2030年中晚籼稻组合预测范围

移动平均（元/吨）	VAR模型（元/吨）	专家调查（元/吨）	组合预测（元/吨）
2600~4000	3480~5600	2600~3400	2800~4300

表 8.20 黑龙江 2021~2030 年粳稻组合预测范围

移动平均（元/吨）	VAR 模型（元/吨）	专家调查（元/吨）	组合预测（元/吨）
2870~3700	3100~3400	3150~4800	3040~4300

总的来看，未来河南省小麦价格为 2270~2850 元/吨，安徽省小麦价格为 2250~2800 元/吨，山东省玉米价格为 2200~3000 元/吨，四川省玉米价格为 2430~3050 元/吨，江西省早籼稻价格为 2250~3000 元/吨，湖南省中晚籼稻价格为 2800~4300 元/吨，黑龙江省粳稻价格为 3040~4300 元/吨。

8.4 小 结

8.4.1 主产区预测结果对比

从区域预测的结果来看，河南省小麦价格为 2270~2850 元/吨，河南省小麦种植面积和产量均居全国首位，小麦种植主要分布在黄河流域，气候主要处于中温带，十分有利于小麦生长和发育，黄河流域带主要生产中筋、强筋小麦，小麦质量较高，小麦总产量中，三等以上质量的小麦占 95.5%，其中一等质量小麦占 52.8%[①]，由于河南省小麦质量好，价格也较高，同时河南也是我国重要的小麦交易集散地，郑州商品交易所是我国最大的小麦交易市场；而安徽省小麦主要种植在淮河流域，气候以暖温带为主，主要生产弱筋小麦，由于淮河流域阴雨天气较多，不利于小麦的储存，小麦霉变、发芽率较高，安徽小麦质量相对于河南小麦要低，价格也相对稍低。

从玉米价格预测来看，山东省预测玉米价格为 2200~3000 元/吨。山东省是我国农业第一大省，是黄淮海主产区的粮食重要产区，气候适宜，粮食产量高、质量好，是我国重要的粮食主产区，特别是玉米产量较高，山东农业的主要产业是种植业（蔬菜、果业）和海洋养殖业，玉米产量本省过剩，需要向其他省份销售。而四川省是我国第一大养殖大省，四川农业以养殖业为主，向全国提供最多的猪肉，四川饲料用玉米需求量极大，但是本省产量无法满足本省需求，需要从外省甚至从国外大量进口来满足本省饲料用玉米需求，由于需求旺盛，本省不

---

① 资料来源：2015 年河南小麦产量突破七百亿斤［N］. 中国农业信息网，2015-11-02.

能满足需求，因此四川省玉米价格较高。

从稻谷预测结果来看，江西省早籼稻价格为 2250～3000 元/吨，湖南省中晚籼稻价格为 2800～4300 元/吨，黑龙江省粳稻价格为 3040～4300 元/吨。由于早籼稻耐储存，喷洒农药较少，国家大力提倡种植，但是早籼稻生产周期较短，味道较中晚稻和粳稻要差，一般用于工业用途，价格比中晚籼稻和粳稻价格低；中晚籼稻比早籼稻生长周期长，主要用于食用，味道也比早籼稻好，价格比早籼稻格高，但是由于中晚籼稻的生长期和质量较粳稻要差，随着人民生活水平的提高，我国高端大米的需求量上升，黑龙江粳稻地处东北寒温带，土壤有机质高，粳稻生长周期长，质量好，粳米比籼米黏性强，味道好，需求量较大，价格也较籼稻高。

从以上分析来看，区域预测的结果较为合理。由于气候不同，河南省小麦的质量较好，价格也相对较高；由于山东省玉米的产量高，而需求量较低；由于早籼稻的味道较中晚籼和粳稻要差，早籼稻一般用于饲料和工业用途，中晚籼稻和粳稻主要用于食用，粳稻的生长期长、质量高，并且粳稻的味道要好于中晚籼稻，这使得粳稻食用需求量远远大于中晚籼稻，不同稻谷品种的用途及食用味道不同，粳稻价格高于中晚籼稻价格，中晚籼稻价格又高于早籼稻价格。

8.4.2　主产区预测结果与全国组合预测结果对比

从区域中选择具有代表性的粮食生产品种种植省份，因为我国 13 个粮食主产区粮食销售占我国粮食销售总量的 95%，粮食主产区的粮食价格在很大程度上可以代表我国主要粮食品种的价格。从区域预测来看，我国未来十年主产区小麦价格为 2200～2850 元/吨，而第 7 章组合预测结果中我国未来十年小麦价格为 2480～2680 元/吨。2020 年扣除通货膨胀，我国实际小麦价格为 2228.3 元/吨，根据区域预测，我国未来主产区小麦价格与全国 2020 年小麦价格相比，上涨率为 -1.27%～25.66%，而全国未来十年小麦价格与 2020 年价格相比，上涨率为 11.36%～20.11%。

从区域预测来看，我国未来十年主产区玉米价格为 2700～3550 元/吨，而第 7 章组合预测结果中我国未来十年玉米价格为 2600～2850 元/吨。2020 年扣除通货膨胀，我国实际玉米价格为 2255.3 元/吨，根据区域预测，我国未来主产区玉米价格与全国 2020 年玉米价格相比，上涨率为 -0.23%～57.41%，而全国未来十年玉米价格与 2020 年价格相比，上涨率为 16.24%～25.92%。

从区域预测来看，我国未来十年主产区稻谷价格为 3200～3870 元/吨，而第 7 章组合预测结果中我国未来十年稻谷价格为 3200～3700 元/吨。2020 年扣除通货膨胀，我国实际稻谷价格为 2684.2 元/吨，根据区域预测，我国未来主产区稻谷价格与全国 2020 年稻谷价格相比，上涨率为 19.21%～44.18%，而全国未来十年稻谷价格与 2020 年价格相比，上涨率为 19.10%～37.37%。

根据以上比较来看，预测未来十年我国粮食价格的波动幅度全部在主产区粮食价格的波动幅度内。我国当前十分重视主粮的生产，政府为了提高粮食单产产量，从而提高粮食总产产量，保证国家粮食安全，提出了"藏粮于地，藏粮于技"的战略政策，土地政策、粮食补贴政策、农业技术政策、农业基础设施政策、农产品价格政策、农产品关税等多项农业政策来保证粮食安全战略。在土地政策中提出了最严格的耕地保护政策，坚持 18 亿亩红线；土地整治规划，要求"十四五"期间整理中低产田 4 亿亩；土地确权、"三权分立"、自由流转。粮食补贴有种粮直补、良种补贴、农资综合补贴、农业机械购置补贴、农业机械报废补贴、农业保险政策等。农业技术政策鼓励农业机构进行农业技术的推广和创新，扩大农业技术资金的投入。农业基础设施建设重点建设中小型水库，注重农民灌溉最后一公理衔接问题，保证农田旱涝保收。农产品价格政策对粮食主产区的粮食按最低收购价格敞开收购。农产品关税政策对三大主粮实现进口配额制度等。以六大农业政策来保障土地生产率的提高，鼓励种粮农民的积极性，保障国内种粮农民的收益，从而以提高单产产量为主增加国内粮食总产量。

虽然我国未来十年由于人口增加，粮食需求量刚性增长，但是由于政府政策实施得当，粮食总产量能够满足国内消费需求。由于受到国际粮食市场价格和国内供给过剩的影响，粮食价格可能会小幅度下降，但是未来十年，由于我国已实现了小康社会，人民生活富足，粮食需求量由于饮食结构的改变而增加，粮食价格最终将会小幅度增加。

由于预测方法不同，主产区采用移动平均预测法、VAR 模型预测法和专家调查法，其中专家调查法是调查未来粮食变化的大体范围，专家调查的范围较大，提高了主产区粮食价格的变化范围。但从预测变化趋势来看，主产区预测的变化趋势和全国预测变化趋势相同，全国预测变化的范围在主产区预测的变化范围内，说明全国粮食价格的变化趋势与主产区粮食价格的变化趋势相同。通过主产区的价格变化，从侧面证明了我国未来十年粮食价格预测的合理性。

9 我国当前粮食价格和粮食安全现状

9.1 我国当前经济发展总体情况

9.1.1 我国经济状况

"十四五"初期,受新冠疫情影响,中国经济短期内快速复苏,长期向高质量发展。据国家统计局统计2021年GDP 114万亿元,按不变价格增长8.4%,全年国内生产总值121万亿元,比上年增长3.0%,据世界银行、国际货币基金组织预测,中国经济2023年将保持5%左右增长,中国经济长期向好的基本面没有改变,未来消费和服务业对经济增长的带动作用将更加明显,内需在经济发展中的作用将进一步加大。

人口总量增加放缓,人口结构将发生深刻变化。2020年末中国人口为14.12亿人,人口自然增长率为3.2‰,而2022年中国人口为141175万人,比上年末减少85万人,全年出生人口956万人,人口出生率为6.77‰;死亡人口1041万人,人口死亡率为7.37‰;人口自然增长率为-0.60‰。

我国城镇化率将进一步提高,城乡一体化融合质量不断提高。我国城镇常住人口城镇化率为63.89%,户籍人口城镇化率仅为45.1%。未来,中国仍将进一步深化城镇化,预计到2030年我国城镇化率将达到70.1%,2035年将达到74%,新型城镇化是扩大内需最大的潜力,被认为是下一轮中国经济增长的最主要驱动因素。

我国居民收入与经济增长基本同步,2020年我国城镇居民和农村居民人均可支配收入分别为48344元和17131元,扣除物价因素,分别比上年增长了1.2%和3.8%。2020年我国脱贫攻坚战取得了全面胜利,贫困地区农民全面脱贫，收入有了较快增长。2021 年、2022 年我国城镇人口收入分别增长 7.1%、1.9%，农村人口收入分别增长 9.7%、4.2%，城乡居民收入进一步缩小。从中长期来看，在乡村振兴战略实施和脱贫攻坚成果不断巩固的情况下，我国农民收入尤其是中低收入农民收入将进一步增加，农民收入增速将快于城镇居民。随着收入的增加，我国居民消费将进一步增加，居民消费价格呈现食品价格涨幅较大、非食品价格总体变动较小的特点。

受新冠疫情影响，世界经济衰退，原油供需失衡，2020 年国际原油价格在低位震荡，但是受俄乌战争影响，2021 年、2022 年国际油价一直在高位徘徊，能源价格短期内不会发生大的变化，对国际粮食价格产生较大影响。

人民币汇率将在合理均衡水平上保持基本稳定。2020 年人民币汇率先跌后涨，受新冠疫情影响，全球 GDP 呈第二次世界大战以来最大衰退，而中国率先稳住疫情，实现经济复苏和增长，进一步开放国内市场，吸引了大量海外投资者持有人民币产品，推动了人民币汇率上涨，全年美元兑人民币汇率中间价为1：6.9，与上年均值基本持平。从中长期来看，随着人民币国际化推进，人民币对一篮子货币汇率将继续保持稳定，人民币在国际货币结算中将发挥更加重要的作用，考虑中国经济相对增长优势、利益溢价、贸易逆差和资本流入，同时兼顾我国中长期货币政策的审慎态度，预计人民币汇率将保持较高弹性，延续双向宽幅波动走势，人民币汇率呈"稳中有升"态势。

9.1.2 农业生产条件

9.1.2.1 农业就业人口

农业就业人口数量继续下降，质量提升。2020 年中国现有农民工总量 28560万人，比上年下降 1.8%，其中，外出农民工 16959 万人，比上年下降 2.7%；本地农民工 11601 万人，比上年下降 0.4%。农业就业人口数不断下降，现有农业就业人口 17715 万人，占总就业人口的 23.6%，比上年下降了 1.12%，但与发达国家 3%~4% 的水平相比，我国农业就业人口还有较大的下降空间。我国城镇常住人口城镇化率为 63.89%，户籍人口城镇化率仅为 45.1%。未来十年，随着我国有序推进农村人口向城镇转移和推动非户籍人口落户城市，预计到 2030 年我国城镇化率将达到 70%，城镇常住人口将达到 10.3 亿人，预计还将有 1 亿农村人口落户城镇。在人口老龄化加速、劳动年龄人口数量持续减少的背景下，转移势头尽管有所减弱，但城镇化水平还将继续提高，预计中国农业人口年均下降2.4%。随着中国农业机械化程度不断提高，农业就业人口还将不断减少，新型职业农民培训力度加大，将培养出一大批懂技术、爱农业、善经营的高素质农民队伍，农业就业人口质量将不断提升。

9.1.2.2 耕地资源

耕地资源总量保持稳定，质量不断提升。我国现有耕地资源 20.23 亿亩，其中耕地质量等级评价为一至三等的耕地面积为 6.32 亿亩，占耕地总面积的 31.2%；评价为七至十等的耕地面积为 4.44 亿亩，占耕地总面积的 22.0%。近年来我国中央政府高度重视耕地资源保护，《中华人民共和国土地管理法》（2020）、《关于加强和改进永久基本农田保护工作的通知》《关于加强耕地保护和改进占补平衡的意见》等法律法规均对耕地保护做出了规定，尤其是在土地用途管制、耕地总量动态平衡、耕地点补平衡、耕地保护目标责任、基本农田保护等方面做出了相关规定，为切实保障国家粮食安全、农产品质量安全和农业生态安全奠定了坚实的基础。2021 年我国又建成了 1 亿亩旱涝保收、高产稳定高标准农田。未来十年，在"数量+质量+生态"三位一体的均衡保护格局下，我国耕地资源总量将保持稳定，质量不断提升，我国耕地保有量将保持在 18.25 亿亩以上，耕地资源地力将提升 1 个等级以上，永久基本农田将保持在 15.46 亿亩以上，高标准农田将达到 10 亿亩以上。

9.1.2.3 水资源

水资源供需呈持续紧平衡状态。中国拥有丰富的水资源，总量大约 30963 亿立方米，全球排第 6 名。但是由于人口众多，平均水资源仅有 2078 立方米，仅占世界平均水平的 1/4，而且我国水资源分布极不平衡，南方地区水资源丰富，但广大北方地区却水资源匮乏，并且我国用水量巨大，其中农业用水占 61.2%。中国耕地大多数采用大水漫灌方式，实际灌溉亩均用水量为 368 立方米，农田有效灌溉系数仅为 0.56，远远低于发达国家。未来十年，随着人口增加、经济发展和消费方式转变，我国总的用水量呈现小幅度增长趋势，水资源呈持续紧平衡状态，在耕地灌溉面积稳中有增和用水效率不断提升双向作用下，农业用水基本保持稳定，全国农业灌溉用水量将保持在 3730 亿立方米，农田灌溉水有效利用系数将达到 0.6 以上，农田有效灌溉率将达到 57%。

9.1.2.4 农业科技

农业科技助力农业发展。中国不断提升农业科技水平，现有农作物耕种收综合机械化率已超过 70%，水稻、小麦、玉米等主要粮食作物基本实现生产全过程机械化，设施农业、畜牧养殖、水产养殖和农产品初加工机械化取得明显进展；植物新品种保护申请量连续多年世界第一，优质水稻、节水小麦品种选育取得新突破，主要农作物良种基本实现全覆盖，自主选育品种面积达到了 95% 以上，畜禽、水产等核心种源自给率分别达到了 75%、85%；农业科技进步率达到 60% 以上。未来十年，我国将不断提升支撑核心关键技术的基础研究领域综合实力，继续发挥作物、畜牧兽医、农产品质量与加工、农业资源与环境、农业信息与工程

5个学科领域前沿技术领军优势；继续提升植物保护、水产渔业和林业3个学科领域综合实力、继续开展种源"卡脖子"技术攻关，加快生物育种研发与应用，打好种业翻身仗。未来十年，随着农业高新技术产业不断发展，农作物耕种收综合机械化率将达到75%以上，基本实现农业主产区农膜和农药包装废弃物回收利用，实现农业废弃物趋零排放，养殖废弃物综合利用率90%以上，农业科技进步贡献率65%以上。

9.1.2.5 当前我国农业政策

粮食安全是"国之大者"。党的十八大以来，以习近平同志为核心的党中央坚持把确保粮食安全作为治国理政的头等大事，确立了"以我为主、立足国内、确保产能、适度进口、科技支撑"的国家粮食安全战略。我国十分重视农业发展，实施了多项农业政策：

（1）粮食生产支持与保障政策。

习近平总书记强调14亿人的吃饭问题是头等大事，要保证"中国人的碗里始终装着中国粮"，为了支持粮食生产，保护种粮农民的利益，保证国家粮食生产，国家实施了粮食支持与保障政策：

对种粮农民进行一次性补贴。为了弥补农资价格上涨带来的粮食成本支出的上涨，保证种粮农民的收益，我国中央财政从2004年起开始对实际种粮农民发放补贴。农民种粮补贴包括：良种补贴、农资补贴、种粮农民直接补贴。2015年，国家启动农业"三项补贴"改革，将种粮直补、农资综合补贴、良种补贴合并为"农业支持保护补贴"，补贴对象为实际种粮者，包括利用自有承包地种粮的农民，流转土地种粮的大户、家庭农场、农民合作社、农业企业等新型农业经营主体，以及开展粮食耕种收全程社会化服务的个人和组织，确保补贴资金落实到实际种粮的生产者手中，提升补贴政策的精准性，政策目标调整为支持耕地地力保护和粮食适度规模经营。许庆等（2021）实证表明农业"三项补贴"改革整体上提高了规模农户的补贴获得，促进了粮食适度规模经营，但这一效果更多体现于粮食主产的东北和内蒙古地区。当前我国的农业补贴政策主要体现为"谁多种粮食，就优先支持谁"。农业补贴政策的出台与发放，直接提高了种粮农业的收益，鼓励了农民种粮，提高了我国粮食的播种面积和产量。

农业机械购置和报废补贴。从2004年起，我国开始农机购置补贴，主要补贴对象是"从事农业生产的个人和农业生产经营组织（包括农村集体经济组织、农民合作经济组织、农业企业和其他从事农业生产经营的组织）"。随着农村劳动力非农就业机会不断扩大，我国农机需求不断增加并且需求结构朝着市场化、大型化发展（纪月清等，2013），农机购置补贴降低了农业经营主体的购买成本（苏晓宁，2012），增强了农业经营主体和农机作业服务主体对农机购买的欲望，提高了农业经营主体的购买能力，诱发了农业经营主体的购买行为（胡凌啸等，2016），拉动了先进农业机械的购买和使用规模及数量（曹光乔等，2010），提高了农业机械化水平（李农等，2010），通过农户采用机械化生产方式，用机械取代劳动力，在加速农村劳动力转移的同时也缓解了农业人工成本上涨的压力（吕祎等，2015），改善了粮食生产的成本结构（刘宁，2010），提高了种粮收益和农户的种粮积极性（洪自同等，2012），从而增加了农民收入。潘经韬等（2018）实证农机购置补贴促进了农机作业服务市场的发展。

粮食最低收购价格政策。从 2004 年起，我国全面放开粮食收购市场和收购价格，粮食价格由市场形成。粮食价格放开后，为保护种粮农民的利益和种粮的积极性，从 2004 年、2006 年起国家在主产区分别对稻谷、小麦两个重点粮食品种实行最低收购价格政策。粮食最低收购价政策通过引导粮农的价格预期从而对他们的粮食供给行为起导向作用，对有效保护粮农利益、调动农民粮食生产积极性、保证重点粮食品种的市场供给起到重要作用（张爽，2013），对粮食的产出集中度、播种面积、单产等有重要影响（张建杰，2013），对主产区农户粮食供给产生显著的正向影响（张爽，2012），对大部分粮食品种存在托市效应，小麦的政策效果尤为明显（王士海等，2012），对小麦生产技术效率和技术进步均有显著正向影响（贾娟琪等，2019），有效促进了农户福利的增加（李邦熹等，2016），但是粮食生产成本的上升抑制了部分最低收购价格的政策效应（李丰等，2016），对大部分粮食品种存在托市效应，其中小麦的政策效果最为明显（王士海等，2012），起到了稳定小麦市场价格的作用，但对稻谷价格波动的稳定作用并不明显（王力等，2019）。

重点作物绿色高质高效行动。由于人民生活水平提高，从传统的吃得饱向吃得好、吃得健康转化，对粮食等食品品质提出了更高的要求。为了满足人民群众对美好生活的需求，推动粮食等重要农产品高质量发展，从 2008 年起，中央财政开始实施重点作物绿色高质高效行动。中央财政支持绿色高质高效行动政策每年都稍有差异，但大体内容相同，都是"聚焦围绕粮食和大豆油料作物，集成推广新技术、新品种、新机具，打造一批优质强筋弱筋专用小麦、优质食味稻和专用加工早稻、高产优质玉米的粮食示范基地，同时集成示范推广高油高蛋白大豆、'双低'油菜等优质品种和区域化、标准化高产栽培技术模式，打造一批大豆油料高产攻关田，示范带动大范围均衡增产。适当兼顾蔬菜等经济作物，建设绿色高质高效示范田和品质提升基地"。

农业生产社会化服务。2021 年农业农村部《关于加快发展农业社会化服务的指导意见》出台，文件指出"大国小农是基本国情农情，人均一亩三分地、户均不过十亩田的小农生产方式，是我国农业发展需要长期面对的基本现实"。

由于土地是农民的保障，我国短期内不可能通过土地流转的方式扩大土地经营规模，也不可能使农户家庭每家都拥有全套农业装备，农业社会化服务成为当前我国农业发展最现实、最有效的途径。农业社会化服务在一定程度上解决了"土地不愿种、种不好"的问题，减少了土地撂荒、粗放管理、耕地"非粮化"等现象，既保证了耕地的投入产出率，又提升了农户农业生产经营效率（卢华等，2022；张琦等，2023），促进了土地规模经营（卢华等，2022），提升了耕地的利用效率（毕雪昊等，2022），对农业生产率有显著的促进作用，同时通过诱导农户采纳农业绿色生产技术从而促进农业绿色生产率提升（张梦玲等，2023），通过改变农户传统施药观念与提升种植管理水平，来改善农户福利（余威震等，2022），催生新的农民经济组织，推动农地产权交易，改变治理系统的条件，影响农民集体行动，进而增进农村公共治理（王亚华等，2023）。

基层农技推广体系改革与建设。2023 年中央一号文件指出："强国必先强农，农强方能国强。""要立足国情农情，体现中国特色，建设供给保障强、科技装备强、经营体系强、产业韧性强、竞争能力强的农业强国。"要建立社会主义农业强国，关键在于大力推进科技兴农，加强基层农技推广体系建设是科技兴农的重要措施。现阶段，我国农业增长方式正在由资源消耗型向科技型增长方式转变，而绝大多数农户生产规模较小，农民文化水平不高，科技素养较低，不能适应新的农业增长方式，基层农技推广体系改革建设正是为了推广农业科技，帮助农户适应新的农业生产技术。实证表明基层公共农技推广显著提升了示范户测土配方施肥、秸秆还田和病虫害绿色防治技术的采纳水平，也显著提升了示范村非示范户测土配方施肥和秸秆还田技术的采纳水平；经营规模细分后的估计结果显示，基层公共农技推广对小规模经营农户技术采纳有显著的正向影响（佟大建等，2018）。

玉米大豆生产者补贴、稻谷补贴和产粮大县奖励。为了走出"产粮大县，财政穷县"的怪圈，进一步调动地方政府抓好粮食、油料生产的积极性，缓解产粮（油）大县财政困难，促进我国粮食、油料和制种产业发展，保障国家粮油安全，我国从 2005 年起，开始实施产粮大县奖励。政策实施以来，中央财政一方面逐年加大奖励力度，另一方面不断完善奖励机制。为鼓励地方多产粮、多调粮，中央财政依据粮食商品量、产量、播种面积各 50%、25%、25% 的权重，结合地区财力因素，将奖励资金直接"测算到县、拨付到县"。对粮食产量或商品量分别位于全国前 100 名的超级大县，中央财政予以重点奖励；超级产粮大县实行粮食生产"谁滑坡、谁退出，谁增产、谁进入"的动态调整制度。自 2008 年起，在产粮大县奖励政策框架内，增加了产油大县奖励，由省级人民政府按照"突出重点品种、奖励重点县（市）"的原则确定奖励条件。为更好地发挥奖励资金促进粮食生产和流通的作用，中央财政建立了"存量与增量结合、激励与约束并重"的奖励机制，要求 2008 年以后新增资金全部用于促进粮油安全，以前存量部分可继续作为财力性转移支付，由县财政统筹使用，但待地方财力困难有较大缓解后，也要逐步调整用于支持粮食安全方面。2011 年以来对粮食生产大县除一般性财政转移支付奖励政策外，对增产部分再给予适当奖励。

（2）耕地保护与质量提升。

耕地地力保护补贴。耕地是粮食生产的"命根子"，关系着 14 亿多人口的吃饭问题，必须把有限的耕地保护好，才能端牢中国人自己的饭碗。党的十八大以来，我国采取"长牙齿"的硬措施，实行最严格的耕地保护制度，加强耕地保护和质量建设，严守 18 亿亩耕地红线。2016 年以来，国家全面推进农业"三项补贴"政策改革，将以往的补贴合并为"农业支持保护补贴"，并且将目标调整为支持耕地地力保护和粮食适度规模经营，设置耕地地力保护补贴，补贴对象原则上为拥有耕地承包权的种地农民，将直接发放给农民的补贴与耕地地力保护挂钩，鼓励创新方式方法，以绿色生态为导向，提高农作物秸秆综合利用水平，引导农民综合采取秸秆还田、深松整地、减少化肥农药用量、施用有机肥等措施。不露天焚烧秸秆，开展测土配方施肥，主动保护耕地地力，提高农业生态资源保护意识，自觉促进耕地质量提升，实现"藏粮于地"。耕地地力保护补贴标准由地方根据补贴资金总量和确定的补贴依据综合测算确定。做到享受补贴农民的耕地不撂荒、地力不下降，切实推动落实"藏粮于地"战略部署，遏制耕地"非农化"。据学者研究，文化程度、肥料选用、病虫害防治、地膜处理及秸秆处理、农户耕地地力保护与农业补贴政策的响应程度呈正相关；劳动力人数、地膜类型及耕地改良意愿与农户耕地地力保护对农业补贴政策的响应程度呈负相关（杨志华等，2020）。

高标准农田建设。高标准农田是指在划定的基本农田保护区范围内，建成集中连片、设施配套、高产稳产、生态良好、抗灾能力强、与现代农业生产和经营方式相适应的高标准基本农田。党中央、国务院高度重视国家粮食安全，习近平总书记提出了"藏粮于地、藏粮于技"的粮食安全战略，强调要突出抓好耕地保护和地力提升，加快推进高标准农田建设，切实提高建设标准和质量，真正实现旱涝保收、高产稳产。严守耕地红线，既有耕地数量红线，也有质量红线。2012 年国土资源部要求在"十二五"期间建成 2 亿亩高标准农田，确保完成全国 4 亿亩高标准农田的建设任务，2019 年国务院办公厅印发的《国务院办公厅关于切实加强高标准农田建设提升国家粮食安全保障能力的意见》明确提出，到 2022 年，全国要建成 10 亿亩高标准农田。按照《全国高标准农田建设规划（2021—2030 年）》，因地制宜实施田块整治、土壤改良、灌溉和排水、田间道路、农田输配电等建设内容，加强农业基础设施建设，提高农业综合生产能力。党的十八大以来，我国高标准农田建设加速推进，各地通过采取农业综合开发、土地整治、农田水利建设等措施，不断夯实农业生产物质基础。截至2021年底，全国累计完成高标准农田建设任务9亿亩，为全国粮食生产提供坚实支撑。"旱能灌、涝能排"，高标准农田增强了农田防灾抗灾减灾能力，巩固和提升了粮食综合生产能力。据统计，建成后的高标准农田，亩均粮食产能增加10%～20%，稳定了农民种粮的积极性，为我国粮食连续多年丰收提供了重要支撑。

东北黑土地保护。我国东北地区长期以来受严寒和漫长冬季的影响，微生物活动有限，土壤有机质积累大于分解，形成了深厚且肥沃的黑土层。1949年以来随着大规模开发，黑土地农业进入快速发展期，但黑土地土壤有机质含量也在随后几十年里迅速下降。由于长期连作、单作、过度开垦，农田黑土肥力下降，土壤结构恶化，土壤耕层变薄、有机质含量降低，黑土区耕地出现长期透支，导致黑土"变薄、变瘦、变硬"（李发东等，2021；刘杰，2022），质量退化现象严重，主要表现是有机质补充缺乏（刘洪彬等，2021）。针对黑土地出现的问题，党中央及国务院就东北黑土地保护问题开展了一系列行动。从2014年开始农业农村部印发了《农业环境突出问题治理总体规划（2014—2018年）》，将东北黑土地保护作为重大项目，从2015年起中央财政每年投资5亿元支持东北地区黑土地保护利用试点项目。为切实做好黑土地保护与利用工作，国家出台了一系列相关政策文件，如《东北黑土地保护规划纲要（2017—2030年）》《东北黑土地保护性耕作行动计划（2020—2025年）》《国家黑土地保护工程实施方案（2021—2025年）》，从保护东北黑土地面积和质量两方面制定了保护目标。黑龙江省针对不同土壤类型存在的黑土层原位退化、迁移退化和原生障碍等突出问题，以秸秆还田为核心，因地制宜耦合米豆轮作、有机肥施用、深松深翻、土壤侵蚀治理、少耕免耕等黑土地保护技术，建立了符合黑龙江省实际的黑土耕地保护"龙江模式"。梨树县以玉米秸秆全覆盖为核心，建立的秸秆覆盖、少免耕播种、施肥、除草、防病及收获全程机械化技术体系，可解决东北黑土区因玉米秸秆移除导致土壤退化的关键问题，有效保护了黑土层，建立了黑土耕地保护"梨树模式"，梨树模式能够将保护性耕作技术新方案和"五位一体"研发推广应用新机制有机结合起来，推动传统耕作方式向现代耕作方式转变（宋冬林等，2021）。据统计，2021年实施黑土耕地保护面积超过1亿亩，国家黑土地保护工程进展顺利，夯实了国家粮食安全"压舱石"。

耕地质量保护与提升。在部分耕地酸化、盐碱化较严重区域，试点集成推广施用土壤调理剂、绿肥还田、耕作压盐、增施有机肥等治理措施。在西南、华南等地区，因地制宜采取品种替代、水肥调控、农业废弃物回收利用等环境友好型农业生产技术，加强生产障碍耕地治理，克服农产品产地环境障碍，提升农产品质量安全水平。支持做好第三次全国土壤普查试点、补充耕地质量评价试点、肥料田间试验、施肥情况调查、肥料利用率测算等工作。加大施肥新产品新技术新机具集成推广力度，优化测土配方施肥技术推广机制，扩大推广应用面积、提高覆盖率。通过施用草木灰、叶面喷施、绿肥种植、增施有机肥等替代部分化肥投入，降低农民用肥成本。学者们研究表明，地权的稳定性对农户耕地质量保护行为发挥着显著调节作用（钱龙等，2021），效益预期是影响农户耕地质量保护意愿和行为的重要因素（卢华等，2021），农户对修整农田水渠、施用农家肥、测土配方施肥、秸秆还田四类典型耕地质量保护措施的采纳比例分别为17.79%、17.31%、7.89%、90.69%，农业生产性服务能显著促进农户耕地质量保护行为（杨高第等，2022），土地契约稳定性与家庭农场耕地质量保护行为呈正向显著影响（程玲娟等，2022），土地流转中有土地转入行为的农户更有耕地保护的意识，流转租期对耕地保护具有促进作用（赵丹丹等，2017）。

耕地轮作休耕。耕地轮作休耕是指为提高耕种效益和实现耕地可持续利用，在一定时期内采取的以保护、养育、恢复地力为目的的更换作物（轮作）或不耕种（休耕）措施。将耕地轮作休耕相关要求制定为法律和政策，就是耕地轮作休耕制度。实行耕地轮作休耕，有利于耕地资源的休养生息，促进耕地的持续利用和农业可持续发展。在欧美发达国家，因为耕地资源丰富，多实行半耕半休的耕作制度。2016年中央全面深化改革领导小组审议通过《探索实行耕地轮作休耕制度试点方案》，我国在部分地区探索实行耕地轮作休耕制度试点。实现用地养地相结合，保护和提升地力，增强粮食和农业发展后劲。耕地轮作休耕有利于减轻开发利用强度、减少化肥农药投入，缓解生态环境压力，有利于土壤修复，增强耕地生产能力，促进农业可持续发展。耕地轮作休耕有利于节约高效利用资源，调整优化种植结构，增加紧缺农产品供给，满足多元化消费需求，全面提升农业供给体系的质量和效率。学者们研究证明：耕地轮作休耕是提升耕地综合生产能力，是探索藏粮于地、藏粮于技的具体实现途径（赵其国等，2017），兼业分化对农户耕地轮作休耕参与意愿和最低受偿金额均具有显著正向作用（俞振宁等，2017），女性更愿意参与重金属污染轮作休耕治理，农户参与意愿与受教育程度、家庭收入正相关，但与年龄负相关（邓志英等，2022），休耕后流域内水资源得到改善（谭志卫等，2021）。

耕地深松。是通过拖拉机牵引深松机具，疏松土壤，打破犁底层，改善耕层结构，增强土壤蓄水保墒和抗旱排涝能力的一项耕作技术，深松土地促进耕地质量改善，有利于农作物生长，农业综合生产能力提升，是提高农作物产量的重要手段之一。2015年的《政府工作报告》明确要求"增加深松土地面积2亿亩"，

2016 年农业部已经印发《全国农机深松整地作业实施规划（2016—2020 年）》，要求各地紧紧围绕保障国家粮食安全和改善农田生态环境、增加农民收入、促进农业可持续发展的目标，积极开展农机深松整地。《关于做好 2022 年中央农业生产发展等项目实施工作的通知》对农机深松土地提出明确要求。深松（深耕）作业深度一般要求达到或超过 25 厘米，具体技术模式、补助标准和作业周期由各地因地制宜确定。学者们研究发现，耕地深松持续改善土壤耕层结构（姚高乾等，2021），改善除土壤最小持水量和毛管孔隙度外的土壤物理性质，对表层土壤的改善效果较好，进而提高红薯产量（黄尚书等，2017）。耕地深松对新增耕地土壤团聚体数量、结构稳定性及养分含量产生了积极影响，有助于新增耕地土壤质量的不断改善（齐哲等，2023）。深松配施秸秆还田改善表层 0~10 厘米土壤的物理保水和导水能力，增加耕层厚度，提高土壤结构的稳定性，且耕层增厚和土壤结构改善的效益持续整个玉米生长季（丛聪等，2021）。深松增加土壤孔隙度、提高地温、增加土壤渗透性、增强了低湿耕地的抗涝保墒能力，提高了作物产量，是低湿耕地改良的有效措施（王诚等，1994）。

（3）种业创新发展。

种质资源保护。种质资源保护是指搜集、整理、鉴定、保护、保存和合理利用农业种质资源。种子是农业的"芯片"，农业现代化，种子是基础。农业种质资源是保障国家粮食安全与重要农产品供给的战略性资源，是农业科技原始创新与现代种业发展的物质基础。党和国家十分重视种质资源保护，2019 年国务院办公厅发布的《关于加强农业种质资源保护与利用的意见》要求构建多层次收集保护、多元化开发利用和多渠道政策支持的新格局，为建设现代种业强国、保障国家粮食安全、实施乡村振兴战略奠定坚实基础，2021 年 7 月，中央全面深化改革委员会（以下简称"中央深改委"）第二十次会议审议通过了《种业振兴行动方案》，把种源安全提升到关系国家安全的战略高度。2022 年 3 月，新修改的《中华人民共和国种子法》正式施行。习近平总书记指出"要下决心把我国种业搞上去，抓紧培育具有自主知识产权的优良品种，从源头上保障国家粮食安全"，党的十八大以来，习近平总书记多次强调，要开展种源"卡脖子"技术攻关，加强良种技术攻关，保证中国地种中国种，中国碗里是中国粮，打一场种业翻身仗。

制种大县奖励。我国政府从 2015 年起启动了制种大县奖励政策。农业现代化，种子是基础。而制种大县是保障中国农业供种数量、质量的重要基础。制种大县奖励资金的实施，以提高基地产业链现代化水平为抓手，以提升农业良种化水平和种源供给安全为目标，聚焦种子生产加工短板等弱项，以种子品质提升、基地设施改善、科学技术突破、良种应用推广、产业链上下通畅等为重点内容，推动优势基地与龙头企业合作共建，实现基地基础设施高级化、种业产业链条现代化、基地管理现代化、种业领军企业国际化。农业农村部、财政部也于 2021 年联合发布《关于优化调整实施制种大县奖励政策的通知》，明确重要目标为：力争通过 5 年支持，制种基地基础设施高级化、种业产业链条现代化水平明显提升，制种单产水平提高 10 个百分点以上，质量控制能力与国际接轨，基本实现基地管理现代化。支持一批综合实力强、市场占有率高、创新有突破的领军企业，培育形成打好种业翻身仗的主力军。扩大水稻、小麦、玉米、大豆、油菜制种大县支持范围，将九省棉区棉花制种大县纳入奖励范围，提高农作物良种覆盖面，提升核心种源保障能力，促进种业转型升级，实现高质量发展。

（4）农业全产业链提升。

农业产业融合发展。我国在 2015 年中央一号文件中首次提出农村产业融合，其核心内涵指向多元市场主体依托高效经营模式，利用工业化、城镇化外溢效应等，创造出回流"三农"的一二三产业融合新价值。推进农村产业融合发展是构建现代乡村产业体系、实现乡村产业振兴的重要途径。尽管土地流转和土地托管有力促进了农业规模化经营，但小规模家庭经营是我国农业生产经营的主体形态，"大国小农"的基本国情并没有改变。推动农村农业产业融合，探索了农村一二三产业融合发展的现实路径，全面推动了小农户和现代农业发展有机衔接。重点围绕保障国家粮食安全和重要农产品有效供给，聚焦稻谷、小麦、玉米、大豆、油菜、花生、牛羊、生猪、淡水养殖、天然橡胶、棉花、食糖、奶业、种业、设施蔬菜等重要农产品，适当兼顾其他特色农产品，构建以产业强镇为基础、产业园为引擎、产业集群为骨干，省县乡梯次布局、点线面协同推进的现代乡村产业体系，整体提升产业发展质量效益和竞争力。学者们研究发现，农业产业融合可以打通传统农业经济发展过程的信息阻隔，创新农业经营模式，拓展农业的功能属性，提高农业智能化水平，优化农业资源配置，降低农业生产经营成本（程瑶，2022），土地规模化经营推动了农户参与农村产业融合发展，且是通过提高农户参与农业技术培训积极性来推动的（曾龙等，2022），农村产业融合提升了农业产业结构的合理化和高级化水平，推动了农业产业结构的升级（曹菲等，2011），对农户收入具有显著的提升作用，特别是低收入群体受益最大（谭燕芝等，2021）。

农产品产地冷藏保鲜设施建设。为增强低农产品产后损后农业的抗风险能力和农户议价能力，实现农产品择期错季销售，增加农产品销售收入，党中央、国务院高度重视农产品冷链物流建设，2020 年启动实施农产品仓储保鲜冷链物流设施建设工程，国务院办公厅印发《"十四五"冷链物流发展规划》，对冷链物流网络作出全方位、全链条的规划布局。农业农村部编制印发《"十四五"全国农产品产地仓储保鲜冷链物流建设规划》，提出构建"一个网络、五大支撑"融合联动的产地冷链物流体系。20多个省（区、市）制定了相关规划，形成了上下衔接、统筹推进的"十四五"农产品冷链物流发展规划布局。重点围绕蔬菜、水果等鲜活农产品，兼顾地方优势特色品种，合理布局建设农产品产地冷藏保鲜设施，依托县级及以上示范家庭农场和农民合作社示范社、已登记的农村集体经济组织实施，重点支持建设通风储藏设施、机械冷藏库、气调冷藏库，以及预冷设施设备和其他配套设施设备。

农产品地理标志保护工程。农产品地理标志是根据农产品生产的独特地域、独特生产方式、独特品质和独特历史文化，挖掘农产品地方特色，提高该产品的市场辨识度和认可度。农产品品牌的提升能有效提高农业竞争力水平（何强等，2023），农产品地理标志在农产品电商中具有显著的增收脱贫效应（鲁钊阳，2018），使用地理标志能够给种植户带来显著的经济效益，农户选择使用地理标志受教育水平等因素的影响（李赵盼等，2021）。加强农产品地理标志保护是推动农业经济高质量发展、实现乡村振兴的重要途径（李西娟等，2023）。2002年12月修改的《中华人民共和国农业法》中首次出现农产品地理标志的表述，2005年6月国家质量监督检验检疫总局发布《地理标志产品保护规定》，2008年农业部启动农产品地理标志的登记、管理工作，截至2022年底，我国农产品地理标志数量为3510个。农产品地理标志保护工程主要以生产标准化、产品特色化、身份标识化为重点，建成一套特征品质指标和质量管控机制，让地理标志农产品可展示、可量化、可感知，提高地理标志农产品的质量，让地理标志农产品产得出、卖得好，增加农民收入。

（5）新型经营主体培育。

高素质农民培育。高素质农民是乡村人才振兴的重要支撑。知识能力决定新型农业经营主体和服务主体发展的质量，主体发源于农民特别是高素质农民。发展农民教育培训，培育高素质农民，提升经营者素质能力，才能为主体发展提供持久动力。聚焦乡村全面振兴和农业农村现代化人才需求，以农民为中心，提高科技文化素质，以服务产业、注重质量、适度竞争、创新发展为原则，培养有文化、懂技术、善经营、会管理的高素质农民队伍，促进农业转型升级、农村持续进步、农民全面发展。高素质农民队伍是农业生产和农村经营的重要力量，为解决"谁来种地""谁来兴村"提供了新的有生力量（彭超，2021），新型职业农民培育受到农民乡土情结、农业收入提高、能力提升需要等内部因素及农业生产规模化、产业发展市场化、社会职业声望等外部动力的共同驱动（李爱琴等，2021），借助电商更为有效地培育现代农业从业者（孙在福等，2023），以农业生产与经营管理为本源，以创新力为旨归，以学习力为手段（于莎等，2022），从打造线上线下终身学习平台，建立差异化培育机制，拓展投融资渠道，构建多方位支持保障体系等方面进行完善，从而促进高素质农民培育的普适性和民主性、全时空性和开放性，建立健全"造血式"的可持续发展培育体系（温涛等，2021）。

新型农业经营主体高质量发展。近年来，以专业大户、家庭农场、农民合作社、农业产业化龙头企业为主的多元新型经营主体呈现出快速兴起和持续发展态势，逐步形成以农户家庭经营为基础，合作与联合为纽带，社会化服务为支撑的立体式复合型新型农业经营体系。新型农业经营主体克服了传统种植规模较小的弊端，降低了传统农业经营的风险，保证了农户的核心利益（杨志武等，2023），显著提升了生产效率（佟光霁等，2022），农业经营主体融合发展对一般农户和建档立卡脱贫经营户多维生计有提升作用（吴军民等，2022），企业类经营主体的减贫效应最为明显（夏玉莲等，2022），农民专业合作社和家庭农场带动农民参与非农就业的概率较高（李江一等，2022），生产要素、政府能力、劳动力质量、技术创新、产业结构、金融服务、电子商务和市场化水平共同推动各类经营主体创新发展，且两两之间的交互对三类经营主体创新发展有协同增强的作用（赵凯等，2023）。

农业信贷担保服务。2015年7月，财政部、原农业部、原银监会联合下发《关于财政支持建立农业信贷担保体系的指导意见》（财农〔2015〕121号），明确由中央财政出资，用三年时间建立覆盖全国的农业信贷担保体系，为农业尤其是粮食适度规模经营主体提供信贷担保服务，切实解决农业发展中的"融资难""融资贵"问题。2017年5月，财政部、原农业部、原银监会联合下发《关于做好全国农业信贷担保工作的通知》（财农〔2017〕40号），对全国农担体系政策性定位、体系建设、能力建设等方面提出了明确要求，同时也规定了对政策性担保业务实行担保费补助及业务奖补政策。2020年下发《关于进一步做好全国农业信贷担保工作的通知》（财农〔2020〕15号），促进全国农业信贷担保（以下简称"农担"）体系健康可持续发展，重点服务家庭农场、农民合作社、农业社会化服务组织、小微农业企业等农业适度规模经营主体。服务范围限定为农业生产及与其直接相关的产业融合项目，加大对粮食和大豆油料生产、乡村产业发展等重点领域的信贷担保支持力度，助力农业经营主体信贷直通车常态化服务，提升数字化、信息化服务水平。在有效防范风险的前提下，加快发展首担业务。中央财政对省级农担公司开展的符合"双控"要求的政策性农担业务予以奖补，支持其降低担保费用和应对代偿风险。学者们研究发现，农业信贷担保对农业产业化企业、农民合作社、家庭农场融资约束的缓解总体上有积极的影响（陈军等，2021），通过刺激农业信贷供给推动了农业经济发展

（罗剑朝等，2022）。

（6）农业资源保护利用。

绿色种养循环农业试点。继续在符合条件的试点县开展绿色种养循环农业试点，支持企业、专业化服务组织等市场主体提供粪肥收集、处理、施用服务，带动县域内畜禽粪污基本还田，打通种养循环堵点，推动化肥减量化，促进畜禽粪污资源化利用和农业绿色发展。农业废弃物（畜禽粪污、秸秆、尾菜等）资源化利用，形成以沼气工程、好氧堆肥和秸秆资源化为纽带的种养循环农业模式（赵立欣等，2017），对推动农业发展、降低农业污染有重要作用。

农作物秸秆综合利用。以秸秆资源量较大的县（市、区）为重点实施区域，培育壮大秸秆利用市场主体，完善收储运体系，加强资源台账建设，健全监测评价体系，强化科技服务保障，培育推介一批秸秆产业化利用典型模式，形成可推广、可持续的产业发展模式和高效利用机制，提升秸秆综合利用水平。推进农作物秸秆综合利用是农业持续良性发展的必经之路（张杰等，2022），开发利用农作物秸秆既能将农业生产能量进行高效转化，又能够解决土壤肥力与水土保持等可持续发展问题，是实现生物资源循环的重要举措，对改善农村人居环境、建设美丽宜居乡村意义重大（周子清等，2023），发展多元化秸秆利用方式，加快秸秆处理相关机械的深入研制与发展，对作物秸秆回收利用实施奖励政策，严禁秸秆焚烧的现象发生等（李辉，2022），构建组织机构、明确职责分工、严格实施项目、加大宣传培训、强化考核评估、加强机具保障和技术指导，从而进一步加强农作物秸秆的综合利用，减少对自然环境的污染，缓解国家能源资源紧张的压力（宋国平，2022），应因地制宜地根据供给、环境和需求进行政策优化调整，保持农作物秸秆综合利用政策工具选择和使用的平衡性和匹配性（尚雯心等，2022）。

地膜科学使用回收。地膜覆盖栽培技术自20世纪70年代从日本引入我国以来，在不同区域和作物上已长期广泛应用，对我国可持续的粮食安全保障体系和重要农产品持续有效供给做出了重大贡献，地膜逐渐成为农业生产中重要的物质资料之一，推动了农业生产方式的变革，促进了农业生产力以及农业产量的提高，进而实现了提升农民收入的目标（巴依多拉，2020），但连年不合理使用以及有效回收手段的缺失，对耕地土壤造成了不同程度的废旧地膜残留污染问题（赵博，2022），随着地膜使用年限的不断增长，地膜也从增产增收的"白色革命"逐步演变为困扰农业和农村社会发展的"白色污染"，推进地膜科学使用回收势在必行（罗诗峰等，2022）。为此，2022年3月初，国家农业农村部和财政部联合起草印发了《农业农村部办公厅财政部办公厅关于开展地膜科学使用回收试点工作的通知》，决定自当年起，在我国重点用膜地区组织开展地膜科学使用和回收试点工作，主要目标是推广加厚高强度和全生物降解地膜科学合理使用，促进废旧地膜有效回收，以期系统性、整体性解决我国传统地膜使用回收链条中回收难、地膜替代产品生产成本较高的问题。支持引导农户、种植大户、合作社及地膜生产回收企业等实施主体，科学推进加厚高强度地膜使用，有序推广全生物降解地膜。推广地膜高效科学覆盖技术，降低使用强度。严格补贴地膜准入条件，禁止使用不达标地膜。加快构建废旧地膜污染治理长效机制，有效提高地膜科学使用回收水平。

（7）农业防灾减灾。

农业生产救灾。党领导生产救灾的实践，不仅保证灾民安全渡过了灾情，而且促进了农业增产（曹佐燕，2023）。"防灾就是增产、减损就是增粮。"近十年来，我国防灾减损工作取得巨大成绩。作为"虫口夺粮"典范，农业农村部组织实施了草地贪夜蛾"三区四带"布防，被联合国粮农组织选定为全球防控行动示范国家。把统计，我国农作物病虫害防治挽回粮食产量损失，2021 年就高达 2858 亿斤，约占当年粮食产量的 22%，比 2012 年提高近 5%。植保防灾减灾为保障国家粮食安全、农产品质量安全、生物安全和生态环境安全提供了有力保障。

农业保险保费补贴。农业保险保费补贴指财政对农业保险业务的保费给予一定比例的补贴，补贴的对象是投保农户。2007 年国家财政拨出 10 亿元，开始在全国六省区对五大类粮食作物予以保险补贴试点，这项措施的出台，改变了我国农业保险的经营环境，农业保险出现了快速发展的良好势头。2008 年，国家又扩大了农业保险的试点范围，加大了对粮食、油料、生猪、奶牛生产的各项政策扶持，支持发展主要粮食作物政策性保险。中央农业保险专项转移支付显著激励了地方政府对农业保险（包括种植业、养殖业）保费的补贴支出，对养殖业保险的激励效应要比种植业保险更为显著，对中西部地区的激励效应要强于东部地区（何小伟等，2022），农业保险保费补贴政策缓解了大宗粮棉油农产品市场风险（宋长鸣等，2022）。农业保险能够助力精准扶贫、保障农民收入、维护国家粮食安全、增加农业产出、提高生产效率、促进农村经济发展等方面的重要作用已被证实（黄薇，2019；朱蕊和江生忠，2019；徐婷婷和孙蓉，2022；马九杰等，2020；刘玮等，2021；任天驰和杨汭华，2022；江生忠和朱文冲，2021；任天驰等，2021；江生忠和张煜，2018；展凯等，2021）。

9.2 我国粮食种植面积与价格

9.2.1 我国粮食种植面积与产量

党的二十大上，习近平总书记提出"把提高农业综合生产能力放在更加突出的位置，全方位夯实粮食安全根基，构建多元化食物供给体系，更好满足人民群众丰富多样的食物消费需求"。早在 2011 年，我国政府就对全国农业生产区域做出"七区二十三带"的划分。

9.2.1.1 "七区二十三带"的农业区域划分

2011 年我国提出了《全国农业规划（2011—2015）》，因地制宜，结合各地自然环境、农业发展基础以及经济发展水平等因素，按照分类指导、突出重点、梯次推进的思路，按照重点推进、率先实现、稳步发展三类区域，引领全国农业加快发展。

（1）重点推进区域。包括东北平原、黄淮海平原、长江流域、汾渭平原、河套灌区、华南、甘肃、新疆等"七区二十三带"主要区域。该区域地势平坦，水资源匹配，农业生产技术较为成熟，农业生产具有良好的基础，是我国粮食生产的核心区域和粮棉油、畜禽、水产、蔬菜、水果、蚕茧等其他农产品的主产区，承担着主要农产品供给保障的主体功能。加快该区域现代农业建设与发展，关系到全国农业现代化进程的发展和国家粮食安全全局。

粮食生产核心区。主要指《全国新增 1000 亿斤粮食生产规划（2009—2020）》确定的 24 个省区市的 800 个粮食生产大县市、区、场。"十二五"期间继续发挥该区域粮食安全基础保障作用，调动各方发展粮食生产积极性，以建设小麦、玉米、水稻、大豆优势产业带为重点，深入开展粮食稳定增产行动，加强农田水利和高标准农田建设，提高农机装备和作业水平，大力开展高产创建和科技指导服务，推广防灾减灾增产关键技术，加快选育应用优良品种，大幅度提升粮食综合生产能力和现代化生产水平。大力发展粮食精深加工及仓储物流业，完善粮食仓储运输设施，引导龙头企业向优势产区聚集，促进就地加工转化，提高粮食生产综合效益。

其他主产农产品优势区。主要指《全国优势农产品区域布局规划（2008—2015）》确定的棉花、油菜、甘蔗、天然橡胶、苹果、柑橘、马铃薯、生猪、奶牛、肉牛、肉羊、出口水产品 12 种农产品优势区，以及蔬菜、蚕茧等农产品生产的主体区域。"十二五"期间，以建设区域内各类农产品优势产业带为重点，推动规模化种养、标准化生产、产业化经营、品牌化销售，强化质量安全监管，提高资源利用率和加工转化率。继续巩固棉油粮、水果和蔬菜等产品的供给保障地位，着力强化技术装备支撑，突破瓶颈制约，提高现代产业化水平。继续巩固生猪、牛奶等大宗畜产品供给保障区的主体地位，强化出口水产品生产基地功能，加快现代养殖业发展。

（2）率先实现区域。包括环渤海、长江三角洲、珠江三角洲地区和海峡西岸经济区等发达地区，以及沿海以外的直辖市、省会城市等大城市郊区和大型集团化垦区。该区域交通、区位、市场和人力资源优势明显，资本、技术等现代化生产要素集约化程度高，是我国集约化农业、规模化农业和多功能农业发展较好的区域。加快该区域现代农业建设，对于引领全国现代农业加快发展具有重要意义。

东部沿海先导农业区。包括环渤海、长江三角洲、珠江三角洲地区和海峡西岸经济区等发达地区。"十二五"期间，大力发展资本、技术密集型农业，保持耕地面积不减少，稳定发展粮食生产，加快以园艺产品、畜产品、水产品为重点的高效农业、精品农业、外向型农业和生态休闲农业发展，探索企业化、集团化发展模式，大力推进标准化生产和集约化经营，提高信息化、优质化和品牌化水平，提升产品的科技含量和附加值。

大城市郊区多功能农业区。主要指沿海以外的直辖市、省会城市等大城市郊区。"十二五"期间，统筹推进新一轮"菜篮子"工程建设，合理确定大城市郊区"菜篮子"产品生产用地保有数量，大力发展蔬菜、水果、花卉等高效园艺产业和畜禽水产业，提高大城市"菜篮子"产品和自给率。在稳定城市副食品供给保障能力的基础上，进一步挖掘农业的生态涵养、观光休闲和文化传承等多种功能，提高农业效益，增加农民收入。

农垦规模化农业区。主要指新疆生产建设兵团和黑龙江农垦、广东农垦等19个大型集团化农垦区。"十二五"期间，继续发挥规模优势，全面推进机械化、标准化、品牌化、产业化发展，加快农田基础建设和现代农业装备建设，着力建设国家商品粮供给重点保障区，建设天然橡胶、棉花、粮料、牛奶、种子等大型农产品商品生产基地，提升垦区现代农业发展水平，示范带动周边地区发展，并在农业"走出去"方面发挥重要作用。

（3）稳步发展区域。主要指草原生态经济区，包括北方干旱半干旱草原地区和青藏高原草原地区，涉及内蒙古、西藏、甘肃、青海、新疆等13个省区。加快该区域现代农业建设，对于保障全国生态安全具有不可替代的战略作用。"十二五"期间，牢固树立生产生态有机结合、生态优先的基本方针，加强草原生态环境保护和建设，稳步推进退牧还草和游牧民定居工程，加强以节水灌溉饲草地为重点的牧区水利建设，建立草原增加碳汇和生态补偿机制。转变畜牧业发展方式，优化生态布局和畜群结构，提高科学饲养和经营水平，加强农牧互补、牧养结合，促进草畜平衡，发展生态畜牧业。

9.2.1.2 我国当前粮食播种面积与产量

习近平总书记强调："在粮食安全这个问题上不能有丝毫麻痹大意""要牢牢把住粮食安全主动权，粮食生产年年要抓紧"。近年来，我国各级政府始终把发展粮食生产摆在三农工作的突出位置，各地区各部门严格落实粮食安全党政同责、环环紧扣抓好粮食生产，稳定粮食生产面积，提高粮食单产产量，促进粮食生产持续稳定发展，牢牢掌握保障国家粮食安全主动权。

从 2004 年开始，国家开始试点农业补贴，到 2006 年全国范围内全面实施，我国全国农产品种植面积和粮食作物种植都在逐年提升，小麦和稻谷播种面积较为稳定，但玉米播种面积却大幅度提升。从图 9.1 可见，农作物种植面积和粮食稳步提升，农作物种植面积保持在 1600 万~1700 万公顷，而粮食播种面积稳定在 1000 万~1100 万公顷，小麦种植面积和稻谷种植面积较为稳定，但玉米种植面积增长却较为明显。我国粮食总产量保持了"18 连丰"，连续 7 年稳定在 1.3 万亿斤以上，为应对各种风险挑战、推动经济社会稳定发展发挥了"定海神针"的作用。

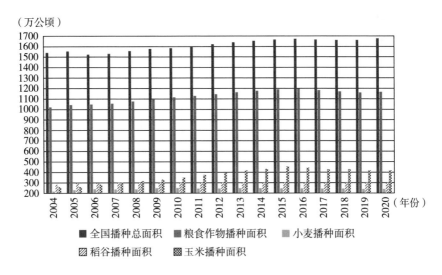

图 9.1 我国粮食播种面积

近几年由于种粮成本上升，收益下降，农民种粮的积极性下降，2017~2019年粮食种植面积连续三年下降，但2020年，由于新冠疫情和俄乌战争，世界粮食危机开始显现，国家三令五申严守耕地红线，增加粮食播种面积，只有水稻在鼓励恢复双季稻政策下，播种面积达到了30075.53万公顷，比上年增长1.3%；全国小麦播种面积达到了23379.99万公顷，比上年下降了1.46%，全国玉米播种面积41264.26万公顷，与上年41284.06万公顷相比，略有减少。具体见图9.2。

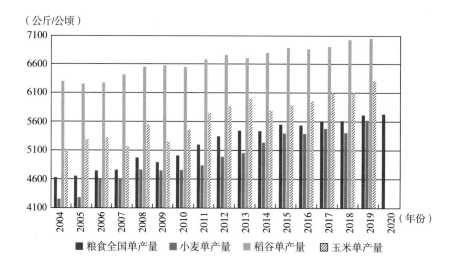

图9.2　我国主要粮食品种单产产量

在粮食安全上，习近平总书记明确指出："地方各级党委和政府要扛起粮食安全的政治责任，实行党政同责，'米袋子'省长要负责，书记也要负责。"把粮食安全的重要性提升到了崭新的政治高度，是在20世纪90年代开始实施的"米袋子"省长负责制基础上的进一步升格，是中国式粮食高质量发展道路的进一步夯实。

随着我国农业生产技术不断提高和生产方式不断改进，我国粮食单产产量不断提高。稻谷2020年单产产量为7044公斤/公顷，2016年为6865.77公斤/公顷，年度复合增长率为0.64%，2021年我国水稻单产为7110公斤/公顷，比2020年增长0.99%。小麦2020年单产产量为5798公斤/公顷，2016年为5399.72公斤/公顷，年度复合增长率为1.58%，2021年5863.4公斤/公顷，比2020年增加1.1%。玉米2020年单产产量为6315公斤/公顷，2016年为5967.1公斤/公顷，年度复合增长率为1.44%，2021年为6291公斤/公顷，比

2020 年减少 0.14%。具体见图 9.3。

并且我国粮食单产产量与发达国家间差距正逐渐缩小。我国小麦产量为700~800 斤/亩，远高于印度、俄罗斯和美国的 300~400 斤/亩，但低于法国的1100~1200 斤/亩。而水稻由于我国育种技术的突破，2021 年单产实现了历史性的突破，达到了 948 斤/亩，接近 1000 斤/亩，而条件更好的印度水稻单产只有我国的 35% 左右，泰国也只有我国产量的 40%~50%，接近美国的 1100~1200斤/亩。但是我国玉米的生产条件和生产技术无法与美国相比，美国玉米单产产量是我国的 1.7 倍。我国小麦和水稻生产技术较为成熟，与发达国家差距不大，但单产产量仍有提升空间，玉米生产技术和产量与发达国家存在较大差距，单产产量有较大的提升空间。

我国 2020 年粮食总产量为 66949.15 万吨，2016 年为 66043.51 万吨，年度复合增长率为 0.34%，其中稻谷 2020 年总产量为 21109.42 万吨，2016 年总产量为 21185.96 万吨，年度复合增长率为 0.09%，2021 年我国水稻总产量为21284.3 万吨，比 2020 年增长 0.46%。小麦 2020 年总产量为 13425.38 万吨，2016 年为 13318.83 万吨，年度复合增长率为 0.2%，2021 年为 13694.6 万吨，比上年增加 0.2%。玉米 2020 年总产量为 26066.52 万吨，2016 年为 26361.31 万吨，年度复合增长率为 -0.27%，2021 年为 27255.2 万吨，比上年增加 4.56%。具体见图 9.3。

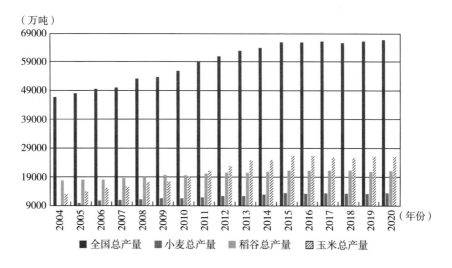

图 9.3 我国粮食总产量

9.2.2 我国当前粮食消费量及价格

9.2.2.1 大米的消费量及价格

2020 年我国大米消费 15170 万吨，比上年增长 1.1%。其中工业消费和种子消费基本稳定，口粮消费和损耗减少，饲料用米消费却大幅增长。口粮消费量为 11157 万吨，与上年相比下降 2.3%，大米口粮人均消费 79.4 千克，比上年减少 2.1 千克，主要原因是新冠疫情造成阶段性停工停产、外出活动减少。损耗量 890 万吨，与上年相比减少 13.4%。稻谷饲料消费量为 2573 万吨（大米当量 1801 万吨），与上年相比增长 74.9%，主要原因是生猪行业强势复苏，饲料需求持续高涨，带动饲料用稻谷需求增长；另外，2020 年实行了政策性超期储存稻谷定向销售措施，竞拍到稻谷必须作为饲料用，不得流向口粮市场，这也促进了饲用稻谷消费量增长。工业消费量为 1162 万吨，略有增长。稻谷种用消费量为 229 万吨（大米当量 160 万吨），保持基本稳定。

2020 年我国大米进口量 294 万吨，仅占全国产量的 2.0%，与上年相比增加 39 万吨，进口大米主要用于调剂需求结构，更好地满足人们个性化、多样化的消费需求。大米出口量 230 万吨，比上年减少 45 万吨。中国大米进口市场比较集中且相对稳定，主要来自东南亚国家及巴基斯坦，其中自缅甸、越南、泰国、巴基斯坦 4 国进口量之和占我国大米进口总量的 86.0%。出口市场较分散，我国大米出口量前三位国家是埃及、韩国、塞拉利昂，占我国大米出口总量的 29.3%。

2020 年国内稻谷收购均价与上年相比总体上涨，籼稻上涨明显，粳稻基本持平。主要原因包括早籼稻和中晚籼稻国家最低收购价提高，新冠疫情冲击下国际米价大涨带来的预期作用，国内饲料需求提高带动饲用稻谷需求增加等，据中华粮网数据，早籼稻、晚籼稻、粳稻年度收购均价分别为 2.43 元/千克、2.59 元/千克、2.80 元/千克，与上年相比分别上涨了 9.9%、7.6%、1.3%。从月度价格变化来看，籼稻收购价下半年上涨明显。早籼稻、晚籼稻收购价在 9 月以后持续上强，12 月达到最高。大米价格总体呈上涨态势，但涨幅不及稻谷价格，呈"稻强米弱"特征。

9.2.2.2 小麦的消费量及价格

小麦是重要的口粮作物，也是我国贸易量较大的谷物品种。2020 年在新冠疫情的特殊背景下，我国政府高度重视粮食生产，出台了一系列强有力的政策措施，确保小麦再获丰收，质量创十年来最好。2020 年上半年，新冠疫情对小麦面粉消费产生了较大影响。由于居民居家隔离，外出就餐受到限制和采购频次减少，家庭食物囤货需求增加，中小包装面粉销量明显好于大包装面粉。饭店、食堂、学校等集中用餐的消费方式短期暂停，大宗面粉消费受到一定负面影响。随着疫情得到控制，餐饮业逐步恢复、大专院校开学，大宗面粉消费情况有所好转，全年度小麦制粉消费稳中有增。自 2020 年 6 月下旬起国内玉米价格持续走高，部分地区玉米价格高于小麦价格，小麦进入饲料领域数量大幅增长。2020 年国内小麦食用消费量 9110 万吨，比上年增长 0.5%；饲料消费 2145 万吨，比上年增长 58.0%；消费总量 13838 万吨，比上年增长 6.9%。

2020 年我国小麦进口量大幅度增加，来源和结构趋于多元化。原因如下：一是我国进口美国小麦有所恢复，2020 年 6~12 月，我国共进口美国小麦 165.14 万吨，较上年同期增长 7.5 倍。二是自欧盟进口小麦增加，2020 年 6~12 月我国进口 238.25 万吨法国小麦以及 33.33 万吨立陶宛小麦，较上年同期分别增长 3.9 倍和 69.5%。与之前年份进口强筋或弱筋小麦不同的是，2020 年进口小麦的类型趋于多元化，优质小麦和饲料用小麦均有进口。据海关统计，2020 年我国共进口小麦 815 万吨，同比增加 1.3 倍，进口额 22.6 亿美元，同比增加 1.5 倍。进口来源主要有法国（29.2%）、加拿大（28.2%）、美国（20.3%）和澳大利亚（15.0%）。

2020 年国内小麦价格呈现"升—降—升"的走势。2 月受新冠疫情影响，部分地区小麦出现暂时性供应偏紧，市场价格小幅上扬。虽然 3 月有所回落，但 4 月国际新冠疫情蔓延引发国内居民和企业集中囤货，导致价格再度上涨。5 月之后，随着新麦逐渐成熟、收获、上市，国内普通小麦价格开始下跌。6~8 月，部分省份陆续启动小麦最低收购价执行预案，拉动小麦价格回升至 2.24 元/千克左右，之后随着市场化收购趋旺，且受玉米涨价拉动，价格持续上扬。9 月之后，市场进入消费旺季，尤其是 10 月收购期结束，市场粮源相对较少，价格上涨幅度较大。综合全年情况看，郑州粮食批发市场普通小麦平均价格为 2.40 元/千克，较上年上涨 1.8%；优质小麦平均价格为 2.68 元/千克，较上年同期上涨 6.5%。

9.2.2.3 玉米的消费量及价格

（1）生产略有下降。玉米是我国第一大粮食作物，对保障畜牧业饲料粮供应、促进食品工业发展、维护国家粮食安全具有重要意义。2020 年，我国玉米播种面积 6.19 亿亩，比上年下降 0.05%；单产 421.14 千克/亩，与上年持平；总产量 2.61 亿吨，比上年下降 0.04%。从面积看，虽然春播前玉米价格上升，种植效益改进，但由于同期价格涨势明显好于玉米，玉米、大豆生产者补贴标准仍存在较大差距，农户种植大豆积极性较高，全国玉米播种面积继续有所调减。从气候条件来看，2020 年，东北产区春播期土壤墒情较好，春旱明显低于往年，5 月后气温回升，光照充足，总体有利于玉米播种出苗，除辽宁西部、内蒙古东部和吉林部分地区出现旱情，长势偏差外，其余大部分产区气候适宜，玉米长势良好。华北产区夏玉米播种顺利，长势普遍较好。8月底9月初，东北产区连续遭受3次台风，部分地区玉米出现倒伏，但由于台风发生时东北地区玉米大多已进入蜡熟中后期，部分进入晚熟期，产量已经基本形成，且前期长势好，穗粒数高于常年，病虫害发生较轻，有利于玉米生长和产量形成，因此台风对产量实际影响有限。未受灾地区收成则明显好于常年。总体来看，全国玉米播种面积连续第五年下降，单产基本持平，总产略有降低。

（2）消费恢复增长。玉米主要用于畜牧养殖业饲料消费和工业深加工消费。2020年，国内玉米饲用消费出现恢复性增长，深加工消费稳中有增，国内玉米消费呈增长态势，全年消费量约为2.88亿吨，比上年增长2.1%。

饲用消费恢复性增长。2020年中国玉米饲用消费呈恢复性增长态势，全年消费量1.86亿吨，同比增长2.8%。一季度，受新冠疫情影响，中国禽类产品销售不畅，对玉米饲用消费有一定负面影响，但影响程度较小。随着生猪产能较快恢复，同时畜禽和奶牛养殖增长较快，其他养殖业平稳增长，带动玉米饲用需求呈较明显的恢复增长态势。据国家统计局数据，截至2020年末，全国生猪存栏已恢复到2017年末的92.1%，其他畜禽产量和存栏量均稳步增长。从饲料生产情况看，据我国饮料工业协会数据，2020年全国饮料总产量25276万吨，同比增长10.4%。其中，猪料增长16.4%，禽、肉禽、反刍动物饲料产量同比分别增长7.5%、8.4%、18.4%，水产料同比下降3.6%，其他料同比增长18.7%，反映出养殖业饲料消费需求增长态势良好。此外，由于玉米价格高企，饲用消费中小麦替代和进口高粱、大麦等替代增加较明显，在一定程度上影响了玉米饲用消费增长。

工业消费稳中有增。2020年深加工玉米消费约8050万吨，比上年增长1.9%。新冠疫情一度影响了玉米淀粉行业开工，但消毒酒精需求上升，且复产复工较快，对玉米工业消费总体影响很小。同时，深加工产能继续增加并逐步释放，2020年玉米深加工产能超过1.2亿吨，带动玉米工业消费继续增加。但由于原料成本上升，企业经营利润有所下滑，开工率下降，玉米工业消费增速继续放缓。据国家粮油信息中心数据，2020年玉米淀粉行业全年平均开工率为64.1%，比上年下降5.0%；玉米酒精行业平均开工率为54.6%，比上年下降7.5%。

种用消费、口粮消费和损耗基本稳定。全年玉米种用消费量约189万吨，与上年相比稳中有降，主要是由于玉米面积略有调减。玉米口粮消费量约955万吨，比上年增长1.0%，人均口粮消费6.82公斤，主要是由于鲜食玉米发展以及消费者对粗粮的偏好，带动玉米口粮消费稳步增加。玉米损耗约1055万吨，比上年下降6.9%，主要是由于国家玉米去库存力度较大，库存量减少较为明显。由于种用消费、口粮消费和损耗占玉米消费比重不大，对玉米消费总量影响较小。

(3) 进口创历史新高并突破配额。2020 年我国玉米进口量 1129.39 万吨，比上年增长 135.8%，进口量创历史新高，并首次突破 720 万吨的年进口配额；出口量 0.17 万吨，减少 93.3%；将进口 1129.22 万吨，比上年增长 136.95%。玉米进口大幅度增长，主要是由于国内玉米价格明显上涨，国内外玉米价差呈扩大趋势，玉米进口有利可图。同时，国内玉米供求关系趋紧，玉米需求旺盛。从进口来源看，2020 年我国玉米进口主要来自乌克兰（629.76 万吨），占进口总量的 55.8%；美国（434.19 万吨），占进口总量的 38.4%；保加利亚（2.3%）、俄罗斯（1.2%）、老挝（1.2%）、缅甸（1.1%）。2020 年我国玉米进口虽然大幅度增加，但国内市场玉米自给率仍达到了 96.0%。

替代品方面，由于国内玉米供求紧张，玉米价格大幅度上升，替代品进口显著增长。2020 年我国进口高粱、大麦、木薯干、玉米酒糟（DDGS）的数量分别为 481.35 万吨、807.95 万吨、330.48 万吨、18.17 万吨，比上年分别增长 478.5%、36.3%、18.1%、29.2%。4 种主要替代品进口量 1637.95 万吨，比上年增长 68.9%。

(4) 价格持续大幅上涨。2020 年，国内玉米价格持续大幅上涨，成为三大主粮作物中的领涨品种。全年产区、销区平均批发价格分别为 2134 元/吨、2326 元/吨，比上年分别上涨 14.1%、16.1%。其中东北产区和华北黄淮产区分别为 2096 元/吨、2229 元/吨，比上年同期分别上涨 17.7%、14.8%。一季度受 2019 年新产玉米上市量影响较大，价格相对平稳，9 月受 2020 年新产玉米上市影响，价格略有回调，除此之外，其余各月均呈上涨态势。至 12 月，产区、销区平均批发价格分别达到 2485 元/吨、2709 元/吨，比上年同期分别上涨 35.8%、34.9%。期货价格创历史新高。2020 年 12 月 31 日，大连商品交易所玉米主力合约（2105）收盘价为 2742 元/吨，比上年同期分别上涨 43.6%，比 2015 年 3 月 12 日的历史最高收盘价上涨 7.1%。玉米价格上涨的原因主要包括：首先，玉米生产连年调减，产需出现较明显缺口，叠加国家临储玉米去库存进程基本结束，市场认为玉米中长期供求关系趋紧，而国家调控能力减弱，各方主体对价格上涨预期基本一致；其次，新冠疫情全球蔓延引起国际对粮食安全问题的担忧，一些国家采取了限制粮食出口等措施引发炒作，推动了国际粮价上涨，并传导至国内，国内贸易商、企业、农户囤粮防风险的意识增强，在涨价预期的带动下，囤粮惜售情绪高涨，下游用粮企业提价收购，加上投机资金频繁炒作疫情等题材以及部分自媒体的放大效应，推动玉米价格逐步走高；再次，东北地区连续 3 次台风造成玉米大面积倒伏，不仅影响产量预期，而且导致玉米收获成本明显增加，对玉米价格上涨起到了支撑作用；最后，生猪生产快速恢复，刺激了玉米饲料消费恢复增长，拉动了玉米价格上涨。

10 未来十年粮食价格波动与国家经济安全的关系

粮食安全是国家经济安全的重要组成部分，粮食价格的变化将通过不同途径影响城乡居民生活和国家经济安全，粮食价格的大幅度下跌，将导致"谷贱伤农"，农民种粮积极性下降甚至抛荒，国家粮食供给不足，影响国家粮食安全；粮食价格的大幅度上涨，一方面导致"米贵伤民"，影响城市贫民的生活，另一方面，拉动社会商品价格上涨，引起通货膨胀，对国家经济安全产生不利影响。根据前面章节对未来十年我国粮食价格的预测，将预测价格与 2020 年实际粮食价格相比，计算未来十年我国粮食价格的波动幅度，并在此基础上，判断我国未来十年粮食价格与国家经济安全的关系。

10.1 国家经济安全及其指标体系

要研究未来十年我国粮食价格与国家经济安全的关系，应该先了解我国未来十年的国家经济安全状况，以及我国经济安全状况下所需要的粮食供给与需求状况及粮食价格波动幅度。并且根据未来十年国家经济安全所需要的粮食状况，判断我国未来十年粮食价格对国家经济安全的影响程度，并在此基础上，对我国未来十年粮食政策提出政策建议和意见。

10.1.1 国家经济安全及其衡量指标体系

"国家安全"一词于 1943 年由美国人提出，受到美国政府的重视。1947 年美国国会以法律的形式确定了国家安全及其定义，之后"国家安全"在全世界流行开来。冷战时期，由于美苏争霸，国家安全的重点领域是军事和政治安全。但冷战结束之后，经济在国家中的地位越来越重要。直到 1996 年美国总统克林顿宣称"美国对外政策的首要目标是维护国家经济安全"（牛军，1998），"国家经济安全"才真正为世人所瞩目。美国之后，俄罗斯政府也宣称国家经济安全是国家安全的重要组成部分。经济全球化市场高度发达的今天，经济安全被赋予越来越多的含义。我国部分学者从市场、产业等方面来解释国家经济安全（李怀信，1999；尹正萍，2002；叶卫平，2008），并没有从国家整体方面来解释国家经济安全。我国对于国家经济安全整体方面的解释是：国安经济安全是一国国家安全的基础，应通过加强自身内部机制的建设来抵御外来风险，维护国家经济安全；经济安全的威胁首先来自内部，但是对外开放加剧了经济的风险（顾海兵等，2007；欧阳俊等，2015）。

不同国家、不同发展阶段，国家经济安全学者有着不同的观点。在经济全球化的今天，主权国家的国家经济安全主要是为了保证国内经济稳定发展，维护人民利益，从而使国家不受国内或国外因素威胁；为了维护国内稳定发展，国家必须对国内的经济状况进行宏观调节和控制；同时必须拥有一定的政治军事实力，加强与全世界的沟通与合作，维护国家在海外的利益。

发达国家都十分重视自身的国家安全，有一套完整的国家安全衡量指标体系，美国、日本和俄罗斯这三个国家都有一套完整的国家安全法律体系和执行机构，但根据各国国情，各自着重的领域不同。美国有一套完整的国家经济安全保障体系（见表 10.1），更加注重行业安全，尤其是农业和金融业。美国的国土面积在世界上占第四位，有着广袤土地、丰富的农业资源、高度发达的农业机械化程度以及高效的农业科技，使得美国农产品产量极高，成本极低。而美国国内市场有限，出口就成为美国农产品的主要选择。美国玉米、大豆、棉花等农产品占世界首位，小麦占世界第三位，2021 年美国农产品对外出口同比大幅增长 18%，出口总额达到创纪录的 1770 亿美元，其中玉米出口达到创纪录的 187 亿美元。① 为了维护美国农业在全球第一的位置，美国政府一方面建立完善的农业补贴政策，来鼓励农民种粮的积极性，另一方面建立发达的粮食储备体系，来保证美国粮食在世界市场的竞争力。

表 10.1 美国国家安全保障指标体系

能源安全	能源使用效率
	能源战略储备

---

① 2021 年美国农产品出口同比大增 18% 第一拉动力来自中国［N］. 环球网，2020-02-19.

续表

农业安全	农产品补贴
	粮食储备制度
国际贸易安全	知识产权保护
	多种贸易壁垒
	反补贴反倾销
	外资并购规定
	若干重要行业
	汇率外汇市场
金融安全	本国金融机构监管
	外国金融机构监管

资料来源：顾海兵等.国家经济安全国际观察分析：美国、日本、俄罗斯〔J〕.首都经济贸易大学学报，2009（03）：5-15.

日本国内资源匮乏，更加关注从国内法律层面保障国内物资的获得渠道，从而维护国家经济安全。在农业方面，日本制定了较为完善的农业法律来保障国内粮食的供给。日本以大米为主食，为保障国内大米供给，日本政府对国内大米产业实行高额补贴政策，对进口大米实行高额关税政策；同时对玉米、小麦等其他自给率较低的粮食以《新粮食法》为基准，实行国家战略储备，并建立了多种非关税贸易壁垒来维护国家粮食安全（顾海兵等，2007）。

俄罗斯经济处于恢复和发展阶段，经济安全的重点侧重于土地管理、金融和能源三大部分。为了保证国内经济安全，保障国内粮食供应，俄罗斯严格禁止外国公司控制俄罗斯国内粮食市场，为了防止国内土地兼并，规定租用土地不超过49年，发展国内食品生物技术和食品进口替代技术。

而我国国内研究国家安全指标体系的学者较多，但都没有具体的指标及权重。国内著名经济学家、国家经济安全研究专家、中国人民大学二级教授顾海兵，认为"打铁还需自身硬"，国家经济安全应以国内经济安全为主，并且把国家经济安全分成经济安全条件和经济安全能力两大部分，站在多个角度，采取多种方法，从不同维度进行研究。以顾海兵为主导，依托中国人民大学，发布年度经济安全研究报告，制定了独特的中国国家安全的指标体系及其权重，根据研究可把国家经济安全分为五个等级，具体见表1.1。

从以上研究来看，各国根据国情，国家经济安全的要求并不相同，美国是世界上粮食生产和出口第一大国，为保证美国农业世界第一的地位，保证美国的粮食出口，保障美国农民的利益，维护美国国家经济安全，美国采取了完善的农业出口补贴政策并建立了完备的粮食储备机制。而日本则是资源匮乏型国家，除大米外，其他粮食产品自给率较低。为了保障日本国内粮食供应，维护日本国家经济安全，日本除对国内稻进行高额补贴外，对国外大米征收高额关税，并采取多种非关税政策来限制国外大米的进入，以保护日本稻农的利益；其他粮食产品自给率较低，采取多种方式、多种途径来进口以保障国内供给。俄罗斯自苏联解体后食品供给减少，国家经济安全受到很大威胁，俄罗斯政府为了保证国家粮食安全，维护国家经济安全，禁止国外公司控制俄罗斯国内粮食市场，加强国内食品供应，并针对土地兼并的严重现象，规定土地租赁期限为 49 年，以保证国内土地供给。

　　而我国目前对国家经济安全指标体系并没有定论，目标最权威、最具体的是顾海兵的国家经济安全指标体系，认为国家经济安全以国内经济安全为主，只有国内经济发展稳定了，国家整体安全才有保障。在安全的能力中，顾海兵认为战略资源稳定是国家经济安全能力的重要组成部分，其中人均粮食产量是战略资源稳定的重要部分并且人均粮食供给量为 334.74 ~ 425 千克（顾海兵等，2014，2016），是我国国家粮食安全的范围，能够保证国家经济安全。

　　美国和欧盟都将 CPI 作为中央银行经济调控的重要目标，将 CPI 指数控制在 3% 以内，如果 CPI 指数过高，即产生通货膨胀，对国家经济发展将会产生不利影响。我国政府的宏观经济政策的目标之一是"稳定物价"，即保持 CPI 的稳定增长。在表 1.1 中，国家经济安全的能力中，CPI 指数是重要组成部分。粮食价格不但是 CPI 的组成部分，更是 CPI 中 30% 的食品类商品的基本原材料。粮食价格的波动，不但涉及粮价本身，由于食品类价格的波动对 CPI 有拉动作用，更是牵扯到与人民群众生活密切相关的食品类商品的价格，CPI 的变化对普通群众有着强烈的心理预期作用，从而产生"羊群效应"，对社会经济产生较大影响。如果粮食价格波动幅度过大，即粮价上涨过大，拉动食品类价格上涨，从而导致 CPI 上涨，产生通货膨胀，将会导致国家经济过热，国家不得已进行宏观调控，将会对经济采取紧缩性措施，无论是紧缩性财政政策还是紧缩性货币政策，都将对国家经济发展产生不利影响。

10.1.2 我国当前经济安全状况

　　1949 年后，我国内忧外患，国家安全面临巨大威胁。改革开放 40 多年来，我国经济发展取得了巨大的成就。1978 ~ 2020 年近 40 年，年均经济增长达到了 9.50%，综合国力大大提高，我国的钢铁、煤炭、太阳能光伏、汽车、电子信息产业等行业居世界第一位，长征系列载人火箭飞向太空表明我国在科技领域的发展水平。截止到 2020 年我国 GDP 总量达到了 101.36 万亿元，居世界第二位，

CPI 为 2.5%，在世界经济份额中占比上升至 17.5%。

面对新冠疫情的严重冲击，中国率先控制疫情，率先复工复产，率先实现经济正增长。国家安全实力大大增加，习近平总书记认为国家经济安全是国家安全的基础，以为人民利益服务为目标，一切为了人民，一切依托人民。在综合国力提高的同时，人民从改革开放中获得巨大实惠，到 2020 年，我国城镇化率达到了 63.9%，全国人均可支配收入达到了 32189 元，其中城镇居民人均可支配收入为 43834 元，农民人均纯收入为 17131 元。实现了九年义务制教育，建立了城乡居民基本养老和医疗制度，惠及亿万普通民众。在习近平总书记的正确领导下，在《"十四五"规划》的指导下，全国人民共同努力，中国经济发展的质量和效益还将进一步提升，高质量发展必将贯穿经济社会各个领域和全过程。从长期看，中国经济稳中向好、长期向上的基本面没有改变，未来消费和服务业对经济增长的带动作用将更加明显。

农业在最初释放了改革激发出来的动力之后，进入 90 年代后生产开始了下滑。由于农民除负担农业税加上"三提留五统筹"之外，还有各种地方乱收费乱罚款，农民负担过重，农民不愿种地，粮食生产下降，大片土地被抛荒。布朗的《谁来养活中国?》一文，虽有点危言耸听，但引起了中国政府高层及民间各界的广泛关注，中国农业也逐渐开始了"隐性革命"（黄宗智，2010），中国逐渐放弃了产量较小的杂粮的生产，转向生产产量较高的主粮。政府提出了"谷物基本自给、口粮绝对安全"的国家粮食安全政策。国家实施了"米袋子"省长负责制，于 2004 年开始了农业税费改革，并于 2006 年全面取消农业税。

由于工业化、城镇化的快速发展，我国耕地面积迅速减少，为了保证国家的耕地数量，维护国家粮食安全，国家实施了最严格的耕地保护政策，坚守 18 亿亩耕地红线。由于土地资源的有限性，为了保证粮食总产量的增加，需要从粮食单产方面做文章。我国粮食产量一靠政策、二靠科技、三靠投入。为了保证粮食生产，政府从多个方面提供政策支持：取消农业税，减轻农民负担；对中低产田进行改造，下发了《全国土地开发整理规划（2001—2010 年）》，改造中低产农田 2 亿亩，增加 130 多亿斤；土地确权，"三权分立"自由流转政策，鼓励土地各种粮大户、家庭农场、农业合作组织流转，以提高土地产出率；进行农田水利基本建设，建立旱涝保收高产稳产农田；对农业进行补贴政策，除四种补贴外，还有农机报废补贴和农业保险政策等。同时，我国大力发展农业技术，加大技术资金的投入，并鼓励社会资金进入农业科技领域；加大对农业的投入，农林水资金投入总额逐年提高，2020 年比 2019 年增长 16.4%。由于政策措施得力，2004~2021 年我国粮食生产出现了"18 连增"，完全实现了"谷物基本自给、口粮绝对安全"的国家粮食战略，保证了"中国人饭碗里装的是中国粮"。无论是从安全的条件还是安全的能力来看，我国当前经济持续健康稳定发展，经济安全状况良好。

10.1.3 未来十年国家经济安全预测

我国经济发展已进入了新常态，经济发展速度有所减缓，未来 5 年我国经济发展理念为"稳增长、促改革、调结构、惠民生、防风险"，其中"稳增长"排第一位。在发展过程中，采取"坚持人民主体地位、坚持科学发展、坚持深化改革、坚持依法治国、坚持统筹国内国际两个大局、坚持党的领导""六个坚持"的发展原则。

未来我国国家经济安全无论是安全的条件还是能力都能够得到增强，国家经济抵御国内外风险的能力将会增强，国家经济将会更加安全。

在国家粮食安全方面，按照农业部发布的《农业展望报告（2021—2030）》预测，我国未来十年粮食产量和消费量见表 10.2。

表 10.2　2021~2030 年我国三大主粮供需平衡　　单位：万吨

时间	大米			小麦			玉米		
	生产量	消费量	剩余	生产量	消费量	剩余	生产量	消费量	剩余
2021	21284	15234	6050	13508	14017	−959	27200	29487	−2287
2022	21412	15240	6172	13053	13996	−943	28026	29952	−1926
2023	21541	15245	6296	13498	13975	−477	28878	30426	−1548
2024	21671	15251	6420	13493	13954	−461	29756	30906	−1150
2025	21797	15369	6428	13493	13933	−440	30506	31350	−844
2026	21887	15396	6491	13510	13970	−440	31039	31718	−679
2027	21977	15423	6554	13527	14007	−480	31581	32091	−510
2028	22069	15450	6618	13545	14045	−500	32133	32468	−335
2029	22160	15477	6683	13562	14083	−521	32695	32850	−155
2030	22248	15504	6744	13579	14120	−541	33171	33192	−21

我国自 2004 年以来粮食生产出现了"18 连增"，但是这并不意味着我国粮食绝对安全。当前我国的粮食增产主要是由粮食生产结构调整得来的，我国主要粮食产量的增加主要是靠放弃了产量较低的粮食品种如大豆，转而生产产量较高的粮食品种（于晓华，2015）；由于工业化城市化进程的加快，我国大量良田被用于开发建设，可用于农耕的土地储备较少；并且为了取得粮食产量的增加，我

国在粮食生产中大量使用化肥和农药，造成土壤肥力下降；另外，由于国家粮食补贴已经达到了世贸组织规模的"天花板"，很难再进一步增加，这些都是我国粮食进一步增产的困难。从农业部对未来十年我国三大主粮生产量和消费量来看，我国稻谷未来十年生产量较为稳定，接近22000万吨，但是消费量上升，导致大米供给由平衡转向紧平衡；而我国小麦生产量稳定提高，未来十年我国小麦产量预计增长 2.0%，平均每年产量提高 0.20%，但是小麦消费十年增长 6.7%，平均每年提高 0.67%，由于消费量的增长明显高于产量的提高，我国未来十年小麦的供给由宽松有余转向供应趋紧；玉米产量在"十三五"时期前几年有所下降，但随后逐渐提高，主要是未来十年玉米消费量提高了 14.93%，平均年消费量提高 1.49%，由于玉米消费量提高，玉米产量才逐年增加。

"十四五"是我国建成小康社会后的时期，我国城乡居民收入持续增加、城镇化水平不断提升，消费结构从传统的 8∶1∶1（口粮、蔬菜、禽蛋奶类）模式转向 4∶3∶3（口粮、蔬菜、禽蛋奶类）模式（黄宗智，2012），居民消费偏好不断转变，对食物的消费呈现多元化、品质化、营养化和功能化趋势。中国主要农产品消费量将保持刚性增长，粮食等重要农产品消费总量继续增加，但增速逐步放缓，消费结构逐步优化，加工消费有较快增加。大米和小麦消费预计稳中略增，玉米消费保持较快增长。随着经济发展和城镇化水平进一步提高，肉蛋奶消费呈持续增长趋势，但在健康膳食习惯和肉类消费结构不断优化的情况下，增长有所放缓。

10.2 未来十年粮食价格对国家经济安全影响预测

国家粮食供给量与国家粮食价格密切相关。在我国由于口粮自给率要求"绝对安全"，达到 95% 以上，所以国家粮食供给主要是国内粮食产量。孙娅范（1999）认为粮食价格与产量互为因果关系，政府收购价格对粮食产量的影响大于粮食市场价格。王龙飞等（2010）证实了我国粮食价格与产量之间存在着时滞，并说明了时滞的原因。李波（2011）通过 VEC 模型证明，从长期来看粮食价格对粮食产量有正向影响，但是粮食产量、粮食价格都是可控变量，为保证粮食供给稳定，政府应对粮食价格进行宏观控制，以维护粮食价格的稳定。何蒲明等（2010）、余家凤等（2013）通过实证发现了粮食产量与价格互为因果关系，但是产量与价格变化存在滞后关系，并且价格的变化对产量的影响明显大于产量变化对价格的影响程度。

以上研究表明，在我国要保证国家粮食供给，维护国家粮食安全，就要保证粮食价格稳定，将粮食价格稳定在一定范围内。

10.2.1 我国粮食价格安全波动的区间预测

粮食安全是国家经济安全的重要组成部分，对社会稳定、经济发展起着重要作用。

阿玛蒂亚·森对1947年孟加拉国大饥荒的研究证明，大饥荒时的孟加拉国粮食根本就不存在短缺，而是由粮食价格上涨幅度远远超出了贫困居民的购买能力造成的，因此他提出"权利"一词，认为造成大饥荒的原因是居民缺乏"交换权利"或"购买的能力"。Cheryl Christensen（1978）认为在市场经济与准市场经济国家，由于粮食和食品消费是按财产分配，贫困居民长期饥饿、营养不良的原因是农产产业结构不合理，农产品走高端化路线，价格昂贵，贫困居民无力购买。J. B. Bascom（1999）认为虽然苏丹粮食减产，部分面临饥饿威胁的农民涌向首都喀土穆，真正导致饥饿的原因是粮食价格大涨，如一袋高粱4月为300苏丹镑，到11月大涨到2200苏丹镑，造成北苏丹75%的人口面临饥饿威胁，使苏丹国家陷入内乱。A. E. McCalla（2009）认为2008年粮食价格上涨使粮食进口国（尤其是不出口石油或矿产品的粮食进口国）产生大量财政赤字，粮食上涨导致1亿人重新陷入贫困，对于贫困人口中最贫困的部分如南亚国家或撒哈拉以南的非洲国家的人口更是灾难。K. Anderson等（2010）认为2008年粮食价格上涨与1974年的情况相似，粮食价格上涨，导致不少城市家庭因恐慌而囤粮，尤其是亚洲的大米，致使国际粮食市场情形更加恶化，从而导致低收入国家贫民因粮食短缺而发生骚乱。

以上研究证明，粮食作为人类生存的必需品，纵然在粮食充裕的条件下，粮食价格大涨，引起社会恐慌心理，部分富裕家庭可能会大量囤积，而致使大量贫困家庭无力购买粮食产生饥饿，可能危及社会稳定，威胁国家经济安全。

联合国粮农组织、农发基金、联合国儿童基金会、世界粮食计划署与世界卫生组织5家机构2020年7月发布的《全球食品安全和营养状况》显示，2019年全球有近6.9亿人陷入饥饿，2020年连续7个月粮价大涨，这种粮价上涨速度远远超过了发展中国家及其贫困居民的承受能力，导致多达1.3亿人因新冠疫情带来粮食大涨而陷入长期饥饿。粮食价格的大幅度上涨导致了许多国家经济陷入危机。但是2020年国际粮食市场并非供给不足，据统计每天人均需求1000大卡的热量，国际粮食市场的粮食谷物供给过剩1/3。

为了维护国家粮食安全，许多学者提出了国家粮食安全的衡量和评价方法，为国家粮食安全提供监测和预警指标，以期通过测量这些指标来反映我国的粮食安全状况。朱泽（1997）通过粮食安全系数来反映一国的粮食安全水平，并运用粮食产量波动指数、粮食库存量、粮食自给率、人均粮食占有率这四个指数来计算粮食安全系数。马九杰等（2001）根据八个警情指标综合计算，采用了五项加权平均来计算，并用不同的指示灯信号来表明不同的警情程度，来衡量一国的粮食安全程度。刘晓梅（2004）采用朱泽的四个评价指标并赋予权重，重新设计了粮食安全系数的计算方式，并据此计算我国的粮食安全系数，得出我国粮食安全程度较高的结论。肖国安等（2006）根据20世纪90年代的6种粮食预警模型，通过分析认为每种模型都存在一定的问题，并提供了一个更为简洁的动态预警模型，并认为此模型克服了上述6种模型的缺点，能够为我国粮食安全提供一种新的预警方法。罗孝玲等（2006）根据粮食价格，采用粮食价格端比值和离散系数两个指标来反映我国粮食安全。龙方（2008）以人均播种面积、粮食价格波动率等七个指标建立我国粮食安全指标，并据此衡量我国粮食安全状况，认为从长期来讲，我国存在粮食安全隐患。李梦觉等（2009）采用七个大指标来构建粮食安全指标体系，并指出可通过此指标体系提前测出国家安全程度。杨建利（2014）根据综合评价理论和方法，构建了多目标的粮食安全评价体系，并对我国粮食安全多个指标进行了测度，结果发现除粮食数量安全系数较高外，粮食质量安全、生态安全、资源安全等的下降趋势明显，并建议我国应在重视提高粮食数量的同时，兼顾其他目标。杜为公等（2014）根据FAO对粮食安全的定义，采用国家粮食安全、家庭粮食安全、粮食营养安全三个大指标来反映我国整体粮食安全。

从以上研究来看，我国专家学者通过多种方法构建我国粮食安全评价指标，大多数评价指标体系中，粮食价格只是其中一个较小部分，并没有把粮食价格的波动作为衡量粮食安全的唯一指标。但是在粮食"金融化"的今天，粮食价格的单独波动（如2007~2008年世界粮食危机），也可能产生粮食危机，从而威胁国家粮食安全。本书只根据粮食价格的波动来评价国家粮食安全，从而弥补以上研究的缺憾。

本书根据专家调查法来研究国家粮食价格波动对国家粮食安全的影响。具体结果见表10.3。

表 10.3　粮食价格波动幅度与国家经济安全关系

粮食价格波动幅度	国家经济安全程度
−10%~15%	安全
−20%~−10%；15%~30%	轻度影响
−30%~−20%；30%~50%	中度影响

粮食价格波动幅度	国家经济安全程度
−30%~−50%；50%~100%	重度影响
100%以上；−50%以下	危及国家经济安全

在市场经济条件下，粮食价格随着供给与需求的变化，在一定范围内波动，属于正常现象，但是会带动社会其他相关产品价格随之波动，引起社会整体价格的变化，从而对居民生活产生影响。

虽然粮食是生活必需品，但每个人的粮食消费需求有限，从这个方面来讲粮食需求在短期内没有大的变化；另外，由于种植具有季节性和周期性，在短期内粮食供给几乎是固定的。如果粮食价格变化范围较小，不会对社会相关产品价格产生较大影响，从而社会整体价格不会发生较大变化，不会对居民生活产生影响，则国家粮食安全在正常范围内。如果粮食价格下降超过一定范围，引起"谷贱伤农"，农民减少粮食的种植面积，引起粮食供给的短缺，再由于需求固定，粮食价格上涨带动整个社会相关产品价格上涨，影响居民的消费水平，特别是贫困居民的消费水平，从而可能会对国家粮食安全产生影响；如果粮食价格上升超过一定范围，虽然会带动农民收入增加，但会引起相关产品价格上涨，超过贫困人口的消费能力，从而可能影响社会稳定，引发社会危机，影响国家粮食安全。

由表10.3可以清楚地看到，17位专家经过仔细分析、认真判断，认为我国粮食价格年度波动价格幅度在−10%~15%，在这一范围内，属于正常的市场经济规律作用，在市场经济的调节下，粮食价格遵循价值规律，调节粮食资源按照市场规律配置；但是若超过了这一范围，会对国家粮食产量和国家粮食安全甚至经济安全产生一定影响，波动范围不同，影响的程度也不同。

若粮食价格波动幅度为−20%~−10%或15%~30%，则会对国家经济安全产生轻度影响。若粮价的波动幅度为−20%~−10%，价格下降会影响农民的种粮积极性（张新合等，2016），导致粮食种植面积下降，产量下降；若粮价波动幅度为15%~30%，由于粮食价格的上涨，以粮食为原材料的食品工业价格会出现上涨，从而拉动全社会商品价格上涨，产生通货膨胀，不利于社会经济稳定发展。如我国1993年粮食价格上涨27.7%，拉动食品类价格上涨14.3%，导致整个社会CPI指数为14.7%，经济过热发展，政府采取宏观调控措施。

若粮食价格波动幅度为−30%~−20%或30%~50%，则会对国家经济安全产生中度影响。粮食价格波动幅度为−30%~−20%，由于2014年小麦生产总成本占小麦价格的93.5%；玉米生产总成本占玉米价格的94.7%；而稻谷生产总成本占小麦价格的 83.7%；如果粮食价格波动幅度为-30%~-20%，农民种粮没有任何收益，将会选择大面积抛荒，国家粮食产量将会大幅度下降，会出现粮食短缺，粮食价格上涨。我国自 2003 年以来一直呈现"粮食供给下降—粮食价格上涨—粮食供给过剩—粮食价格再下降"等循环（王川，2010），同时也会出现下一期粮食供给过剩、粮食下跌的情形。粮价波动幅度为 30%~50%，粮价大涨，以粮食为基本原材料的食品价格大涨，拉动 CPI 上涨，形成通货膨胀。如 1995年我国粮食类价格上涨 36.8%，拉动食品类价格上涨 22.9%，导致整个社会 CPI指数上升 17.1%，国家不得不采取紧缩性财政货币政策。如 2020 年由于新冠疫情影响，玉米实际价格比 2019 年大涨 28.51%，即使中央政府一年共投放 38 次冻猪肉，市场猪肉价格仍大涨 49.7%，畜肉价格大涨 38.7%，严重影响了人民群众的生活质量！

若粮食价格波动幅度为-30%~-50%或 50%~100%，则会对国家经济安全产生重度危害。若粮价下降-30%~-50%，农民种地完全无利可图，自有粮食完全储备，不会用于出售。导致国家缺粮，粮食价格大涨，导致通货膨胀，国家若大规模进口粮食，则会出现我国"买什么涨什么"（王新华等，2017），对我国粮食安全十分不利。若粮食价格波动幅度为 50%~100%，由于粮食价格上涨带动食品类价格上涨，导致通货膨胀，同时物价上涨引起居民产生通货膨胀预期，诱发"羊群效应"，引起抢购风潮，对经济发展构成很大威胁。如我国 1995 年粮食价格上涨 50.7%，引起食品类价格上涨 31.8%，整个社会通货膨胀指数达到了24.1%，引起了抢购风潮，政府不得已采取紧缩性宏观调控政策，但是通货膨胀仍然持续到 1997 年才结束。

若粮食价格波动幅度为-50%以下或 100%以上，将会危及国家经济安全。若粮食价格下降到-50%以下，农民会完全抛荒，国内粮食供给不足，需要用国家储备和国际市场来补足，由于我国巨大的人口存量，国内储备和国际市场根本无法满足国内粮食需求，粮价高企，刚脱贫人口还有部分低收入群体生活将陷入困境，严重时将会危及社会稳定；粮价如上涨 100%，纵然国内供应充足，但是贫困百姓仍然陷入困境，同时导致社会不稳定。社会不稳定，将会使国家经济陷入危机。另外由于粮价高企，导致下一轮的供给过剩，粮价下跌，粮食供给不足等，对社会经济稳定发展不利。

所以要保持国家经济持续、健康、稳定发展，就需要保持粮食价格遵循市场规律，在一定范围内波动，这样才能使粮食供给保持稳定均衡状态，既不存在大规模过剩，也不存在大规模不足。

10.2.2 未来十年粮食价格与国家经济安全之间的关系

根据表 7.4 我国未来十年粮食价格组合预测结果，我国未来十年小麦预测价格为 2481.44～2676.41 元/吨，十年价格波幅为 18.97%，年均上涨速度为 1.90%；而我国玉米预测价格为 2621.55～2839.87 元/吨，与 2020 年我国玉米价格相比，十年价格波幅为 24.29%，年均价格上涨了 2.43%；而我国稻谷预测价格为 3196.77～3687.55 元/吨，与 2020 年我国实际稻谷价格相比，十年波幅为 33.53%，平均年波动幅度为 3.35%。根据表 7.4，受新冠疫情及国际市场价格传导的影响，三种主粮价格上涨主要集中在近两年，之后国内市场价格波动幅度较小，价格变化不大，不会给人民生活带来负面影响。

根据专家预测，粮食价格年度波动幅度在 −10%～20% 不会对国家经济安全产生影响，粮食价格在市场经济允许的范围内正常波动，能够发挥价值规律对农业资源的调节作用。从以上预测来看，我国未来十年粮食价格小麦的年均价格波动幅度为 1.90%；而玉米价格的波动幅度在 2.43% 左右；稻谷价格的年均波动幅度只有 3.35%，我国未来十年粮食价格的波动幅度较低，符合我国粮食产量预测实际。

由表 10.2 可见，我国未来十年小麦产量稳步上升，年均增长 0.21%，2020 年我国全面建成小康社会，居民人均可支配收入比 2010 年翻一番，2025 年居民会更加富裕。随着居民收入的提高，我国居民人均消费水平将会大幅度提高，居民的膳食结构随着收入的提高发生较大变化，饮食中禽蛋肉奶类产品增加，导致小麦的口粮、饲料与工业用粮需求同时提高，尤其是饲料用粮将会有较大幅度提高，小麦消费需求量将增长，导致小麦总体消费呈下降趋势后之逐渐回升，我国小麦供给由宽松有余转向紧平衡，之后一直保持稳中稍有上升的趋势，但上升幅度较小。

由于前几年调减玉米生产和库存，玉米供给严重不足，随着我国经济增长，工业和饲料用玉米需求量迅速上升，国内玉米价格迅速回升，再加上受新冠疫情影响，国际玉米价格上涨，2020 年玉米实际价格比 2019 年实际价格上升 25.51%，玉米价格的大幅度提升使 2020 年居民消费价格指数中畜肉类价格上涨达到了 38.4%，其中城市为 37.6%，农村为 40.3%，猪肉价格上涨更是高达 49.7%，给农村和城市居民带来很多困扰，给国民经济带来较大影响。当然虽然预测中 2021～2030 年玉米价格保持较高价位，但实际上涨集中在近两年。由于饲料用玉米替代品较多，我国进口玉米及其替代品大幅度增加，再加上国内玉米种植面积不断扩大，供给逐年提升，玉米价格后几年将与近几年持平，不会再发生大规模上涨现象。

我国有 65% 的人以大米为主食，并且以城市人口为主（张峭，2007），我国城乡居民大米消费需求对价格缺乏弹性，大米价格变动对城乡居民影响不显著（冯敏等，2011；吴乐等，2011），影响大米消费的因素主要是人口增加和消费偏好（秦榕，2012）。由于我国人口的增加和城镇化的发展，大米消费稳中有升，但是大米的供给却趋于稳定。随着大米消费量的上升，我国大米供给由平衡趋于紧平衡略有不足。由于稻谷消费需求量的增加，我国稻谷价格近十年虽每年都有所上升，但上涨集中在近两年，之后价格上涨趋于稳定，年均价格上涨幅度只有 3.35% 左右。

由于我国未来十年处于全面建成小康社会时期，国家经济发展良好，社会稳定，2020~2035 年，在全面建成小康社会的基础上，再奋斗 15 年，基本实现社会主义现代化；第二个阶段，从 2035 年到 21 世纪中叶，在基本实现现代化的基础上，再奋斗 15 年，把我国建成富强、民主、文明、和谐、美丽的社会主义现代化强国。产业结构更加合理，人民生活更加富裕。由于国家粮食供给充足，我国三大主粮价格变化较小，年均上涨速度只有 2% 上下，预计未来十年我国城乡居民收入最低以 5.0% 的幅度增长，粮食价格小幅波动，完全低于城乡居民收入的增长速度，不会对居民生活产生不良影响，我国国家经济安全能够得到保证。

10.3 我国未来十年粮食管理政策建议

根据预测我国未来十年小麦价格年平均上涨幅度不到 1.90%、玉米价格年平均上涨幅度只有 2.43%，而稻谷价格年平均上涨幅度也不到 3.35%，上涨幅度在市场经济正常范围内波动，是市场自发调节资源配置的手段，无法与城乡居民收入增长幅度相比，不会对城乡居民生活造成不利影响。我国未来十年粮食价格在国家经济安全的范围内浮动，不会影响国家经济安全。

但是根据预测可见，我国人口增长、工业化、城镇化的发展和城乡居民收入提高，粮食消费需求旺盛，但是粮食供给的增长却落后于粮食消费需求的增长。从稻谷的消费来看，由于大米主要用于口粮消费，需求增长不大，未来十年稻谷消费需求虽然只增加 3.21%，年平均消费增长只有 0.32%，但是稻谷的供给却没有增加，反而稳中有降，结果是我国稻谷的供给由平衡有余转变成为紧平衡有亏；而小麦的供给虽然有所增加，但年增加速度却只有 0.21%，小于年消费需求 1% 的增长速度，导致我国小麦由宽松有余转变为平衡有余；由于玉米饲料和工业消费需求旺盛，再加上前几年国家宏观调减玉米供给，导致我国玉米供给严重不足，玉米价格迅速提升，国内玉米种植面积逐渐回复性增长，到2030年玉米供给由不足转向紧平衡。

我国的粮食安全战略是"谷物基本自给，口粮绝对安全"，即谷物自给率达到95%，口粮绝对安全的要求是口粮自给率达到100%。从预测的结果来看，未来我国十年三大主粮虽然价格变动幅度较小，但是也存在国家粮食安全的隐患。主粮进口量较小，饲料用粮进口量较大。2020年玉米及其替代品进口量达到了进口总量的16%。我国经济发展导致膳食结构改变，城镇化率发展以及工业用粮的大幅度增长，使我国粮食需求刚性增长；由于我国土地和淡水资源有限，为了保证国内粮食产量，我国在农业中大量使用农药和化肥，据统计我国化肥的使用量已达到每公顷500千克，是世界平均水平的5倍，发达国家的3倍，但是利用率却不足发达国家的80%；而我国农药的利用率更低，只有发达国家的33%左右。由于过量使用化肥农药，我国土壤板结，土地肥力下降，农地污染严重，粮食增长的潜力有限。

由于需求刚性增长，供给增加有限，我国未来粮食安全有一定隐患。为保证我国未来十年甚至更长时期的粮食供给，维护国家经济安全，应采取以下措施来保证粮食生产和供给。

10.3.1 国内粮食管理政策建议

关于国内外粮食的管理政策，我国学者进行了研究。A. Vaidyanathan（2000）认为由于贸易自由化和经济全球化的压力，印度的农业会进一步削减甚至取消国内外贸易壁垒；进一步削减甚至取消农业补贴；重视种子专权技术，允许农业运输公司在全国范围内自由运输。赵亮（2014）发现美国在2014~2018年生效的《农业法案》中取消了农业的直接补贴，并削减了弱势群体的营养补贴，但是却增加了特色农产品的支付力度，并且更加重视农业环境的保护、农业保险、农业信贷、农业科技的研发与推广、新入职农民培训和收入保障制度等项目的支出。在美国财政赤字加大、减少财政支出的情况下，美国政府对农业的支持不降反升（张月荣等，2014）。欧盟对欧盟内的粮食实行价格支持政策，这种政策主要靠目标价格、门槛价格和干预价格来完成（元成斌等，2012）。日本对大米采用高价收购、低价销出政策（岸根卓郎，1999）。而澳大利亚则专门制定《小麦销售法》来完善本国的小麦流通体系，以保证本国小麦的竞争力（刘秀莲，1997）。

从以上研究来看，主要农产品发达国家，为了保证国家的粮食安全，都采取农业支持政策规定，对农业提供大量的财政支持。我国用不到世界9%的土地、6%的淡水资源，养活了世界19.4%的人口，这本身就是对世界的最大贡献。由于我国人口因素以及膳食结构的变化，未来我国粮食需求仍然刚性增加，但是由于土地、水等资源的约束，我国国内粮食增产有限。据统计 2008~2014 年，我国粮食产量虽然增长了 14.8%，但粮食消费量却增长了 18.8%。要保证国家粮食安全，稳定或提高粮食产量，无非是提高粮食单产产量或增加播种面积，根据我国的经验来看，粮食产量大约有 2/3 依赖单产产量的增加，有 1/3 依赖播种面积的提升（焦建，2013）。《2012 年全球粮食政策报告》指出自 20 世纪 90 年代以来，农业的增产来自投入增加的只占了 20%，其他来自全要素生产率的增加。但是进入 21 世纪，由于金融危机的出现，国际投机资本大举进入国际粮食市场，粮食价格逐渐脱离实际产量，价格波动越来越频繁，粮食被"金融化"了。由于粮食金融化，粮食价格的大幅度波动可能会给国家粮食安全带来危机，或粮食价格波动引发社会相关产品出现变化，从而引发国家经济安全问题。

因此，在未来十年，要稳定和提高我国粮食综合产量，稳定粮食价格，从而保证国家粮食安全，维护国家经济安全，就要继续坚持当前的农业支持政策：①深化粮食流通体制改革，建立粮食价格的市场形成机制。让价格规律在粮食上发挥作用，引导资源配置，让农民根据市场价格来调整种植业结构，在提高粮食产量的同时，重视粮食品质的提高，不断推动粮食生产的可持续发展。同时在必要时候，对粮食市场进行宏观调控，保证粮食价格稳定，以维护农民和消费者双方的利益。②继续采取措施，在稳定土地承包权的基础上，鼓励农地流转，创新农地流转形式，引导土地流向家庭农场、种粮大户、农业合作组织等，以实现土地规模经营。③加大对农业的投资力度，重点支持农业科技的研发，完善农业科技推广体系，着力提高农业科技在农业中的重大作用。农业现代化离不开科技的支撑，科技是粮食生产的根本出路。据测算，我国农业综合机械化水平为 61%，农业科技进步贡献率已达到了 56%，远超我国过去水平，但是与发达国家相比，仍存在较大差距。我国当前土地有限，农业环境污染严重，在这种条件下，要维护土壤肥力，提高粮食单产，维护国家粮食总产量稳定增长，实现农业的持续稳定发展，必须走依靠科技进步的内涵式农业发展道路。④大力开展新型农民培训。随着经济社会的发展，在农业生产的产前、产中及产后，加入越来越多现代因素，如先进的农业科技、现代化农业机械以及现代经营管理理念，迫切需要高素质的新型职业化农民。要实现我国农业现代化，提高粮食综合生产能力，就必须拥有一大批具有先进耕作技术和经营管理能力、迅速市场反应能力和终身学习能力的新型职业化农民。⑤提升粮食应急保障能力和粮食物流能力。我国 13 个粮食主产区粮食产量占全国总产量的 78%，其他省区需要输入粮食等食物，提升国家、省、市、县四级粮食应急储备、运输、加工、配送、供应能力，粮油应急保障机制，对突发重大应急事件中的粮油保障、稳定粮价物价、稳定民心具有重要作用。⑥树立大食品观念，推动食物供给由单一生产向多元化生产供给转变，在保护生态环境的前提下，从有限的耕地资源向整个国土资源拓展，向耕地要粮食，也要向草原要食物，向森林要食物，向江河湖海要食物，全方位多途径开发食物资源，这些食物供给增加不仅能实现各类食物供求平衡，更好地满足人们日益多元化的食物消费需求，而且能直接或间接替代传统主粮，为粮食安全目标的实现提供有力支持。

10.3.2 进口粮食管理政策建议

Martin E. Abel（1966）论述了最低进口价格政策作为一种价格歧视政策，对农产品市场的危害。G. P. Sampson（1977）认为欧洲经济共同体的农业政策扩大了世界粮食市场的价格波动幅度，给非欧共体成员国农民带来不利影响，会产生农业贸易壁垒，欧共体会加大进口粮食税收和采取其他措施来保护成员国的农业。E. L. Menzie（1987）列举了美国和加拿大农业贸易正式和非正式贸易壁垒，正式贸易壁垒为：进口关税和边境控制、附加税、反补贴与反倾销税、数量限制等；非正式贸易壁垒为：技术和卫生条例、运输限制、政府采购与配额政策、附加条款和其他出口补贴措施等，如果美国和加拿大取消这些正式和非正式贸易壁垒，实行农产品自由贸易措施，将给两国消费者带来巨大利益。L. H. Myers（1987）分析了美国国内和世界市场对美国农产品的需求，认为1985～2000年，美国农业层面的产品需求从15%上涨到20%，而出口潜力每年增加4.5%。K. C. Hollon（1989）认为美国农业公司的出口可以大幅降低美国的贸易赤字，通过调查发现，美国小型农业公司在出口方面遇到很多财务方面的问题，美国需要修改对外出口政策，加大对小型农业公司的财务支持力度，以增加美国农产品出口。Chunlai Chen（2008）以蔬菜和水产品出口为例，运用中国农产品出口的残差回归，证明了农产品进口国的食品安全标准比关税带给中国农产品出口的负面影响更大。

关于我国进口对我国粮食市场的影响，我国学者进行了许多研究。张红玉（2009）认为我国粮食进口是由结构效应引起的。杨丽君（2012）认为我国粮食进口风险的原因是缺乏国际粮食定价权，我国应整合粮食产业链条，运用期货市场等措施来夺取国际粮食定价。钟钰等（2014）研究发现日本和巴西两国通过预测世界粮食市场的未来发展趋势，提高了粮食进口效率，而我国粮食进口效率一直较低，并且没有改善的趋势，我国应该完善对国际粮食市场价格的监测预警体系建设，对重点粮食企业下放粮食贸易自主权。孙致陆等（2015）运用1995～2014年中国小麦、玉米、大麦、水稻、大豆五种粮食的进出口贸易来进行分析，检验我国粮食贸易是否存在"大国效应"，结果发现我国粮食价格与国际粮食价格存在着长期稳定的均衡关系，小麦和稻米不存在"大国效应"，其他三种粮食在短期内存在着"大国效应"。王锐等（2015）运用定性方法并结合非结构化的向量自回归模型，分析了 2003~2013 年中国粮食价格波动的因素，结果发现粮食进口对国内粮食价格的影响较大，其次是农业生产资料价格的上涨。苗水清等（2015）认为中国应借鉴日本、韩国的进口经验，加强对国际粮食市场的监测，积极参与国际多轮粮食谈判，同时培育国内粮商。

　　我国粮食需求刚性增加，长期将保持紧平衡状态。为了国家粮食安全，我国于 2014 年提出了新的粮食安全战略"以我为主、立足国内、确保产能、适度进口、科技支撑"，首次提出在"以我为主、立足国内"的基础上，采取"适度进口"措施来维护国家粮食安全，也就是在未来一段时间内，我国将会利用国内外两种资源和两个市场。在"适度进口"时我国必须要保证国内粮食市场，维护国内农民和消费者的利益，应当采取以下措施：①继续实行粮食配额制度。我国粮食价格已达到"天花板"，踩到了"地板"，国内粮食价格已远高于国际粮食市场价格，如果任由国际低价粮食大量涌入国内粮食市场，势必会拉低中国国内粮食价格，甚至国际粮食会占领中国粮食市场，导致国内农民破产，从而严重威胁国家粮食安全。②强化粮食进口的非关税壁垒。由于贸易自由化和经济全球化，农产品贸易关税大幅度降低，关税对国内粮食市场的保护作用已越来越小。强化粮食进口的非关税壁垒，如卫生检验检疫措施，来加强对国内粮食的保护作用，已十分必要。③扩大国际粮食的合作领域和范围。粮食进口集中度过高，会产生政治风险，可能威胁国家粮食安全。但是我国粮食进口来源地一直高度集中，如 2020 年小麦有 96% 来自美国、加拿大和澳大利亚；玉米有 91% 来自美国；大米有 98% 来自越南、巴基斯坦和泰国。为了维护国家粮食安全，防范和化解粮食进口的政治风险，保证国家粮食来源地安全可靠，必须扩大和加强国际农业合作范围。在国际农业合作方面，不但要继续保持与传统发达农业出口国，如美国、澳大利亚等国的合作；还要与粮食新贵如乌克兰、俄罗斯等国扩大合作；另外拓展新的合作伙伴，如与"一带一路"国家及地区开展粮食等方面的合作。加强并扩大我国国际农业合作范围和领域，开展双方或多边贸易，保证我国进口粮食的来源国多元化。④建立国际粮食价格监测与预警体系。我国粮食进口的"大国效应"已显，国际粮食市场价格频繁波动，对我国粮食进口十分不利，为了防止中国在国际农产品市场上买什么涨什么，中国应该建立国际粮食价格监测与预警体系，加强对国际粮食市场的监测与监督，把我国国内粮食进口价格维持在合理水平，从而提高国内粮食进口效率，是维护我国国家粮食安全的重要手段。⑤争夺国际粮食市场定价权话语权。我国是世界上最大的农产品进口国（魏雅华，2014）。由于缺乏国际粮食市场定价的话语权，我国在国际粮食市场上基本上是"买什么涨什么",这一方面违反了我国的国家利益,另一方面也不符合我国世界最大农产品进口国的地位。因此,为了维护国家经济利益,保障国家经济安全,我国应尽快创建国际大型农产品商品交易中心,采用现货和期货相结合的方式,逐步争夺被发达国家掌控的大宗农产品交易定价话语权。⑥培育国内大型粮食企业。世界大型粮食企业 ABCD(ADM)、邦吉(Bunge)、嘉吉(Cargill)和路易·达孚(Louis Dreyfus)控制了世界粮食市场 80%的份额,利用垄断来获取高额回报。中国压榨企业从 2005 年开始被这四家粮食巨头收购,目前国内 97 家大型压榨企业中已有 64 家被控制,占据了国内食用油市场 85%的份额。为了维护国家粮食安全,我国应培育国内大型粮食企业,同时支持国内粮食企业"走出去",到海外市场直接投资,或采用订单农业方式,或采用直接购买土地种粮方式,或租借发展中国家土地方式,来为我国提供稳定的海外粮食来源。

10.4 小 结

在我国粮食连年增产的情况下,"谷物基本自给、口粮绝对安全"的粮食安全观能够得到保障。改革开放 40 多年来,人民的收入水平随着经济增长而不断增加,消费水平也在不断改变,食物需求从吃得饱向吃得好、吃得放心、吃得安全、吃得健康转变,口粮消费不断下降,多元化的消费结构正在形成。要满足人们不断升级的消费需求,需要我国转变当前的粮食观念,树立大粮食观念,海、陆、空全方位开发,向草原、向大海,甚至向空间要粮食,全方位开发动物、渔业、坚果、微生物粮食资源,不仅要满足粮食安全的数量型需求,更要满足粮食安全的质量型需求。

参考文献

［1］［印度］阿马蒂亚·森.贫困与饥荒：论权利与剥夺［M］.王宇，王文玉译.北京：商务印书馆，2009.

［2］岸根卓郎.粮食经济——未来21世纪的政策［M］.南京：南京大学出版社，1999.

［3］北京天则经济研究所《中国土地问题》课题组.土地流转与农业现代化［J］.管理世界，2010（07）：66-85.

［4］毕雪昊，杨亚琼，邹伟.农户非农就业、社会化服务购买对耕地利用效率的影响［J］.资源科学，2022（12）：2540-2551.

［5］曹菲，聂颖.产业融合、农业产业结构升级与农民收入增长——基于海南省县域面板数据的经验分析［J］.农业经济问题，2021（08）：28-41.

［6］曹光乔，周力，易中懿等.农业机械购置补贴对农户购机行为的影响——基于江苏省水稻种植业的实证分析［J］.中国农村经济，2010（06）：38-48.

［7］曹佐燕.“不饿死一个人”：新中国初期中共领导生产救灾的理念、实践与成效［J］.北方党史，2023（01）：44-51.

［8］长子中.如何协调粮食价格与农民收入的关系［J］.中国农民合作社，2011（01）：36-39.

［9］陈华友.组合预测权系数确定的一种合作对策方法［J］.预测，2003（01）：75-77.

［10］陈军，帅朗.新型农业经营主体供给型融资约束与融资担保——基于湖北省的数据考察［J］.农村经济，2021（02）：95-104.

［11］陈首丽，冯立平.国家经济安全的风险因素与监测指标体系［J］.上海统计，2002（06）：31-32.

［12］陈园园，安详生，凌日萍.土地流转对农民生产效率的影响分析［J］.干旱区资源与环境，2015（03）：45-49.

［13］程国强．中国粮食安全的真问题［N］．财新网，2015-02-05.

［14］程玲娟，周伟．契约稳定性能否提升家庭农场耕地质量保护行为？——基于空间计量分析［J］．西南大学学报（社会科学版），2022（02）：107-119.

［15］程瑶．互联网经济体系影响下我国农业产业融合发展研究［J］．农业经济，2022（09）：18-19.

［16］丛聪，王天舒，岳龙凯等．深松配施有机物料还田对黑土区坡耕地土壤物理性质的改良效应［J］．中国土壤与肥料，2021（03）：227-236.

［17］邓志英，黄毅，魏永军等．重金属污染区耕地轮作休耕治理农户参与意愿实证研究［J］．土壤学报，2022（06）：1295-1303.

［18］丁守海．国际粮价波动对我国粮价的影响分析［J］．经济科学，2009（02）：60-71.

［19］董银果，韩立彬．粮食进口对我国CPI的影响分析［J］．上海金融学院学报，2011（01）：103-111.

［20］杜娟．基于DEA模型的我国农业科技创新投入产出分析［J］．科技进步与对策，2013（04）：82-85.

［21］杜梦露．全国粮食增产的主要因素分解与实证测算［J］．农业经济与科技，2021（10）：11-13.

［22］杜为公，李艳芳，徐李．我国粮食安全测度方法设计——基于FAO对粮食安全的定义［J］．武汉轻工大学学报，2014（06）：93-95.

［23］杜尧东，宋丽莉，毛慧琴等．广东地区气候变暖及其对农业的影响与对策［J］．热带气象学报，2004（06）：302-309.

［24］方福前．当代西方经济学主要流派（第二版）［M］．北京：中国人民大学出版社，2014：92-93.

［25］放开销区保护产区省长负责加强调控进一步深化粮食流通体制改革［N］．光明日报，2001-8-22.

［26］冯敏，陆迁，林建中．我国城乡大米消费弹性分析［J］．当代经济，2011（03）：84-85.

［27］高百宁．经济预测与决策［M］．上海：上海财经大学出版社，2009.

［28］高帆．粮食安全的真正问题是什么［J］．调研世界，2006（03）：36-38.

［29］高帆．粮食的产品特征及其对粮食安全实现的启示［J］．调研世界，2006（11）：7-11.

［30］高峰，王学真，羊文辉．农业支持和补贴政策的国际比较［J］．经济

纵横，2004（06）：48-52.

　　[31]高鸿业．西方经济学（微观部分）（第五版）［M］．北京：中国人民大学出版社，2010：22-25.

　　[32]高鸣，王颖．农业补贴政策对粮食安全的影响与改革方向［J］．华南农业大学学报（社会科学版），2021（05）：14-25.

　　[33]古丽夏丽汗·巴依多拉．实施废旧地膜回收保障农业生态环境［J］．农业开发与装备，2020（01）：139-143.

　　[34]顾海兵，曹帆，张越，刘国鹏，姚佳．国家经济安全国际观察分析：美国、日本、俄罗斯［J］．首都经济贸易大学学报，2009（03）：5-15.

　　[35]顾海兵，刘玮，周智高，刘陈杰．中国经济安全预警的指标系统［J］．国际行政学院学报，2007（01）：49-52.

　　[36]顾海兵，刘玮，周智高．俄罗斯的国家经济安全：经验与借鉴［J］．湖南社会科学，2007（01）：110-116.

　　[37]顾海兵，沈继楼，周智高，唐帅．中国经济安全分析：内涵与特征［J］．中国人民大学学报，2007（02）：79-85.

　　[38]顾海兵，孙挺，陈芳芳等．中国经济安全研究年度报告：监测预警，2014［M］．北京：中国人民大学出版社，2014.

　　[39]顾海兵，王鑫琦．国家经济安全研究的方法论问题［J］．中国人民大学学报，2011（06）：91-96.

　　[40]顾海兵，余翔，沈继楼．中国粮食安全研究的新架构［J］．国家行政学院学报，2008（03）：39-42.

　　[41]顾海兵，李彬．基于国际借鉴的中国经济安全战略纲要之研究［J］．国际行政学院学报，2010（03）：33-37.

　　[42]顾海兵，唐帅，周智高．日本的国家经济安全：经验与借鉴［J］．山东社会科学，2007（04）：59-64.

　　[43]郭建平．气候变化对中国农业生产的影响研究进展［J］．应用气象学报，2015（01）：01-09.

　　[44]《国务院关于进一步深化粮食流通体制改革的意见》（国发〔2004〕17号），国家粮食局门户网站，www.chinagrain.gov.cn.

　　[45]国际粮食政策研究所．2012年全球粮食政策报告（摘录）［J］．世界农业，2013（07）：48-51.

　　[46]国家统计局重庆调查总队课题组．我国粮食供求及"十三五"时期趋势预测［J］．调研世界，2015（03）：3-6.

　　[47]韩俊．中国经济三大安全中粮食最脆弱［N］．腾讯财经，2011-

09-18.

[48] 韩俊. 中国农业对外开放没有回头路 [N]. 财新网, 2014-11-07.

[49] 韩磊. 国际粮食价格对中国粮食价格的非对称传导 [J]. 当代经济科学, 2018 (02): 78-127.

[50] 韩喜平, 徐景一. 60 年我国农业政策调整中的利益关系分析 [J]. 理论探讨, 2009 (05): 7-10.

[51] 韩永奇. 浅析影响粮食价格的七大因素 [J]. 市场经济与价格, 2011 (07): 10-14.

[52] 何蒲明, 黎东升, 王雅鹏. 粮食产量与价格波动的相互关系研究 [J]. 经济经纬, 2010 (01): 115-118.

[53] 何强, 邓鑫, 李川. 农产品品牌提高农业竞争力的机理与实证分析——以四川省 91 个县域的农产品地理标志为例 [J]. 中国农业资源与区划, 2023 (01): 241-252.

[54] 何全胜. 交易理论 (第二版) [M]. 北京: 新华出版社, 2010.

[55] 何秀莲. 发达国家粮食政策的调整 [J]. 世界经济, 1997 (10): 42-45.

[56] 洪自同, 郑金贵. 农业机械购置补贴对农户粮食生产行为的影响——基于福建实证分析 [J]. 农业技术经济, 2012 (11): 41-48.

[57] 胡新艳, 戴明宏. 高标准农田建设政策的粮食增产效应 [J]. 华南农业大学 (社会科学版), 2022 (05): 71-85.

[58] 黄季焜, 刘宇, Willmartin Rozelle, 杨军. 从农业干预程度看中国农产品市场和全球农产品市场的整合 [J]. 世界经济, 2008 (04): 3-10.

[59] 黄尚书, 钟义军, 叶川等. 深松与压实对红壤坡耕地土壤物理性质的影响 [J]. 土壤学报, 2017 (06): 1447-1553.

[60] 黄宗智, 高原. 大豆生产和进口的经济逻辑 [J]. 开放时代, 2014 (01): 176-188.

[61] 黄宗智, 彭玉生. 三大历史性变迁的交汇与中国小规模农业的前景 [J]. 中国社会科学, 2007 (04): 74-88.

[62] 黄宗智. 中国新时代的小农经济导言 [J]. 开放时代, 2012 (03): 5-9.

[63] 纪月清, 王亚楠, 钟甫宁. 我国农户农机需求及其结构研究——基于省级层面数据的探讨 [J]. 农业技术经济, 2013 (07): 19-26.

[64] 加强粮食产能建设 确保国家粮食安全 [N]. 农民日报, 2015-09-17.

［65］贾娟琪，孙致陆，李先德．粮食价格支持政策提高我国粮食全要素生产率了吗？——以小麦最低收购价政策为例［J］．农村经济，2019（01）：67-72.

［66］江西粮食生产情况专题调查组．农民种粮积极性受挫粮食增产增收面临挑战［J］．金融与经济，2008（07）：52-55.

［67］江喜林．基于农户模型的粮食补贴作用机理及效应分析［J］．西北农林科技大学学报（社会科学版），2013（01）：54-60.

［68］焦建．中国粮食安全报告［R］．财经，2013-12-09.

［69］金丽馥．基于世界粮食危机的我国粮食安全问题研究［D］．江苏大学硕士论文，2010.

［70］柯炳生．我国粮食自给率与粮食贸易问题［J］．农业展望，2007（04）：3-6.

［71］孔祥智，何安华．60年来我国农民对国家建设的贡献分析［J］．中国农业科技，2009（09）：27-29.

［72］孔祥智．农业政策学［M］．北京：高等教育出版社，2014.

［73］蒯昊，刘颖，高奇正．国际大米价格波动对国内大米价格的传递效应研究［J］．中国农业资源与区划，2019（10）：129-136.

［74］雷玉桃，谢建春．退耕还林背景下的粮食安全保障机制［J］．粮食问题研究，2003（06）：29-31.

［75］冷崇总．我国粮食价格波动问题研究［J］．新疆农垦经济，2008（05）：04-11.

［76］李爱琴，王逸豪．新型职业农民培育的动力结构、实践困境与优化路径［J］．农业经济与管理，2021（03）：71-79.

［77］李邦熹，王雅鹏．小麦最低收购价政策对农户福利效应的影响研究［J］．华中农业大学学报（社会科学版），2016（04）：47-52.

［78］李波．粮食产量、粮食价格和农民收入的实证分析［J］．当代经济，2011（11）：87-92.

［79］李发东，岳泽伟．加强东北黑土地保护，实现粮食安全与固碳增汇协同发展［J］．中国发展，2021（06）：66-70.

［80］李丰，胡舟．粮食最低收购价政策对农户种植行为的影响分析——以稻谷主产区为例［J］．价格理论与实践，2016（10）：94-97.

［81］李怀信．关于国家安全问题的几点思考［J］．军事经济研究，1992（02）：23-26.

［82］李辉．东北地区农作物秸秆综合利用的现状及建议［J］．农机使用与

维修，2022（07）：149-151.

［83］李江一，仇童伟，秦范 . 新型农业经营主体的非农就业带动效应研究［J］. 华中农业大学学报（社会科学版），2022（03）：10-21.

［84］李敬辉，范志勇 . 利率调整和通货膨胀预期对大宗商品价格波动的影响［J］. 经济研究，2005（06）：61-68.

［85］李梦觉，洪小峰 . 粮食安全预警系统和指标体系的构建［J］. 经济纵横，2009（08）：83-85.

［86］李农，万祎 . 我国农业机械补贴的宏观政策效应研究［J］. 农村经济问题，2010（12）：79-84.

［87］李素琴 . 中国农产品资本化的分析［J］. 经济问题探索，2011（12）：1-6.

［88］李西娟，李文良 . 乡村振兴背景下农产品地理标志保护路径研究［J］. 农业经济，2023（03）：136-137.

［89］李新祯 . 我国粮食价格与 CPI 关系研究［J］. 经济理论与经济管理，2011（01）：27-32.

［90］李秀芬，陈莉，姜丽霞 . 近 50 年气候变暖对黑龙江玉米增产贡献研究［J］. 气候变化研究进展，2011（09）：336-341.

［91］李轩 . 重构中国粮食安全的认知维度、监测指标及治理体系［J］. 国家安全研究，2015（03）：68-95.

［92］李英，赵文报 . 开放条件下粮食进口对我国粮食安全的影响及对策［J］. 对外经贸实务，2013（08）：26-29.

［93］李赵盼，郑少锋 . 农产品地理标志使用对猕猴桃种植户收入的影响［J］. 西北农林科技大学学报（社会科学版），2021（2）：119-129.

［94］梁仕莹，孙东升，杨秀平，刘合光 . 2008—2020 年我国粮食产量的预测分析［J］. 农业经济问题，2008 年增刊：132-140.

［95］梁子谦，李小军 . 影响中国粮食生产的因子分析［J］. 农业经济问题，2006（11）：19-22.

［96］廖洪乐 . 中国农村土地制度六十年［M］. 北京：中国财政经济出版社，2008.

［97］廖家惠，陈光燕，汪建 . 我国粮食进口依存度影响因素分析［J］. 商业经济研究，2016（17）：141-143.

［98］林毅夫 . 制度、技术与中国农业发展［M］. 上海：格致出版社，上海三联书店，上海人民出版社，2008.

［99］林治华，赵小姝 . 俄罗斯经济安全状况的动态分析［J］. 东北亚论

坛，2010（01）：98-104.

［100］刘春雨，王锐．中国粮食进口风险影响因素实证研究［J］．广东农业科学，2015（05）：150-156.

［101］刘德祥，董安祥，邓振镛．中国西北地区气候变暖对农业的影响［J］．自然资源学报，2005（01）：1+19-125.

［102］刘洪彬，李顺婷，吴梦瑶等．耕地数量、质量、生态"三位一体"视角下我国东北黑土地保护现状及其实现路径选择研究［J］．土壤通报，2021（03）：544-552.

［103］刘慧，矫健，李宁辉．我国杂粮价格波动与影响研究［M］．北京：经济科学出版社，2013.

［104］刘宁．我国农机具购置补贴对粮食生产成本收益的影响分析［J］．价格理论与实践，2010（10）：49-50.

［105］刘伟．我国粮食价格与CPI动态关系实证研究［J］．商，2016（16）：282-283.

［106］刘晓梅．关于我国粮食安全评价指标体系的探讨［J］．财贸经济，2004（09）：56-61.

［107］刘晓梅．我国粮食安全战略与粮食进口规模［J］．宏观经济研究，2004（09）：16-18.

［108］刘燕华，钱凤魁，王文涛等．应对技术变化的适应框架研究［J］．中国人口·资源与环境，2013（05）：1-6.

［109］刘元春．价格控制须重视农产品定价机制变化［J］．农村工作通讯，2010（24）：44.

［110］刘哲，曹石榴，王娜等．不同耕作实践对新增耕地土壤结构及养分含量的影响［J］．西南农业学报，2023（1）：39-46.

［111］龙方．粮食安全评价指标体系的构建［J］．求索，2008（12）：9-11.

［112］娄源功．中国粮食安全的宏观分析与比较研究［J］．农场经济研究，2003（03）：30-32.

［113］卢华，周应恒，张培文，耿献辉．农业社会化服务对耕地撂荒的影响研究——基于中国家庭大数据库的经验证据［J］．中国土地科学，2022（09）：69-78.

［114］卢华，周应恒．效益预期对农户耕地质量保护行为的影响研究——来自江苏的经验证据［J］．江西财经大学学报，2021（02）：80-92.

［115］鲁礼新．1978年以来我国农业补贴政策的阶段性变动及效果评价［J］．

改革与战略，2007（11）：64-67+54.

[116] 鲁钊阳. 农产品地理标志在农产品电商中的增收脱贫效应 [J]. 中国流通经济，2018（03）：16-26.

[117] 陆伟国. 我国粮食生产、消费、储备中长期预测模型（1995—2020）[J]. 数量经济技术经济研究，1996（11）：27-31.

[118] 陆征伟. 非传统安全论 [M]. 北京：时事出版社，2003.

[119] 吕炜，张晓颖，王伟同. 农机具购置补贴、农业生产效率与农村劳动力转移 [J]. 农村经济问题，2015（08）：22-32.

[120] 罗剑朝，胡杰. 农业信贷担保、信贷供给与农业经济发展——来自中国省际面板数据的实证 [J]. 财贸研究，2022（11）：43-51.

[121] 罗诗峰，付迪，徐新星. 河南省推进地膜科学使用回收的主要措施 [J]. 河南农业，2022（25）：14.

[122] 罗孝玲，张妤，杨怀东. 我国粮食安全界定与评估 [J]. 山东农业大学学报（社会科学版），2006（09）：14-18.

[123] 罗远航，朱雨可. 新型工业化、新型城镇化背景下粮食价格对我国CPI的影响 [J]. 财经科学，2013（10）：51-59.

[124] 马九杰，张象枢，顾海兵. 粮食安全衡量及预警指标体系研究 [J]. 管理世界，2001（01）：154-162.

[125] 马蔚云. 俄罗斯国家经济安全及其评估 [J]. 俄罗斯中亚东欧研究，2012（05）：56-62.

[126] 马晓河. 我国中长期粮食供求状况分析及对策思路 [J]. 管理世界，1997（03）：154-166.

[127] 马宇. 国际冲击、供需缺口与粮价波动 [J]. 云南财经大学学报，2012（05）：71-77.

[128] 马增林，张彩云. 基于粮食补贴视角下的国家粮食安全研究 [J]. 东北农业大学学报（社会科学版），2012（08）：16-18.

[129] 苗水，清钟钰. 未来中国粮食进口战略 [J]. 农业展望，2015（10）：65-68.

[130] 年志远，李丹. 国家经济安全预警指标体系构建 [J]. 东北亚论坛，2008（06）：75-76.

[131] 聂凤英. 粮食安全问题探析 [J]. 农业经济，1999（07）：30-31.

[132] 聂颖，苗立强，刘吉喆，高世杰，王大庆. 高标准农田、粮食增产与农场职工增收 [J]. 中国农业综合开发，2023（03）：57-64.

[133] 牛军. 论克林顿下令政府第一任期对华政策的演变 [J]. 美国研究，

1998（01）：7-28.

[134] 农业部. 中国粮食发展报告（2016—2025）[R]. 中国农村网，2016-04-22，http：//www.crnews.net/323/24146_2016042，2083732.html.

[135] 欧阳俊，邱琼. 国家经济安全刍议 [J]. 科学社会主义，2015（02）：16-21.

[136] 潘经韬，陈池波. 农机购置补贴对农机作业服务市场发展的影响——基于2004—2013年省际面板数据的实证分析 [J]. 华中农业大学学报（社会科学版），2018（03）：27-34.

[137] 裴辉儒，孙晓亮，陈领. 中国农产品价格波动对CPI影响分析 [J]. 经济与管理，2011（11）：19-22.

[138] 彭超. 高素质农民培育政策的演变、效果与完善思路 [J]. 理论探索，2021（01）：22-30.

[139] 钱龙，冯永辉，卢华. 地权稳定性对农户耕地质量保护行为的影响——基于新一轮确权颁证调节效应的分析 [J]. 南京农业大学学报（社会科学版），2021（02）：104-115.

[140] 乔纳森. 安德森. 全球粮食价格与通货膨胀 [J]. 国际经济评论，2009（01）：29-30.

[141] 秦大河. 气候变化科学与人类可持续发展 [J]. 地理科学进展，2014（07）：874-883.

[142] 秦榕. 我国大米消费及中长期预测研究 [D]. 广州：华南农业大学，2012.

[143] 全国现代农业发展规划（2011—2015年）[N]. 中国网，2012-02-13.

[144] 任正晓. 解决好吃饭问题始终是治国理政的头等大事 [N]. 中央政府门户网站（www.gov.cn），2015-10-30.

[145] 沙万英，邵雪梅，黄玫. 20世纪80年代以来中国气候变化及其对自然区域界线的影响 [J]. 中国种业（D辑），2002（04）：317-326.

[146] 尚雯心，于立芝. 基于文本分析的我国农作物秸秆综合利用政策研究 [J]. 现代农业科技，2022（19）：158-162.

[147] 石自忠，王明利，胡向东. 中国农产品价格与CPI动态关联性分析 [J]. 中国农业大学学报，2016（10）：155-164.

[148] 舒展，刘墨渊. 国家经济安全与经济自主性 [J]. 当代经济研究，2014（10）：29-34.

[149] 宋冬林，谢文帅. 东北黑土地保护利用的政治经济学解析——基于梨

树模式［J］．政治经济学评论，2021（01）：47-62.

［150］宋国平．农作物秸秆综合利用的实施对策［J］．湖北理工学院学报，2022（04）：9-12.

［151］苏晓宁．购机补贴对农户农机需求的影响——基于陕西省和河北省的农户调查［J］．价格理论与实践，2012（01）：84-85.

［152］孙林岩．组合预测方法及应用［J］．预测，1990（04）：31-35.

［153］孙娅范，余海鹏．价格对中国粮食生产的因果关系及影响程度分析［J］．农业技术经济，1999（02）：36-38.

［154］孙在福，王瑞峰．电商赋能高素质农民培育的价值维度与实现机制［J］．中国流通经济，2023（01）：83-91.

［155］孙致陆，李先德．中国粮食进出口贸易的“大国效应”检验［J］．华南农业大学学报（社会科学版），2015（04）：417-422.

［156］谭燕芝，姚海琼．农村产业融合发展的农户增收效应研究［J］．上海经济研究，2021（09）：91-102.

［157］谭志卫，余艳红，武永焕等．星云湖流域不同耕地轮作休耕情景对水质的影响及经济效益分析研究［J］．环境污染与防治，2021（03）：400-404.

［158］汤绪，杨续超，田展，Günter Fischer，Sun Laixiang，潘婕．气候变化对中国农业气候资源的影响［J］．资源科学，2011（10）：1962-1968.

［159］唐小我，曹长修．组合预测方法研究的若干新结果［J］．预测，1992（05）：39-46.

［160］唐小我．组合预测计算方法研究［J］．预测，1991（04）：35-38.

［161］田俊，黄淑娥，祝必琴，崔海健．江西双季早稻气候适宜度小波分析［J］．江西农业大学学报，2012（04）：646-651.

［162］佟大建，黄武，应瑞瑶．基层公共农技推广对农户技术采纳的影响——以水稻科技示范为例［J］．中国农村观察，2018（07）：57-73.

［163］佟光霁，李伟峰．新型农业经营主体生产效率比较研究——以4省玉米种植经营主体为例［J］．东岳论丛，2022（04）：140-147.

［164］万广华，周章跃，陈良彪．我国水稻市场整合程度研究［J］．中国农村经济，1997（08）：45-51.

［165］王诚，连成才，郑天琪等．低湿耕地浅翻深松效果研究［J］．黑龙江农业科学，1994（05）：19-21.

［166］王川．我国粮食市场价格的影响因素分析［J］．农村经济，2010（07）：24-28.

［167］王丰效．基于灰色关联分析统计组合预测精度评价［J］．统计与决

策，2013（04）：15-16.

［168］王军，张越杰．中国粮食增产的主要因素贡献分解与实证估算［J］．统计与决策，2020（01）：44-48.

［169］王力，孙鲁云．最低收购价政策能稳定粮食价格波动吗？［J］．农业技术经济，2019（02）：111-121.

［170］王龙飞，侯宇．中国粮食价格与产量变动时滞研究：基于内外两部门理论［J］．改革与开放，2009（04）：107-108.

［171］王锐，刘春雨．开放框架下中国粮食价格波动的影响因素分析［J］．河南农业大学学报，2015（06）：417-422.

［172］王士海，李先德．粮食最低收购价政策托市效应研究［J］．农业技术经济，2012（04）：105-111.

［173］王小龙．我国粮食补贴制度绩效的成本—效应分析［J］．人文杂志，2009（01）：70-74.

［174］王孝松，谢申祥．国际农产品价格是如何影响了中国农产品价格？［J］．经济研究，2012（03）：141-153.

［175］王新华，周聪，王锐．我国粮食进出口贸易是否具有"大国效应"［J］．农林经济管理学报，2017（01）：8-19.

［176］王亚华，宦梅丽．农业社会化服务、农民集体行动与农村公共治理［J］．广东社会科学，2023（02）：15-26.

［177］王禹，许世卫，李哲敏．美国农业部（USDA）组织架构和职能概况［J］．世界农业，2015（06）：145-149.

［178］王月荣，张秀珍．美国，2014 年新农业法案的特点、影响及启示［J］．世界农业，2014（07）：67-69.

［179］魏方，纪飞峰．我国粮食生产与消费中长期情景预测及政策建议［J］．中国科技论坛，2010（02）：137-143.

［180］魏君英，朱信凯．粮食价格与通货膨胀关系的实证研究［J］．中国农业资源与区划，2013（08）：18-22.

［181］魏雅华．中国正成为全球第一粮食进口大国［J］．进出口经理人，2014（01）：30-33.

［182］温涛，陈一明．"互联网+"时代的高素质农民培育［J］．理论探索，2021（01）：12-21.

［183］温铁军，计晗，高俊．粮食金融化与粮食安全［J］．理论探讨，2014（05）：82-87.

［184］温铁军，张俊娜，邱建生，董筱丹．国家安全以乡村善治为基础

[J]．国家行政学院学报，2016（01）：35-42.

[185] 闻海燕．论市场化进程中浙江区域粮食安全体系的构建 [J]．浙江学刊，2003（05）：192-196.

[186] 吴洪绍，罗勇，王浩等．中国气候变化影响与适应：态势与展望 [J]．科学通报，2016（10）：1042-1054.

[187] 吴军民，段宜嘉．新型农业经营主体融合发展与农户多维生计提升——基于政策势能集聚分析框架的实证研究 [J]．经济地理，2022（08）：174-183.

[188] 吴乐，邹文涛．我国稻谷消费中长期趋势分析 [J]．农业技术经济，2011（05）：87-96.

[189] 吴林海，彭宇文．农业科技投入与农业经济增长的动态关联性研究 [J]．农业技术经济，2013（12）：87-93.

[190] 吴祈宗，李颖．一种模糊组合预测方法 [J]．北京理工大学学报，2004（04）：374-377.

[191] 吴绍洪，黄季焜，刘燕华，高江波等．气候变化对中国的影响利弊 [J]．中国人口·资源与环境，2014（01）：07-13.

[192] 吴志华，胡学君．中国粮食安全问题研究评述 [J]．江海学刊，2003（03）：69-74.

[193] 吴志华．发展中国家粮食安全与政策选择 [J]．世界经济研究，1996（01）：61-64.

[194] 武拉平．国内外粮食市场关系研究 [J]．中国农村观察，2000（06）：50-57.

[195] 西奥多·M. 舒尔茨．改造传统农业 [M]．梁小民译．北京：商务印书馆，1978.

[196] 夏玉莲，匡远配．新型农业经营主体的减贫效应及其差异 [J]．华南农业大学学报（社会科学版），2022（03）：25-36.

[197] 肖国安，王文涛．粮食安全预警研究综述及一种新的预警模型 [J]．湘潭大学学报（哲学社会科学版），2006（01）：129-133.

[198] 肖国安．未来十年中国粮食供求预测 [J]．中国农村经济，2002（07）：9-14.

[199] 肖六亿．食品价格与 CPI 关系的实证分析 [J]．湖北师范学院学报（哲学社会科学版），2009（04）：1-4.

[200] 肖攀，刘春晖，苏静．粮食安全视角下农业保险财政补贴政策效果评估 [J]．统计与决策，2019（23）：157-160.

［201］谢海蓉．中国国家经济安全问题研究［D］．成都：电子科技大学，2006.

［202］谢小蓉．我国粮食安全的多维度观察［J］．企业经济，2013（02）：133-136.

［203］熊伟，杨婕，吴文斌等．中国水稻生产对历史气候变化的敏感性和脆弱性［J］．生态学报，2013（01）：509-518.

［204］徐蕾，孟繁敏．美国粮食安全管理经验及启示［J］．黑龙江工程学院学报（自然科学版），2010（12）：71-73.

［205］许庆，杨清，章元．农业补贴改革对粮食适度规模经营的影响［J］．经济研究，2021（08）：192-208.

［206］薛凤蕊，乔光华，苏日娜．土地流转对农民收益的效果评价［J］．中国农村观察，2011（02）：36-42+86.

［207］严瑞珍．中国农业所有制的变革及其前景［J］．理论月刊，1988（03）：50-53.

［208］杨德平，刘喜华，孙海涛．经济预测方法及 MATLAB 实现［M］．北京：机械工业出版社，2012.

［209］杨高第，张露．农业生产性服务对农户耕地质量保护行为的影响——来自江汉平原水稻主产区的证据［J］．自然资源学报，2022（07）：1848-1864.

［210］杨红龙，许吟隆，张镭．SRES A2 情景下中国区域 21 世纪末平均和极端气候变化模拟［J］．气候变化研究进展，2010（03）：157-163.

［211］杨建利，雷永阔．我国粮食安全评价指标体系的构建、测度及政策建议［J］．农村经济，2014（05）：23-27.

［212］杨磊．我国粮食安全风险分析及粮食安全评价指标体系研究［J］．农业现代化研究，2014（11）：696-702.

［213］杨丽君．我国粮食进口国际定价权问题分析［J］．改革与战略，2012（04）：17-19.

［214］杨茂璋．我国粮食价格波动及调控研究［D］．西南财经大学博士论文，2010.

［215］杨舒．13657 亿斤！2021 年中国粮食产量再创新高"十八连丰"背后的科技底气［N］．新华网，2022-01-13.

［216］杨志华，杨俊孝，王丽，赵晓红．农业补贴政策对农户耕地地力保护行为的响应机制研究［J］．东北农业科学，2020（02）：116-120.

［217］杨志武，卜晋玲，盛麒凝等．新型农业经营主体玉米生产效率差异分析［J］．玉米科学，2023（01）：186-190.

［218］姚高乾，周峰，吕小蓉等．深松耕和绿肥还田对云南坡耕地耕层土壤物理性状的影响［J］．中国土壤与肥料，2021（01）：220-228.

［219］姚洋．土地、制度和农业发展［M］．北京：北京大学出版社，2004.

［220］叶卫平．国家经济安全的定义与评价指标体系再研究［J］．中国人民大学学报，2010（04）：94-98.

［221］叶卫平．国家经济安全的三个重要特性及其对我国的启示［J］．马克思主义研究，2008（11）：35-40.

［222］殷春武．基于时间权重的区间型组合预测权重确定方法［J］．统计与决策，2013（21）：61-70.

［223］尹正萍．经济全球化背景下的中国经济安全问题［J］．当代财经，2002（04）：12-14.

［224］于莎，王天添．技能型社会下高素质农民核心素养：生成机制与培育路径［J］．中国职业技术教育，2022（06）：22-30.

［225］于晓华．粮食安全：政治与经济的冲突［N］．财新网，2015-02-25.

［226］余根钱．国家经济安全的指标体系研究［J］．中国统计，2004（09）：14-15.

［227］余家风，孔令成，龚五堂．粮食产量与粮价波动关系的再研究［J］．经济问题，2013（01）：108-111.

［228］余威震，罗小锋．农业社会化服务对农户福利的影响研究——基于农药减量增效服务的实证检验［J］．中国农业资源与区划，2022（07）：484-492.

［229］俞振宁，谭永忠，吴次芳，张晓滨．基于兼业分化视角的农户耕地轮作休耕受偿意愿分析——以浙江省嘉善县为例［J］．中国土地科学，2017（09）：43-51.

［230］喻闻，黄季．从大米市场整合程度看我国粮食市场改革［J］．经济研究，1998（03）：50-57.

［231］元成斌，薛建良．发达国家粮食政策及其对我国的借鉴［J］．农业经济，2012（03）：11-13.

［232］曾繁华，曹诗雄．国家经济安全的维度、实质及对策研究［J］．财贸经济，2007（11）：118-122.

［233］曾龙，陈淑华，付振奇．土地规模化经营对农村产业融合发展的影响及作用机制［J］．资源科学，2022（08）：1560-1576.

［234］曾勇，李玉东．简单平均组合预测有效性的应用分析［J］．电子科

技大学学报，1999（02）：84-88.

[235] 曾勇，唐小我，曹长修．非负权重最优组合预测方法研究 [J]．管理工程学报，1995（09）：153-161.

[236] 翟盘茂，郎旭恺．1952—2003 年中国气温和降水变化及其对干旱的影响 [J]．气候变化进展，2005（01）：16-18.

[237] 翟雪玲，徐雪高，谭智心，张照新．农产品金融化概念、形成机理及对农产品价格的影响 [J]．中国农村经济，2013（02）：83-95.

[238] 占金刚．中国粮食补贴政策执行效果分析 [J]．湖南农业大学学报（社会科学版），2009（08）：17-21.

[239] 张昌，余炳文．粮食价格与居民消费价格水平联动效应研究 [J]．价格月刊，2022（02）：28-34.

[240] 张潮．粮食价格上涨与通货膨胀的关系 [J]．中国粮食经济，2010（06）：32-33.

[241] 张汉林，魏磊．全球化背景下中国经济安全量度体系构建 [J]．世界经济研究，2011（01）：8-13.

[242] 张红玉．理性认识粮食进口对我国粮食安全的贡献 [J]．现代经济探讨，2009（03）：58-61.

[243] 张化中．价格预测方法与案例分析 [M]．北京：中国市场出版社，2012：5.

[244] 张继承．粮食补贴效应与粮农生产行为选择研究 [J]．价格理论与实践，2011（06）：10-11.

[245] 张建华．全球化视角下国际粮价波动对我国粮食市场的影响研究 [J]．价格理论与实践，2021（03）：59-61.

[246] 张建杰．对粮食最低收购价政策效果的评价 [J]．经济经纬，2013（05）：19-24.

[247] 张杰，张艳，李相霖．烟台市县域农作物秸秆综合利用的探索与实践 [J]．农业科技通讯，2022（12）：18-21.

[248] 张晶，周海川．国际大米价格互动性与中国粮食安全研究 [J]．中国人口·资源与环境，2014（10）：163-169.

[249] 张巨勇，于秉圭，方天．我国农产品国内市场与国际市场整合程度研究 [J]．经济研究，1998（03）：50-57.

[250] 张梦玲，童婷，陈昭玖．农业社会化服务有助于提升农业绿色生产率吗？[J]．南方经济，2023（01）：135-152.

[251] 张娉研，柳欣．我国通货膨胀与粮食价格的实证分析 [J]．经济问

题，2011（03）：16-20.

［252］张琦，张艳荣. 以农业社会化服务破解土地撂荒难题［J］. 人民论坛，2023（05）：87-92.

［253］张树忠，李天忠，丁涛. 农产品期货价格指数与 CPI 关系的实证研究［J］. 金融研究，2006（11）：103-114.

［254］张爽. 粮食最低收购价政策对主产区农产粮食供给的影响［J］. 价格理论与实践，2012（04）：24-25.

［255］张爽. 粮食最低收购价政策对主产区农户供给行为影响的实证研究［J］. 经济评论，2013（01）：130-136.

［256］张伟，易沛，徐静，黄颖. 政策性农业保险对粮食产出的激励效应［J］. 保险研究，2019（01）：32-44.

［257］张新合，史进来，郭新军. 提高农民种粮积极性的方法分析［J］. 乡村科技，2016（21）：37.

［258］张延群，娄峰. 中国经济中长期增长潜力分析与预测：2008~2020 年［J］. 数量经济技术经济研究，2009（12）：137-145.

［259］张勇. 中国粮食市场与国际市场价格整合度研究［J］. 湖南农业大学学报（社会科学版），2013（08）：30-36.

［260］张宇青，周应恒. 中国粮食补贴政策效率评价与影响因素分析［J］. 财贸研究，2015（06）：30-38.

［261］张玉周. 粮食补贴对我国粮食生产影响的实证分析［J］. 财政研究，2013（12）：45-47.

［262］赵博. 加强地膜科学使用回收，推动农业绿色高质量发展［J］. 新农业，2022（21）：92-93.

［263］赵丹丹，周宏. 农村土地流转对农户耕地质量保护选择行为的影响研究［J］. 价格理论与实践，2017（11）：54-57.

［264］赵国庆，于晓华，曾寅初. 通货膨胀预期与 Granger 因果性研究［J］. 数量经济技术经济研究，2008（04）：29-39.

［265］赵和楠，蒋炳蔚，赵炜涛. 不同类型农业补贴政策对粮食生产的影响［J］. 统计与决策，2021（21）：81-84.

［266］赵凯，曹俊杰，张耀等. 新型农业经营主体的空间分异特征及其创新发展机制——以山东省为例［J］. 中国农业资源与区划，2023（03）：43-51.

［267］赵立欣，孟海波，沈玉君等. 中国北方平原地区种养循环农业现状调研与发展分析［J］. 农业工程学报，2017（18）：1-10.

［268］赵亮. 美国参议院，2013 年农场法案评析［J］. 华中农业大学学报

（社会科学版），2014（03）：130-137.

［269］赵其国，黄季焜．农业科技发展态势与面向 2022—2023 年的战略选择［J］．生态环境学报，2012（03）：397-403.

［270］赵其国，滕应，黄国勤．中国探索实行耕地轮作休耕制度试点问题的战略思考［J］．生态环境学报，2017（01）：2003-2007.

［271］赵英．中国面临的经济安全问题（下）［J］．中国国情国力，1999（02）：12-14.

［272］中共中央办公厅，国务院办公厅印发《关于引导农村土地经营权有序流转发展农业适度规模经营的意见》［N］．新华网，2014-11-20.

［273］钟甫宁，向晶．城镇化对粮食需求的影响［J］．农业技术经济，2012（01）：29-34.

［274］钟甫宁，朱晶，曹宝明．粮食市场的改革与全球化［M］．北京：中国农业出版社，2004.

［275］钟钰，陈博文．国际粮食供求与我国进口效率研究［J］．现代经济探讨，2014（08）：59-63.

［276］周立．粮食危机不是幻象［J］．中国报道，2009（02）：36-38.

［277］周立．粮食主权、粮食政治与人类可持续发展［J］．世界环境，2008（04）：36-39.

［278］周立．世界粮食危机与粮食国际战略［J］．求是，2010（20）：56-58.

［279］周明华．货币供给、通货膨胀和粮食价格波动互动关系研究［J］．财经理论研究，2013（02）：07-11.

［280］周子清，牛秀莲，张艳国．推进农作物秸秆综合利用的思路及对策［J］．新农业，2023（04）：9.

［281］朱建平．经济预测与决策［M］．厦门：厦门大学出版社，2007.

［282］朱晶，钟甫宁．市场整合、储备规模与粮食安全［J］．南京农业大学学报（社会科学版），2004（09）：19-23.

［283］朱亭霖．中国农产品价格波动与通货膨胀动态关系研究［D］．湖南大学硕士论文，2014.

［284］朱信凯，吕捷．中国粮食价格与 CPI 的关系（1996—2008）［J］．经济理论与经济管理，2011（03）：16-24.

［285］朱信凯，夏薇．论新常态下的粮食安全：中国的粮食真的过剩了吗？［J］．华中农业大学学报（社会科学版），2015（10）：1-10.

［286］朱泽．中国工业化进程中的粮食安全问题［J］．战略与管理，1996

（04）：28—36.

［287］朱泽. 中国粮食安全状况研究 ［J］. 中国农村经济，1997（05）：26—33.

［288］Adam E. Ahmed, Sawsan M. Abdelsalam, Khalid H. A. Siddig. Do grain reserves necessarily contribute to prices stabilityand food security in Sudan? An assessment ［J］. Journal of the Saudi Society of Agricultural Sciences 2012, 11, pp. 143—148.

［289］Alex F. McCalla. World Food Prices: Causes and Consequences ［J］. Canadian Journal of Agricultural Economics, Volume 57, Issue 1, March 2009, pp. 23—34.

［290］Alexander C. , Wyeth J. Cointegration and Market Integration: An Application to the Indonesian Rice Market ［J］. The Journal of Development Studies, Vol. 30, 1994, pp. 303—334.

［291］Amela Ajanovic. Biofuels versus food production: Does biofuels production increase food prices? ［J］. Energy, Volume 36, Issue 4, April 2011, pp. 2070—2076.

［292］Ammar Siamwalla, Alberto Valdes. Food insecurity in developing countries ［J］. Food Policy, Volume 5, Issue 4, November 1980, pp. 258—272.

［293］Armen A. Alchian, Harold Demsetz. Production, Information Costs, and Economic Organization ［J］. The American Economic Review, Vol. 62, No. 5, Dec. , 1972, pp. 777—795.

［294］Awudu Abdulai. Using threshold cointegration to estimateasymmetric price transmission in the Swiss porkmarket ［J］. Applied Economics, Vol. 34, 2002, pp. 679—687.

［295］A. Vaidyanathan. India's Agricultural Development Policy ［J］. Economic and Political Weekly, Vol. 35, No. 20, May 13—19, 2000, pp. 1735—1741.

［296］Barry K. Goodwin, Nicholas E. Piggott. Spatial Market Integration in the Presence of Threshold Effects ［J］. American Journal Agricultural Economics, Vol. 83, May, 2001, pp. 302—317.

［297］Barry K. Goodwin. Multivariate Cointegration Tests and The Law of One Price In International Wheat Market ［J］. Review of Agricultural Economics, Vol. 14, 1992, pp. 117—124.

［298］Bob Baulch. Transfer Costs, Spatial Arbitrage, and Testing for Food Market Integration ［J］. American Journal Agricultural Economics, Vol. 83, May, 1997, pp. 477—487.

［299］Casley, D. J. et al. Instability of production and its impact on stock requirements [R] . FAO Monthly Bulletin of Agricultural Economics and Statistics, 1984.

[300] Caxton H. Matarira, Deepa Pullanikkatil, Tawanda Kaseke, Everness Shava, Desmond Manatsa. Socio - economic impactsof climate change onsubsistence communities Some observations from Lesotho [J] . International Journal of Climate-Change Strategies and Management, Vol. 5, No. 4, 2013, pp. 404-417.

[301] Cheryl Christensen. World Hunger: A Structural Approach, International Organization [J] . The Global Political Economy of Food, Vol. 32, No. 3, Summer, 1978, pp. 745-774.

[302] Chunlai Chen, Jim Yang, Jun Yang, Christopher Findlay. Measuring the Effect of Food Safety Standards on China's Agricultural Exports [J] . Review of World Economics / Weltwirtschaftliches Archiv, Vol. 144, No. 1, April 2008, pp. 83-106.

[303] Clive. W. J. Granger, Ramu Ramanathan. Improved methods of combining forecasts, Journal of Forecasting, Volume 3, Issue 2, April/June 1984, pp. 197-204.

[304] Cynthia Rosenzweig, Martin L. Parry. Potential impact of climate change of world food supply [J] . Nature, Vol. 367, 1994, pp. 133-138.

[305] Dick K. Nanto. Economics and national security: Issues and implications for US policy [M] . DIANE Publishing, 2011.

[306] D. W. Bunn. A Bayesian Approach to the Linear Combination of Forecasts [J] . Journal of the Operational Research Society, Volume 26, Issue 2, July 1975, pp. 325-329.

[307] Elizabeth Bryan, Temesgen T. Deressa, Glwadys A. Gbetibouo, Claudia Ringler. Adaptation to climate change in Ethiopia and South Africa: options and constraints [J] . Environmental Science & Policy, Jan. 2009, pp. 413-426.

[308] Elmer L. Menzie, Barry E. Prentice. Formal and Informal Barriers to Trade in Agricultural Products, Canada-United States [J] . American Journal of Agricultural Economics, Vol. 69, No. 5, Proceedings Issue, Dec. , 1987, pp. 946-951.

[309] Fan. S. Research investment and Economic returns to Chinese Agricultural research [J] . Journal of Productivity Analysis, 14 (92), 2000, pp. 163-180.

[310] Francis X. Diebold, Jose A. Lopez. 8 Forecast evaluation and combination [J] . Handbook of Statistics, Volume 14, 1996, pp. 241-268.

[311] Francis X. Diebold, Peter Pauly. Structural change and the combination of forecasts [J] . Journal of Forecasting, Volume 6, Issue 1, 1987 , pp. 21-40.

[312] Frank Asche, Helge Bremnes, Cathy M. Wessells. Product Aggregation, Market Integration, And Relationships Between Prices: An Application To World Salmon Markets [J]. American Journal Agricultural Economics, Vol. 81, Aug., 1999, pp. 568-581.

[313] Gary P. Sampson, Alexander J. Yeats. An Evaluation of the Common Agricultural Policy as a Barrier Facing Agricultural Exportsto the European Economic Community [J]. American Journal of Agricultural Economics, Vol. 59, No. 1, Feb., 1977, pp. 99-106.

[314] George W. Bush, the National Security Strategy of the United States of America [R]. Report for 1 Sep 2002.

[315] Hallie Eakin. Institutional Change, Climate Risk, and Rural Vulnerability: Cases from Central Mexico [J]. World Development, Vol. 33, No. 11, 2005, pp. 1923-1938.

[316] H. E. Bouis. A food demand system based on demand for characteristics: If there is 'curvature' in the Slutsky matrix, what do the curves look like and why [J]. Journal of Development Economics, 51, 1996, pp. 239-266.

[317] Jayati Ghosh. The Unnatural Coupling: Food and Global Finance [J]. Journal of Agrarian Change, Vol. 10, No. 1, January 2010, pp. 72-86.

[318] Jing Zhu. Public investment and Economic China' a long-term food security under WTO [J]. Food Policy, 29, 2004, pp. 99-111.

[319] John Muth. Rational Expectations and the Theory of Price Movements [J]. Econometrica, Vol. 29, No. 3, Jul., 1961, pp. 315-335.

[320] Johnathan B. Bascom. Conceptualizing Food Security and Famine in Sudan [J]. Northeast African Studies, Vol. 11, No. 2, 1999, pp. 1-19.

[321] Jonathan Crush, Alice Hovorka, Daniel Tevera. Food security in Southern Africancities: the place of urban agriculture [J]. Progress in Development Studies 11, 4, 2011, pp. 285-305.

[322] J. M. Bates, C. W. J. Granger. The Combination of Forecasts [J]. Journal of the Operational Research Society, Volume 20, Issue 4, December 1969, pp. 451-468.

[323] Kimberley C. Hollon. Problems Encountered by Agricultural MarketingFirms in Food and Agricultural Product Exporting: Analysis of Survey Results [J]. American Journal of Agricultural Economics, Vol. 71, No. 5, Proceedings Issue, Dec., 1989, pp. 1367-1374.

[324] Kindie Getnet. From market liberalization to market development: Theneed for market institutions in Ethiopia [J]. Economic Systems, 32, 2008, pp. 239-252.

[325] Kym Anderson, Signe Nelgen. How do governments respond to food price spikes? Lessons from the past [R]. The World Bank Development Research Group Agriculture and Rural Development Team, August 2010, Policy Research Working Paper.

[326] K. P. Kannan, S. Mahendra Dev and Alakh Narain Sharma. Concerns on Food Security [J]. Economic and Political Weekly, Vol. 35, No. 45, Nov. 2000, pp. 3919-3922.

[327] Lester H. Myers, James Blaylock, T. Kelly White. Domestic and Export Demand for U. S. Agricultural Products [J]. American Journal of Agricultural Economics, Vol. 69, No. 2, May, 1987, pp. 443-447.

[328] Lloyd A. Metzler. The Nature and Stability of Inventory Cycles [J]. The Review of Economics and Statistics, Vol. 23, No. 3, Aug., 1941, pp. 113-129.

[329] Lora L. Iannotti, Miguel Robles, Helena Pach'on, Cristina Chiarella. Food Prices and Poverty Negatively Affect Micronutrient Intakes in Guatemala, http://jn. nutrition. org/content/suppl/2012/08/01/jn. 111. 157321. DC1. html.

[330] Luther Tweeten. The Economics of Global Food Security Review of Agricultural Economics, Vol. 21, No. 2, Autumn-Winter, 1999, pp. 473-488.

[331] L. A. Brown. Who will food China? [R]. World Watch Institute, 1995.

[332] Martin E. Abel. Price Discrimination in the World Trade of Agricultural Commodities [J]. Journal of Farm Economics, Vol. 48, No. 2, May, 1966, pp. 194-208.

[333] Martin Ravallion. Test Market Integration [J]. American Journal of Agricultural Economics, Vol. 68, No. 1, part (Feb., 1986), pp. 102-109.

[334] Mordecai Ezekiel. The Cobweb Theorem [J]. The Quarterly Journal of Economics, Vol. 52, No. 2, Feb., 1938, pp. 255-280.

[335] Nicholas Kaldor. A Classificatory Note on the Determinateness of Equilibrium [J]. The Review of Economic Studies, Vol. 1, No. 2, Feb., 1934, pp. 122-136.

[336] Olivier Ecker, Clemens Breisinger. The food security system: A new conceptual framework, https://ideas. repec. org/p/fpr/ifprid/1166. html.

[337] Park A., H. Jin, S. Rozelh, J. Huang. Market emergence and transition: transition costs, arbitrage, and autarky in China's grain market [J]. American Jour-

nal of Agricultural Economics, 2002, 84 (1), pp. 67-82.

[338] Pinstrup-Andersen, P. Food security: definition and measurement [J] . Food Security, Volume 1, Issue 1, February 2009, pp. 5-7.

[339] Pradeep Kurukulasuriya, Shane Rosenthal. Climate Changeand Agriculture: A Review of Impactsand Adaptations [R] . The World Bank Environment Department, 2003.

[340] P. Newbold , C. W. J. Granger. Experience with Forecasting Univariate Time Series and the Combination of Forecasts [J] . Journal of the Royal Statistical Society. Series A (General) , Vol. 137, No. 2, 1974, pp. 131-165.

[341] P. S. George. Food Security in South Asia: Performance and Prospects [J] . Economic and Political Weekly, Vol. 29, No. 18, Apr. 30, 1994, pp. 1092-1094.

[342] Quynh Lê, Stuart Auckland, Hoang Boi Nguyen, Sandra Murray, Gretchen Long, Daniel R. Terry. The Socio - Economic and Physical Contributors to Food Insecurity in a Rural Community [EB/OL] . 10. 1177/2158244014567401 Published 8 February 2015.

[343] Ramesh Chand. Whither India's Food Policy? From Food Security to Food Deprivation [J] . Economic and Political Weekly, Vol. 40, No. 11, Mar. , 2005, pp. 1055-1062.

[344] Rashid Hassan, Charles Nhemachena. Determinants of African farmers' strategies for adapting to climate change: Multinomialchoice analysis [J] . AfJARE, Vol. 2, No. 1, March 2008, pp. 83-104.

[345] Richard M. Adams, Laurie L. Houston, Bruce A. McCarl, Mario Tiscareiño L. , Jaime Matus G. , Rodney F Weiher. The benefits to Mexican agriculture of an El Niño-southern oscillation (ENSO) early warning system [J] . Agricultural and Forest Meteorology, Volume 115, Issues 3-4, 30 March 2003, pp. 183-194.

[346] Robert L. Winkler, Spyros Makridakis. The Combination of Forecasts [J] . Journal of the Royal Statistical Society. Series A (General) , Vol. 146, No. 2, 1983, pp. 150-157.

[347] Robert Mendelsohn, William D. Nordhaus, Daigee Shaw. The Impact of Global Warming on Agriculture: A Ricardian Analysis [J] . The American Economic Review, Vol. 84, No. 4, Sep. , 1994, pp. 753-771.

[348] Robert T. Clemen. Combining forecasts: A review and annotated bibliography [J] . International Journal of Forecasting, Volume 5, Issue 4, 1989, pp.

559-583.

[349] Rosamond L. Naylor, Walter P. Falcon. Food Security in an Era of Economic Volatility [J]. Population and Development Review, Vol. 36, No. 4 (DECEMBER 2010), pp. 693-723.

[350] S Mohanty E. Peterson, D B. Smith. Relationships Between US and Canadian Wheat Prices: Cointegration and Error Correction Approach [J]. Canadian Journal of Agricultural Economics, Vol. 44, Nov. 1996, pp. 265-276.

[351] Stefan Dercon, On Market Integration and Liberalisation: Method and Application To Ethiopia [J]. The Journal of Development Studies, Vol. 32, Issue 1, 1995, pp. 112-143.

[352] S. Holden, B. Shifemw. Land degradation, drought and food security in less-favored area in the Ethiopian highlands: a bio-economic model with market imperfections [J]. Agricultural Economics, 2004, 30, pp. 31-49.

[353] Timothy Besley. Property Rights and Investment Incentives: Theory and Evidence from Ghana [J]. Journal of Political Economy, Vol. 103, No. 5, Oct., 1995, pp. 903-937.

[354] T. Sicular. Redefining State, Plan and Market: China's Reform in agricultural Commerce [J]. The China Quarterly, December, 1995 (144), pp. 1020-1046.

[355] Uma J. Lele. Market Integration: A Study of Sorghum Prices in Western India [J]. Journal of Farm Economics, Vol. 49, No. 1, part (Feb., 1967), pp. 147-159.

[356] V. M. Rao. Beyond 'Surpluses': Food Security in Changing Context [J]. Economic and Political Weekly, Vol. 30, No. 4 (Jan. 28, 1995), pp. 215-219.

[357] Willian O. Jones. The Structure of Staple Food Marketing in Nigeria as Revealed by Price Analysis [J]. Food Research Institue Studies (Aug., 1968), pp. 95-1122.

[358] Wolfram Schlenker, David B. Lobell. Robust negative impacts of climate changeon African agriculture [J]. Environ. Res. Lett., 2010, 5, pp. 1-8.

[359] Yonas Alem. Household - Level Consumption in Urban Ethiopia: The Effects of a Large Food Price Shock [J]. World Development Vol. 40, No. 1, 2012, pp. 146-162.

[360] Yves Martin-Prevel, Elodie Becquey, Sylvestre Tapsoba, Florence Castan, Dramane Coulibaly, Sonia Fortin, Mahama Zoungrana, Matthias Lange, Francis

Delpeuch, Mathilde Savy. The 2008 Food Price Crisis Negatively Affected Household Food Security and Dietary Diversity in Urban Burkina Faso ［J］. American Society for Nutrition, July 25, 2012, pp. 1748-1755.

［361］Zhu, X., D. Yang. Modernization of Agriculture and Long Term Growth ［R］. Working Paper, 2007.

附录一　粮食价格调查表

亲爱的女士/先生：

　　您好，首先非常感谢您抽出宝贵的时间来填写此问卷。

　　我是聊城大学的一名教师，正在开展关于"我国未来十年粮食预测"的研究课题，主要是预测未来中国粮食价格的高低，并据此来判断粮食价格对我国经济安全的影响。你的填写答案将作为本书的分析依据，请根据您最真实的想法来进行回答。最后，再次对您的热心参与给予最衷心的感谢！

　　根据 13 个粮食主产区，与我国"七区二十三带"划分，再加上各省种植面积及产量的不同，黄淮海平原主产区小麦种植具有代表性的省份是河南省、长江流域主产区小麦种植具有代表性的省份是安徽省。早稻种植具有代表性的省份是江西省，晚稻种植具有代表性的省份是湖南省，粳稻种植具有代表性的省份是黑龙江省。玉米生产黄淮海平原主产区最具有代表性的省份是山东省，四川省是中国猪肉第一大省，玉米价格代表养殖基地的价格。

一、我国 2021~2030 年粮食价格预测

　　1. 2020 年我国小麦实际价格（扣除当年通货膨胀率后的价格）为 2283.6 元/吨，您认为未来十年（2021~2030 年）最高价格为（　　　），最低价格为（　　　）。

　　2. 2020 年我国玉米实际价格（扣除当年通货膨胀率后的价格）为 2311.2 元/吨，您认为未来十年（2021~2030 年）最高价格为（　　　），最低价格为（　　　）。

　　3. 2020 年我国早籼稻实际价格（扣除当年通货膨胀率后的价格）为 2510.0 元/吨，您认为未来十年（2021~2030 年）早籼稻最高价格为（　　　），最低价格为（　　　）。

　　4. 2020 年我国中晚籼稻实际价格（扣除当年通货膨胀率后的价格）为 2980.4 元/吨，您认为未来十年（2021~2030 年）中晚籼稻最高价格为（　　　），

最低价格为（　　）。

5. 2020 年我国粳稻实际价格（扣除当年通货膨胀率后的价格）为 2829.8 元/吨，您认为未来十年（2021～2030 年）粳稻最高价格为（　　），最低价格为（　　）。

二、小麦价格预测

1. 河南省小麦价格预测。

2020 年河南省小麦平均价格为 2188.6 元/吨，与全国平均价格相比，您认为 2021～2030 年河南省小麦的最高价格为（　　），最低价格为（　　）。

2. 安徽省小麦价格预测。

2020 年安徽省小麦平均价格为 2257.4 元/吨，与全国平均价格相比，您认为 2021～2030 年安徽小麦的最高价格为（　　），最低价格为（　　）。

三、玉米价格预测

1. 山东省玉米价格预测。

2020 年山东省玉米平均价格为 2279.2 元/吨，与全国平均价格相比，您认为 2021～2030 年山东省玉米的最高价格为（　　），最低价格为（　　）。

2. 四川省玉米价格预测。

2020 年四川省玉米平均价格为 2371.4 元/吨，与全国平均价格相比，您认为 2021～2030 年四川省玉米的最高价格为（　　），最低价格为（　　）。

四、水稻价格预测

1. 江西省早稻价格预测。

2020 年江西省早稻实际价格为 2200 元/吨，与全国平均价格相比，您认为 2021～2030 年江西省早稻的最高价格为（　　），最低价格为（　　）。

2. 湖南省晚稻价格预测。

2020 年湖南省晚稻实际价格为 2745.6 元/吨，与全国平均价格相比，您认为 2021～2030 年湖南省晚稻的最高价格为（　　），最低价格为（　　）。

3. 黑龙江省粳稻价格预测。

2020 年黑龙江省粳稻实际价格为 2831.2 元/吨，与全国平均价格相比，您认为 2021～2030 年黑龙江省粳稻的最高价格为（　　），最低价格为（　　）。

附录二　国家粮食安全与粮食价格关系调查问卷

亲爱的女士/先生：

您好，首先非常感谢您抽出宝贵的时间来填写此问卷。

我是聊城大学的一名教师，正在进行"我国未来十年粮食预测"的研究课题，主要是预测未来中国粮食价格的高低，并据此来判断粮食价格对我国经济安全的影响。您的填写答案将作为本书的分析依据，请根据您最真实的想法来进行回答。最后，再次对您的热心参与给予最衷心的感谢！

1. 您认为粮食价格在以下哪种范围内波动，国家粮食价格在（　　　）范围内不会影响国家粮食安全（可多选）。

A. 0~15%　　　　　　B. -10%~0　　　　　　C. 15%~30%

D. -20%~-10%　　　　E. 30%~50%　　　　　F. -20%~-30%

G. 50%~100%　　　　H. -50%~-30%　　　　I. 100%以上

K. -50%以下　　　　L. 其他

2. 您认为粮食价格在以下哪种范围内波动，国家粮食价格在（　　　）范围内会对国家粮食安全造成轻度影响（可多选）。

A. 0~15%　　　　　　B. -10%~0　　　　　　C. 15%~30%

D. -20%~-10%　　　　E. 30%~50%　　　　　F. -20%~-30%

G. 50%~100%　　　　H. -50%~-30%　　　　I. 100%以上

K. -50%以下　　　　L. 其他

3. 您认为粮食价格在以下哪种范围内波动，国家粮食价格在（　　　）范围内会对国家粮食安全造成重大影响（可多选）。

A. 0~15%　　　　　　B. -10%~0　　　　　　C. 15%~30%

D. -20%~-10%　　　　E. 30%~50%　　　　　F. -20%~-30%

G. 50%~100%　　　　H. -50%~-30%　　　　I. 100%以上

K. -50%以下　　　　L. 其他

4. 您认为粮食价格在以下哪种范围内波动，国家粮食价格在（　　　）范围内会危及国家粮食安全（可多选）。

A. 0~15% B. -10%~0 C. 15%~30%

D. -20%~-10% E. 30%~50% F. -20%~-30%

G. 50%~100% H. -50%~-30% I. 100%以上

K. -50%以下 L. 其他